船舶美学与舱室设计

杨　敏　王　璟　主编

科 学 出 版 社

北　京

内 容 简 介

近十年，船舶美学和内舾装发展快速，在国产邮轮开始建造的背景下，造船业界越来越关注美学设计在船舶造型和舱室设计方面的应用。本教材基于作者多年教学和实践的积累，从设计美学角度重新提出并完整阐述了船舶美学的知识体系，深度融合了人体工程学、美学设计方法和相关法规，较全面地介绍了船舶造型和舱室设计的内容及方法、计算机辅助船舶美学设计和船舶美学的应用案例，反映了船舶美学在船舶造型和舱室设计中的应用前沿。

本教材面向本科、专科院校船舶、工业设计、室内设计等专业的学生及从事船舶美学工作的企事业单位人员，旨在培养理论和实践基础扎实的船舶美学和内舾装设计的专业人才。

图书在版编目（CIP）数据

船舶美学与舱室设计/杨敏，王璟主编. —北京：科学出版社，2021.4

ISBN 978-7-03-067395-4

Ⅰ. ①船…　Ⅱ. ①杨…　②王…　Ⅲ. ①船舶–美学②船舱–船舶设计　Ⅳ. ①U662

中国版本图书馆 CIP 数据核字（2020）第 266306 号

责任编辑：许　蕾　沈　旭/责任校对：杨聪敏
责任印制：张　伟/封面设计：许　瑞

科学出版社 出版
北京东黄城根北街 16 号
邮政编码：100717
http://www.sciencep.com

北京中石油彩色印刷有限责任公司 印刷

科学出版社发行　各地新华书店经销
*
2021 年 4 月第　一　版　开本：787×1092　1/16
2021 年 4 月第一次印刷　印张：13 1/4　插页：3
字数：314 000

定价：89.00 元

（如有印装质量问题，我社负责调换）

前言

船舶既是一座漂浮的水上城市，又是一件现代化的工业产品，它自身具有运动学、力学和工艺学等方面的特点，是科学的、设计的产物。随着现代科学技术的不断发展，人们不仅要求船舶产品作为运输载体在功能方面的技术得到迅速提高，更加希望船上的物质生活条件和精神生活条件得到改善，船舶造型、舱室空间组织、装饰材料选择、舱室装备运用等方面得到完善，使船舶更加美观，使用时更加舒适。因此，船舶既是实用的工业产品，又是体现人类审美需求的精神产品。它综合地反映了一个国家的科技水平，而作为艺术创造，则反映着一个民族的文明素质和艺术修养。

船舶美学研究的是船舶外观设计和船舶舱室设计中的美学问题，是体现船舶工程与其他学科交叉的一门新兴、边缘科学，涉及造船学、人体工程学、环境心理学等，是美学理论在船舶工程领域的应用与拓展。开展船舶美学研究是船舶设计的新课题，与国外相比，我国船舶美学研究起步较晚。随着出口船以及国内客船、游船的发展，船舶市场对船舶提出了美观、舒适和实用的更高要求。目前在我国开展豪华邮轮研制的大背景下，船舶美学研究受到了更广泛的重视。造船业越来越关注船舶美学设计与船舶造型和舱室设计的深度融合，并亟需相关的专业人才。

编写本书的目的是为船舶专业学生及从事船舶美学和舱室设计的专业人员提供一本比较适宜的船舶美学和舱室设计教材和参考书，有利于读者在了解和学习船舶美学基础理论的同时，能系统学习和掌握船舶美学和舱室设计知识，也有利于读者进行相关的设计练习，提高实际应用能力。

江苏科技大学船舶与海洋工程学院的船舶工程专业是国家一流本科专业建设点、江苏省品牌专业和国防科工委重点建设专业，于 1996 年在国内首创了船舶内舾装（舱室）设计方向，并于 2002 年出版了国内第一本该方向的教材——《船舶造型与舱室设计》。本教学团队经过多年教学和应用实践的积累编写了本教材，从设计美学角度，重新提出并完整阐述了船舶美学的知识体系，深度融合人体工程学、美学设计方法和相关法规，较为全面地介绍了船舶造型和舱室设计的内容和方法、计算机辅助船舶美学设计和船舶美学的应用案例，力求概念清楚，重点突出。

本书在编写过程中，参考了许多相关书籍和文献资料，也吸收、借鉴了不少前人的研究成果，在此对这些书籍作者和资料及研究成果提供者表示衷心感谢。

鉴于作者水平有限，书中难免存在不足，欢迎广大读者批评指正和提出建议。

编　者

2020 年 11 月

目　　录

第1章

绪　论

1.1　船舶与美学

1.1.1　美与美学

1. 美的概念

什么是美？美的本质是什么？至今没有统一的认识。但“美”仍然是人类社会中的一个主要课题。

人们很容易对个别事物做出审美判断，即什么是美的，如“这幅画很美”和“那条船很美”等。而要在各种事物中找出美的普遍本质，或在比较中找出特殊本质，即说明什么是美，却不容易。

人类在对美的认识历程中，对什么是美主要有下面几种学说。

1）美的主观说（唯心主义论）

该学说从精神世界出发，认为美是绝对精神和主观意识，注重对审美生理和心理的研究。这种观点可用来解释为什么对同一事物美与否的认识因人而异。

2）美的客观说（机械唯物主义论）

该学说从客观自然出发，认为美是自然事物的性能或属性，主要研究客观对象。

3）美的主客观统一说（辩证唯物主义论）

“美是客观方面某些事物、性质和形状适合主观方面意识形态，可以交融在一起而成为一个完整形象的那种特质”（朱光潜）。“它既不是主观又不是客观的，而是这两方面变化无常的关系”（兰菲尔德）。

当代，人们可以不再试图给出一个本质的“美”的定义，而可以从经验水平来回答这个问题。如把美（形式美）规定为和谐、对称、均衡、小巧、柔和等；也可以从形而上学的角度给出一种解答，如“美是道德的象征”（康德）及“美是作为无蔽的真理的一种现身方式”（海德格尔）。

2. 美学

美学（希腊语：αισθητική；英语：aesthetic）这一术语，是由德国理想主义者鲍姆嘉在1750年首次提出的。他在研究人类知识体系时发现：研究理性认识有逻辑学，研究意志有伦理学，而对感性认识却没有专门的学科研究。于是他建立了一门研究感性认识的学科，并称其为“aesthetic”。康德、黑格尔沿用了这一术语，创建了德国古典美学，对美、审美、艺术美等诸多问题进行研究。

美学，是研究“美”的学问，是哲学的一个分支学科。最初，美学依附于哲学，许多哲学家同时也是美学家。传统美学研究的三大领域是自然美、社会美和艺术美。

美学理论的诞生、发展、完善经历了本体论、认识论、语言论几个历史阶段，之后人类对美学的研究开始进入当代美学阶段，并逐渐发展成熟，针对各部类的艺术与创造，发展出各领域的美学。

3. 设计美学

设计是把一种设想通过合理的规划、周密的计划，通过各种感觉形式传达出来的过程。设计的任务不只是为生活和商业服务，也伴有艺术性的创作。

设计美学是研究设计领域中审美问题的学科，是美学研究在设计领域的分支，其研究范围涵盖设计的全部过程，包括设计产品、设计过程、部门设计、设计美学历史等；它是自然科学与社会科学、物质文化与精神文化紧密相连的边缘性、交叉性、综合性学科。

1）设计美学的研究对象

设计美学研究人与产品、人与环境、产品的功能与形式及人、产品和环境间的诸多关系。

2）设计美学的特征

现代工业萌芽阶段以后，美学研究开始关注现实应用中的问题。现实应用性是设计美学的首要特征。

设计美学还具备多元性、审美性、社会性、功利性、创新性、文化性、市场性等特征。

3）设计美学的要素

设计美学的要素包括造型美、功能美、技术美和材料美。

（1）造型美：造型美由形态美、色彩美、肌理美等要素组合而成。它是传达设计艺术中的功能美信息的直观途径。它的产生受制于实用功能，同时又对认知功能和审美功能的形成起重要作用。

（2）功能美：功能美最本质的内容是实用美，即能明确表现功能的东西就是美的。功能美是设计之美区别于一般艺术之美的重要标志，已成为现代设计美学的核心概念之一。

（3）技术美：技术美依附于手工业特殊技能和大工业生产条件下机器制造的有实用价值的具体实物，也区别于一般的艺术美。技术与产品的功能相联系，体现在产品的设计、制造、销售、使用过程中，具有科学性、实用性、技术性和与审美性能有效结合的特征。

（4）材料美：材料一词，出自于拉丁语“物质”，是设计师在创造过程中用来体现设计作品的物质载体。材料能够体现器物的功能与审美，如我国明式家具所体现出的木材的质地美、钢质桥梁体现的钢材结构美。

1.1.2 船舶美学

1. 船舶美学的概念

现代船舶展示出实用与审美相结合的特征，也具有自然美、社会美和艺术美的美学属性。这些美学属性通过船舶形态、船舶建造技术与材料的合理运用、色彩装饰和与环境的协调性表现出来。

船舶美学是设计美学在船舶领域的分支，是综合应用美学、人体工程学、造船学、建筑学等基本理论来研究船舶美的规律的一门新型的专业学科。从纵向层次来看，船舶美学有自己的观念、理论和应用系统；从横向专业范围看，它是以造船学与美学的有机结合为主派生的边缘学科。

2. 船舶美学的研究范畴

船舶美学研究的是船舶外观设计和船舶舱室设计中的美学问题。

船舶美学设计活动是对当前或未来设计的船舶所进行的满足功能要求的美学构思和设想，是设计师的智力活动，是通过文字、图样、模型等形式的综合表达方式，使所设计的船舶在外观形态、内部空间、装饰美化和人机关系等方面更加适应船舶性能特点，更符合人类心理和生理需要而进行的构思过程。

船舶美学的基本理论、规范与公约形成了船舶美学设计活动的依据，指导着船舶造型、甲板区划布置、舱室设计（包括空间规划、色彩、陈设等）、船舶材料选用等。

3. 船舶美学研究的意义

1）全面提高船舶的外观和内在质量

现代船舶工业历经了数百年的发展，各种类型的船舶在结构、形态和建筑风格方面都已发展成熟，单从技术入手提高质量以增强竞争力所需的人力、物力的投入都是巨大的，每取得一定突破都要经过艰辛的劳动和较长的周期。而船舶美学设计是全方位的，除了明显地提高外观效果，还包括内部环境和人机关系的优化与协调、内在质量（即调节人的心理变化、影响人的工作情绪、提高生产效率、保证安全性等）的提高。与技术改进相比，船舶美学的经济性的优势是显而易见的。

2）有效改进人机关系，提高人机效能

船舶的人机关系在现行的规范中已有涉及，但主要是从技术方面和物质方面加以要求，相对而言，人机关系的主要方面即人的影响因素还未被全面考虑。实际经验和教训表明，不良的船舶设计，包括不良的环境设计、不合理的色彩配置、缺乏逻辑的显示控制和操作系统对人的心理和生理造成的消极影响，往往是导致生产率降低和安全保障失效的重要原因。而船舶美学的主要任务之一，就是协调人机关系，保证人机系统的合理运转。

3）有利于获得市场竞争优势

船舶美学设计以船舶造型、环境艺术造型和人机关系协调为对象，将科学性、艺术性、经济性统一于船舶这一特定的对象中，在设计构思、方案确定和设计意图表达等方面具有广泛的适应性和一定的前瞻性，使之更具有参与市场竞争的优势。经过船舶美学设计的船舶产品能够树立设计形象和激发船东的购买欲望，能达到在竞争中脱颖而出的效果。

4. 船舶美学的要素

作为设计美学在船舶领域的分支，船舶美学也具备了设计美学的基本要素，具体通过船舶的功能、工艺结构、材质、色彩、舒适性等体现。

1）功能美

船舶的功能，也就是船舶的实用性是设计船舶时需要首先考虑的问题。纵观船舶的发展历程，人们根据功能需要设计出了形式和性能多样的船舶。船舶美学设计通过提供美的形态、美的色彩、美的人机环境效能来体现船舶的功能美。

2）工艺结构美

不同类型的船舶的结构形式和造型效果各不相同。力学研究的成果为船舶形态结构美提供了技术支撑。结构有限元计算结合了船舶美学设计，能将船舶的各种不受力或应力很小的构件科学地削弱，而不影响强度和刚度。另外，数学放样和智能化加工工艺的采用，保证了船舶加工精度和外观的光顺与平整，完美展现了美学设计的成果，充分地体现了工艺美。

3）材质美

材料领域的发展引领着工业产业的材料革新。民用船舶的上层建筑部分或大部分采用玻璃钢、铝合金，使船舶重量下降，稳性增强。而具有优良的表面理化性能的新型建筑材料不断问世，使船舶造型和装饰更轻巧、悦目。各种天然材料和人工合成材料的使用，使船舶的外观造型、表面肌理和内部环境更具有表现力。另外，各种高性能表面涂料、注塑及喷涂工艺的应用，使得船体外观造型丰富、新颖，展现了材质美、机理美。

4）色彩美

色彩体现了现代光学的研究成果和新型表面材料的美学效果，是美学要素中最生动、最有效的要素。现代船舶更多地将丰富的色彩应用到外观和内部装饰中。好的色彩设计不仅能满足人们对色彩的需求，充分体现船舶的审美功能，支持协调的人机关系，而且能提高船舶的商品价值和美学价值。

5）舒适美

舒适美即和谐的人机关系。船舶的研发从根本上说是为人服务的，因此现代船舶需要密切关注人机关系，特别是人的因素的体现，即人们心理和生理的美感需求、最佳工作状态的保持、劳动效率的提高和安全问题等。如何处理好人机关系，为人们营造有秩序、有节奏、舒适宜人的生活和工作环境，是船舶美学研究的重要课题。

1.2 船舶外观美学设计

1.2.1 船舶外观美学设计的内容

船舶外观美学设计就是运用船舶美学理论，结合船舶本身的功能特点，进行船舶外观（包括形态、色彩与装饰）的设计，也称为船舶的外观造型设计。船舶的外观形态以水线为界线，主要由两部分组成：水线以上的船型（TYPE）和水线以下的船型（FORM）。FORM 是根据船舶水动力学而设计的，它以实现船舶基本的运动功能为主旨。船舶美学研究的船舶外观设计的对象为 TYPE。TYPE 主要由船舶干舷及船舶上层建筑构成，它们除了实现基本的建筑功能外，还必须注重审美功能。

船舶外观是船舶形态、色彩和装饰的综合，它反映船舶的总体特征与风格，越来越受到人们重视。

船舶外观设计的主要内容包括：

（1）船舶外观轮廓造型（平面、立面）；

（2）上层建筑造型（型线比例、虚实布置）；

（3）主船体造型（船艏、船艉、舷弧）；

（4）舾装造型与布置（烟囱、桅杆、舷墙、救生艇、起重柱等）；

（5）船舶外装色彩、文字、图案等。

1.2.2 船舶外观美学设计的特征

船舶外观设计从船舶功能的合理性出发，需考虑吨位大小、定员多少、航速快慢、主尺度，以及结构合理性、工艺可行性、使用安全性和方便性等要求，并借鉴母型船的造型特点来进行创新。船舶的外观造型应具有强烈的时代性、民族性和地区性。船舶外观设计师只有深入了解船型艺术设计的历史和文化背景，把握并领先时代潮流，才能塑造出优美的船舶形象。

因此，船舶外观设计具备以下特征。

1. 功能性

设计制造船舶的目的是为了交通运输、工程作业和战斗保卫等。因此，不同的目的带来了相应功能因素的制约。船舶外观设计首先应着眼于保证船舶的功能良好、操纵和维修方便以及高效安全，保障人的身心健康。在设计过程中应运用各种造型技巧与方法促进这些基本指标的实现，同时应给人以精神上的愉悦，保持人与机械的协调和人与自然的紧密接触，即体现美的感受。外观设计不单是运用和实施规范，而且是涉及心理学、生理学、人机学等多学科的设计，是保证船舶功能与形式统一的有效方法。

2. 技术性

船舶造型设计受材料和技术条件的影响。现代的钢质船舶与过去的木质舟船相比，由于材料的革新与发展以及制造技术的完善，具有更优越、更灵活的造型条件和手段，能更加充分地表现造型对象的特点，并能体现时代风貌，如军用舰船的威严、旅游客船的豪华舒适和货船的坚实稳定。船舶外观设计应充分考虑结构工艺、焊接方式等许多与技术相关又影响外观造型的因素，应符合先进的技术和生产水平。

3. 艺术性

优秀的外观设计能创造具有艺术美的船舶形象。如船舶在航行中具有随波而动的起伏韵律，造型处理上应保持与这种运动状态的视觉一致性，使航行于水天之间的船舶融入大自然中。同时，也要为船上的乘客营造一种动中有静、平稳安全的静态美感。这种动与静的协调是船舶与其他环境中造型对象所不同的特点之一。

艺术性的另一方面是创造生动而又独特的船舶形象，既突出船舶的功能属性，又表现设计对象与众不同的特殊性。运用美学法则，创造具有民族风格和现代精神的美的船舶形态。

从船舶发展的历程中可以看出：不同地域、不同使用目的、不同民俗传统、不同技术水平、不同审美观念，可以形成不同的船型。概括地说，决定船舶外观的主要因素是功能、技术与审美观。

1.3 船舶舱室美学设计

1.3.1 船舶舱室美学设计的内容

舱室设计在船舶设计中也叫船舶内（舾）装设计，即舱室的装饰设计或舱室造型设计，是船舶与海洋结构物设计中不可分割的一部分。与船舶设计方案一样，同样的舱室内部空间和环境条件，可以设计成多种风格与形式，最终呈现的效果可能迥然不同。

船舶在广阔的水面航行，船上的工作人员和旅客必将经受恶劣的气候条件和海洋环境的考验和影响。同时，受船舶尺度的限制，船舶本身相对封闭，大量机械设备在同一船体内共存，工作区域和生活区域难以彻底分开，这使得船舶内部的工作和生活会相互影响。船舶舱室美学设计的目的就是为了在这样的现实条件下，应用各种技术方法和手段，控制各种环境因素，人为地改善船舶内部舱室的各种条件，尽可能地创造出适宜人工作和生活的环境。

舱室设计的主要任务包括以下几个方面。

1. 交通路线与舱室的区划布置

这项内容影响船上人员的合理流动，影响生活与工作的规律性、逻辑性、合理性，同时也影响空间的合理利用和生活的方便舒适性。

舱室区划是各层甲板平面总布置设计，包括上层建筑和其他甲板平面上的各类舱室的总体划分，也必须包括结构防火的划分。

舱室布置是对区划好的各类舱室在满足功能及规划要求的前提下，应用美学原理、布置原则等进行舱室内部家具、设备和陈设的布置。

2. 舱室内部设计

这是一项综合性的设计工程，是船舶造型设计中最丰富、最灵活、最能发挥人的创造性的内容，也是所有设计中最直接与人相关的部分。它包含舱室内部空间的分割、视觉环境的再创造，室内各种家具和设备的布置，内部声、光环境和色彩环境的创造和协调，各种生活舱室、工作舱室、交通路线的人机问题处理及各种场所的装饰和艺术处理等。内部环境的好坏直接影响人的心理及生理变化，是评估船舶内在质量的主要指标。

舱室内部设计具体包含：

1）舱室绝缘设计

舱室绝缘是立体的，垂直方向绝缘依附于钢围壁上，水平方向则依靠甲板下绝缘和甲板上的敷料。绝缘设计一方面满足了防火分隔的要求，另一方面又具有隔音隔振、防结露和保温等作用。

2）舱室壁板和门窗设计

舱室壁板系统包括围壁板和天花板（依附于钢板上），而独立的围壁板称为隔板。通过舱室壁板系统与对应的绝缘材料组成满足一定防火等级的防火系统，形成满足设计要求的舱室空间。舱室门、窗必须与围壁板组成完整的防火系统，另外，还要满足逃生、救生等要求。窗还应具有一定的美学设计作用。

3）船用家具

船用家具是舱室系统重要的组成部分，其体量、色彩和造型、布置直接影响船员、旅客的生活、工作和娱乐。船用家具较陆用家具有独特之处，比如固定要求、防火要求等，因此，船用家具必须符合相应法规的要求。

4）舱室照明

船上不同舱室对光的照度和强度的要求是不同的。照明设计除了满足照度和强度标准外，还应对舱室起到装饰和划分空间的作用。

5）舱室美化设计

舱室美化设计利用船舶美学原理对舱室美装进行设计，包括色彩、造型、空间、陈设、艺术照明的设计及各种内装材料的选用、搭配。

6）舱室卫生系统

舱室卫生系统包括单人卫生间、两人合用卫生间、公共卫生间等。目前船舶普遍采用卫生单元。

7）舱室扶梯与通道设计

舱室内部的扶梯与通道是指船舶舱室内部上下甲板之间的扶梯（包括斜梯和直梯）及平面之间的通道。对于客船，分船员和旅客的扶梯与通道。其布置应做到使用便捷、安全、实用、省地，力求美观，并与照明、色彩、造型等配合，体现设计的主题。扶梯与通道设计应符合有关标准和规定，如相关消防规范及《国际海上人命安全公约》（SOLAS）。

8）厨房与冷库设计

现代船舶的厨房是十分重要的餐饮后方工作舱室，关系到船员和旅客的饮食和身体健康。“规范”和“标准”对厨房有特殊要求。旅客厨房和船员厨房是分开的，厨房设备通常分中式和西式两种，分别烹饪不同的菜肴。船上的冷库用于存放蔬菜、肉类和粮食等，其位置应靠近厨房。

1.3.2 船舶舱室美学设计的原则

舱室设计的总体原则为适用、合理、安全、舒适，就是设计中应充分考虑其使用要求，并研究如何能有效地发挥舱室的使用功能，如驾驶室应有利于驾驶、操作和全船指挥，居住舱室应有利于船员或乘客休息或活动，厨房应有利于烹调和配餐。舱室美学设计是一项与人结合的工作，直接关系到人的生活、工作和健康，设计中不但要体现“以人为本，物为人用”的原则，更重要的是应按照人的需要、人体特征、人的活动规律进行设计。

舱室的适用性在于最大限度地发挥其使用功能，将多种形式的美融于内在功能中。这是设计的目的，也是设计的核心。

合理是工程技术最基本的要求，包括结构形式合理、空间合理、用材合适有效，最重要的是符合工艺设计的要求。

安全是舱室设计中不可忽视的约束条件，国际公约和各国规范都有严格的规定。舱室设计中直接涉及的安全问题是防火和应急逃生，此外还涉及船舶的性能，如稳性、抗沉性，也涉及设备的安全使用、船员和旅客的安全健康等。

舒适性是一个期望指标。如果说适用性是实现物对人的最低价值，那么舒适性可理解为涉及较高层次的标准。

1.3.3 船舶舱室美学设计的特征

1. 艺术设计与功能设计的结合

船舶舱室形式要素由空间、色彩、照明、家具、陈设等构成。对各舱室形式要素进行的艺术设计即为船舶舱室艺术设计。舱室功能设计是实用工程设计，它涉及舱室使用功能的体现和具体结构、材料的运用。船舶舱室美学设计是艺术设计与功能设计的结合，在舱室功能设计的基础上，运用艺术设计技法，才能设计出功能合理、形式美的舱室环境。

2. 具体性与完整性的统一

舱室设计时通过舱室要素的划分与组合，可为人们提供一个具有实用性和观赏性的空间。如色彩和照明设计是为舱室提供适宜的色彩和光照，通过灯光与色彩的配合，形成舱室主色调，为舱室空间赋予情感。家具设计为空间布局提供了位置、尺寸和线面组合形式，通过家具造型，把空间具体化，使空间更生动、特点更突出。陈设设计为舱室空间增添了活力与变化，体现出美的规律和韵味。上述几种要素设计，是在统一的舱室设计思想指导下进行的，它们共同体现了设计的目标，所以船舶舱室美学设计是既有具体性又有完整性的设计。

3. 开放与约束的协调

船舶舱室空间与陆地建筑室内的设计要素极为相似，但相较于后者，船舶舱室设计起步较晚，发展也较缓慢。借鉴大量陆地建筑的艺术设计经验与风格，这种开放的发展思路，使船舶舱室设计进入快速发展阶段。现阶段和未来，陆地建筑室内设计还将引领船舶舱室美学设计的发展。

但与陆地建筑室内设计相比，船舶舱室美学设计面临特殊的约束：船舶舱室空间较狭小；船舶舱室区划布置对质量分布的均衡性、对称性都有要求；海上船舶的安全性受《国际海上人命安全公约》和法规等的限制，因此必须采取严格的防火措施；船舶建造投资大，要考虑空间有效性和经济性的问题。

综上，船舶舱室美学设计要将开放与约束进行协调，才能设计出风格鲜明、美观舒适、满足法规和船舶性能的舱室环境。

第2章

船舶美学的基础理论

2.1 造型设计原理

造型设计原理是阐述物体造型规律的美学基础理论，即将形态和构成的造型要素，通过组织和变化规律联结成物体形象。

如同其他物体一样，船舶的外观和舱室内部造型也是通过形态、色彩、机理等若干要素，按照一定美学规律组合成的设计对象。

2.1.1 形态的要素

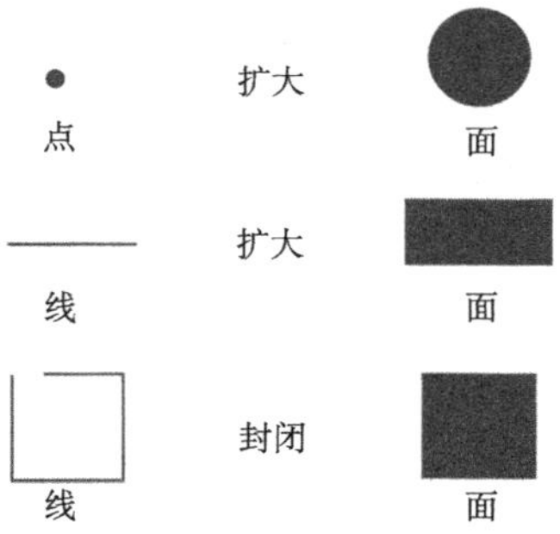

形态是物质的表象。无论是自然形态（如天体、山川、河流、巨石等）还是人造形态（如建筑、工业产品等），都可以归纳成点、线、面、体这些基本要素，从而可以系统地认识、理解和研究。其中点、线、面是造型最基本的平面形态要素（图 2-1），体是立体形态的主要构成要素。

点 扩大 面

线 扩大 面

线 封闭 面

图 2-1 点、线、面的关系

船舶的形态即反映船舶外观及内部的特征和结构的模样及容貌，船舶的形态要素从几何上理解就是构成船舶的那些点、线、面和体。

1. 点

点的形态特征在造型中主要通过排列、组合或位置变化（图 2-2），以及与背景色彩的对比来表现。

点的表现特征主要有：

（1）点在空间起着标明位置的作用。

（2）点的数量变化能产生增强或削弱作用。

在船舶外观上，窗、船的铭牌、救生设备等相对于船体，便相当于点（图 2-3）；舱室内的灯具、装饰艺术品的布置，也都应考虑其点的视觉特征和表现作用。

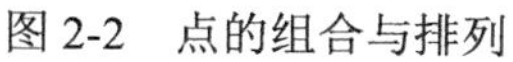

图 2-2　点的组合与排列

图 2-3　窗、救生设备

2. 线

线是造型中表现力最强的要素。船舶的轮廓、船体的分割及部分装饰都是由线的变化和排列构成的。

1）线的种类

线的种类主要有直线和曲线（图 2-4）。直线和曲线分别给人以不同的视觉感受，如直线给人简单、明了和直观的感觉；曲线给人柔软、优雅的感觉。

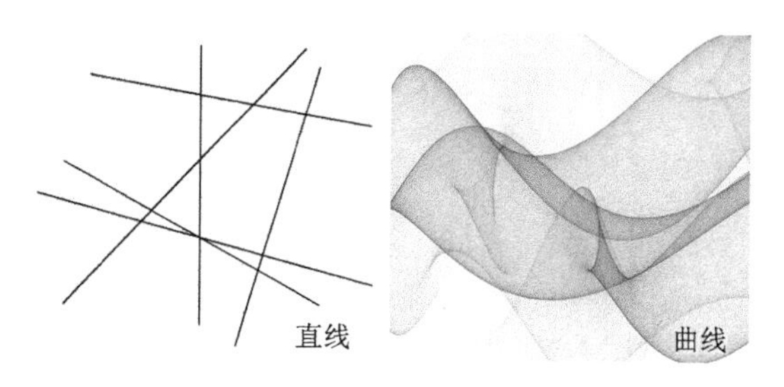

图 2-4　直线与曲线

2）直线

造型中的直线具有长度和方向。船舶造型中常用到的直线有水平线、垂直线和斜线（图 2-5）。

（1）水平线——船舶外观主要用水平线进行分割、构形，给人以平静、稳定、水天与船体协调的感觉。

（2）垂直线——垂直线看上去显得刚劲、挺拔、高昂，能给人以某种心理暗示。如蒸汽时代军舰舰首、桅杆、烟囱都是借此来展示军威。

（3）斜线——斜线常给人不稳定、前进的感觉。船舶造型中，常常在要求体现或加强速度感的部位（如首桅、烟囱）用斜线。

3）曲线

曲线造型具有亲切、优雅、流畅、活泼、轻快和柔软的特点。曲线中的 S 形曲线是构成人体的基本曲线，也是被许多美学家称道的曲线，多用于客船。如旅游客船的梯道、内部装饰、环境布置等（图 2-6）。

图 2-5 直线造型的船舶

图 2-6 客船内部空间的曲线造型

船舶造型中，线的风格往往决定船舶的风格和特点。线的利用应注意风格的形成、整体效果的加强、速度感的突出等问题。用线时，线条的运动应符合构图规律，表现某种意义，力求以无生命的线牵动人的感情。

例如，构成军用舰船的线型应反映力量感、速度感，体现军容军威和势不可挡的气势，直线的“性格”能比较准确地表现这种风格特点（图 2-7）。游艇的线型大多以曲线为主，呈现出优雅的仪态，它与游艇所代表的休闲惬意的船舶风格相匹配（图 2-8）。

图 2-7 直线造型的力量感与速度感

图 2-8 曲线造型的优雅

3. 面

面可以是由轮廓线包围的实际面积，也可以是点、线的积聚形成（虚）面积（图 2-1）。面有长度、宽度，但没有厚度。

面的形态是多种多样的，不同形态的面，在视觉上有不同的作用和特征。

1）分类

面分为两大类：

（1）几何形面——包括几何直线形面、几何曲线形面；

（2）有机（自由）形面——包括自由直线形面、自由曲线形面、偶然形面（在船舶造型中很少应用）。

直线形的面具有直线所体现的感觉，有安定、秩序感。

曲线形的面具有柔软、轻松、饱满感。

偶然形的面，如水和油墨混合后泼洒出的偶然形等，比较自然生动，有人情味。

2）面的特征（几何面）

几何面由直线或曲线构成，形状整齐，具有简捷、明确和秩序的美感，对视觉的刺激集中、信号感强。

几何面中有正方形、等边三角形和圆 3 种原形。各原形的“性格”不同，造型效果迥异。

（1）正方形及其演化的长方形：由横竖两种直线构成，所以它强调横竖两种直线的“性格”，这两个方向上都能呈现安定、平稳和秩序感，象征静止、正直和庄严，如散货船的舱面主要由方形舱盖组成（图 2-9），有稳定感。但过分的工整也容易产生呆板的感觉。

图 2-9　方形面的应用

（2）等边三角形及其变异的三角形：以斜线为主要轮廓，能体现斜线的某些特征，由于角与形的变化而显得活泼。底边在下竖直放置的三角形能唤起人们对山丘、金字塔的联想，是稳定和永恒的象征。倒放的三角形，给人以极不稳定感觉，常被用作一些提示危险的符号和标志。

（3）圆及椭圆：由一条连贯的循环曲线构成，象征完美与简洁；椭圆，较圆更加明快，给人一种张弛缓急、变化而又统一的流动感。

4. 体

体，或体块，是具有长、宽、高的三维空间的封闭实体块；具有连续表面，可表现出很强的量感，通常给人以充实稳定之感。

1）体的分类

（1）平面几何体：四个以上的平面，其边界直线互相衔接在一起，形成封闭空间。形体的表面为平面，其棱线为直线。给人以简练、大方、庄重、沉稳的感觉；象征稳重、严肃。

（2）几何曲面立体：由几何曲面所构成的方体块或回转体。几何曲面的立体造型，其秩序性强，既严肃端庄，又有曲线变化，不失变化和活泼。

（3）自由曲面立体：是由自由曲面构成的立体（自由曲面形体和自由曲面所形成的回转体），其中大多数造型为对称形。曲线变化给人的感觉，既优美活泼，又有较强的秩序性。

（4）自然形体：在客观环境中，自然形成的一些偶然形体，如水滴、山石等。

2）体的运用

体可以基于其基本结构，对其表面、棱边、棱角进行处理，多面体将呈现更加多的异形变化，营造出全新的视觉和心理感受，如对面的处理：切孔、凹凸、附加等；对边的处理：反折、剪边等；对角的处理：剪角、内折等。

立体形态可以由一个独立的、造型简单的单体构成，如多面体；造型复杂的立体形态也可以由多个同质或异质单体通过一定的形式组织（如切割、集聚等）（图 2-10、图 2-11）。因此，体的实用性很强，在塑造形态的设计中运用十分广泛，如城市雕塑、建筑、工业造型设计、包装设计等。

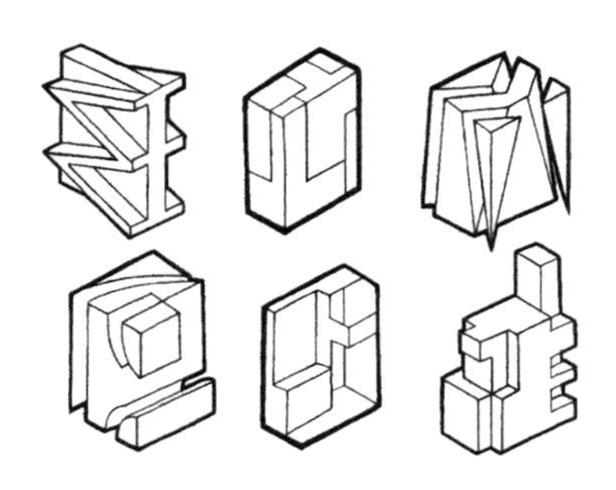

图 2-10　体的切割造型（绘图：王麒）

集聚

图 2-11　体的集聚造型

图 2-12 的邮轮外观就是以平面几何体为基础，通过切割和集聚形成的立体造型，具有稳定和秩序的美感。

邮轮

图 2-12　体的运用——船舶外观设计

2.1.2　立体构成

1. 立体构成的概念

立体构成是指在三维空间中，把具有三维的形态要素，按照形式美的构成原理，进行组合、拼装、构造，从而创造出一个符合设计意图的、具有一定美感的、全新的三维形态的过程。立体构成融合科学技术与艺术，它与建筑设计、工业产品设计、包装设计、展示设计等关系密切。

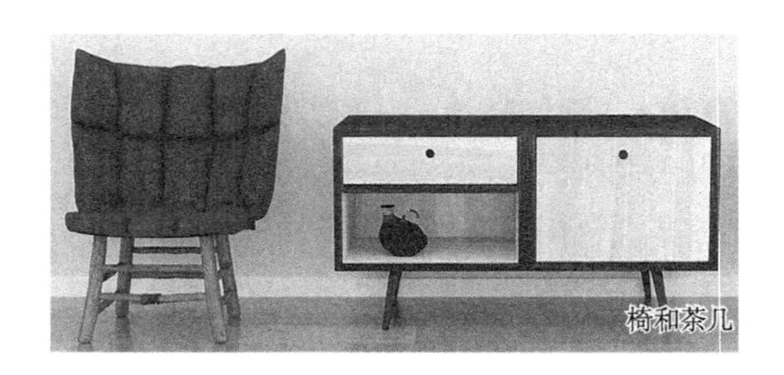

椅和茶几

图 2-13　立体构成——家具设计

2. 立体构成的应用

我们生活在三维世界中，日常所接触的各种物体，小到一只蚂蚁，大到摩天大楼，都具有“三维形态”。因此立体构成涉及领域广大，它不仅服务于人们的生活，也能提供优美的人居环境。经过精心设计的造型结构、色彩和材质潜移默化地陶冶着人们的情操，在精神上给人以美的享受（图2-13、图2-14、图2-15）。

图2-14　立体构成——商业空间设计

图2-15　立体构成——船舶外观设计

3. 立体构成元素

1）空间

空间常常容易被忽视，它是立体和平面最大的差别，也是立体构成中十分重要的一个元素。

当物体和眼睛之间的角度改变时，物体就会呈现不同的形状。因此，设计一件立体造型作品时，必须考虑从不同角度、距离观察造型所产生的不同感觉，考虑空间的美感（图2-16）。

2）形态

即构成形态的点、线、面、体，也是立体构成的基本元素（图2-17）。

图2-16　空间

图2-17　线的运用

3）色彩

色彩无处不在，色彩是我们认知形态、感知形态的重要视觉要素，也是立体构成中非常重要的元素。

立体构成中的色彩是指占据实际三维空间的物质形态的表面色彩，这些色彩因为实际三维空间的存在而相互影响，也受到环境、光线、材质、工艺技术的制约（图 2-18）。

4）肌理

肌理是指物质材料表面的质感，是材料表面的纹理、构造组织给人们的心理感知反映。这种反映一般通过视觉和触觉来感知。人们通常通过物质材料的表面肌理判断物质的物理特性，比如光滑与粗糙、软与硬、轻与重、干与湿等。

在立体构成中，选用不同的材料，不仅仅是因为材料的性能和加工程序，更应考虑肌理给人的心理感受。如图 2-19 的游船，美丽的花纹、贴合人体的温度感、顺滑的触感、华丽而坚实的视觉效果，是木材这种奢侈材料的优点。

图 2-18　色彩（见书后彩图）

图 2-19　肌理（见书后彩图）

4. 立体构成方法

立体构成运用重复、整体韵律、对比调和、构图平衡、形象的特异等手段对形态要素进行组合，并运用合适的色彩和机理进行表达。

船舶作为一种立体构成的应用，已发展出丰富的外观与内部造型（图 2-20、图 2-21）。

图 2-20　立体构成——船舶外观（见书后彩图）

图 2-21　立体构成——船舶内部空间（见书后彩图）

2.1.3 造型的形式美法则

形式美包含两个方面：一是指构成作品外在形式的物质材料的自然属性；二是指这些物质材料的组合规律，如线条、色彩、形、体等的组合。

形式美法则是人类在创造美的过程中对美的形式规律的经验总结和抽象概括，主要包括：比例与尺度、均衡与稳定、比拟与联想、节奏与韵律、变化与统一，具有广泛的实用性，超越了种族、阶级、地域、民族的差异。在具体运用中，由于造型要素的变化要求而呈现出不同的变化形式，能体现美的一些基本规律。这些规律具有一定的稳定性。

研究、探索形式美的法则，能够培养人们对形式美的敏感度，指导人们更好地去创造美的事物；掌握形式美的法则，能够使人们更自觉地运用形式美的法则表现美的内容，以达到美的形式与美的内容的高度统一。

从表现媒介角度看，船舶美学形式是通过空间、形态、色彩、光和材质等要素的完美组合，共同创造船舶整体的。很明显，这个富于表现性的船舶形式必须在满足功能要求的基础上，来追求审美价值的最高目标。然而，由于审美标准也包含主观因素，因此，只有充分把握共同的视觉条件和心理因素，才能衡量相对客观的审美价值。原则上说，船舶形式美原理对于船舶美学设计具有相当可靠的指导作用。

船舶形式美的基本法则包括船舶外形与内装美感形式两部分。实际上，它是造型原理中的形式美法则在船舶设计中的直接应用，它足以作为解释和创造船舶美感形式的主要依据。运用最广泛、技巧最成熟的船舶形式美法则有：船舶整体与各部分及各部分之间的比例与尺度，船舶整体构成所应具有的均衡与稳定，船舶建筑和设备布置中运用的节奏和韵律，贯穿船舶外观与舱室造型过程的比拟与联想、统一与变化等。

1. 比例与尺度——数学形式的协调

1）比例

比例是表示局部与局部之间、局部与整体之间大小数量关系的术语。用数比来概括人类自身和自然现象，是一种文明的标志。比例是构成各种节奏和韵律的基础，广泛应用于建筑、艺术、技术产品设计中。合理地确定统一的比例，能够形成协调的体系。良好的比例是体现形式美最基本也是最主要的手段。

比例与尺度关系在一定程度上体现出均衡、稳定、和谐的美学关系。了解比例与尺度对产品造型设计有重要的作用。

船舶比例表示船舶整体与局部、局部与局部之间的数学关系。在实际选取时，这种关系很大程度上取决于船舶性能和其他功能要求，形式美要为功能服务，丧失了功能，形式也就失去了依托。不可能有某种适用于一切船舶的通用比例。即使是同一条船，也不可能使用相同的美的比例进行不同部分的建筑布局和结构处理。在条件允许时，船舶各部分比例应保持大致相同。如船舶纵向的比例关系，均衡中心到首和尾，首、尾至桅杆，以及桅杆至烟囱之间的长度比例，尽可能统一。这样，整个外形才能显得和谐一致，才能具有极强的整体感，不少船舶都是如此处理的。

获得良好的比例需要全方位的考虑。比例与形状关系密切，同时受到船舶强度要求和布置要求的影响，因此，处理比例要通过反复规划、构思和比较。

在工程和艺术中常用的比例形式如下：

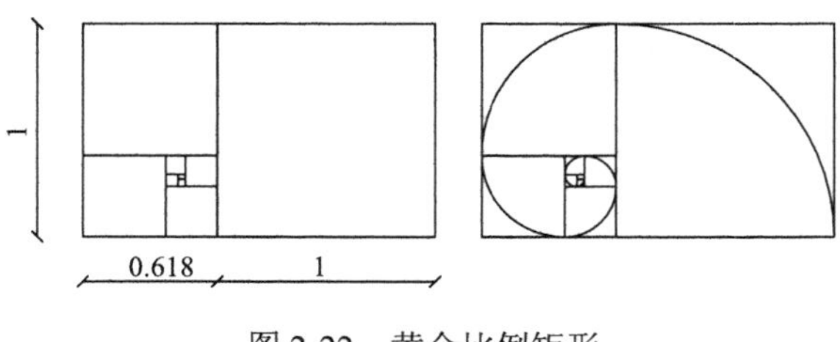

图 2-22　黄金比例矩形

（1）黄金比：从数学角度看，黄金比是一个完美的比例，它满足 $a/b=b/(a+b)$ 或 $a=0.618b$（a 和 b 为分割后的两部分长度）的关系式。具有这种关系的形态和分割方式称为黄金形态和黄金分割。黄金比之所以美，是由于它体现了“变化统一”的美学规律。长短不同表现了变化，长边与长短边和之比又与原来的短边和长边之比一致为统一。黄金比也表现了不对称两部分之间的平衡（图 2-22）。

（2）整数比：整数比的形式如 1∶1、1∶2、2∶3、…。常见的整数比有等差数列比和调和数列比等（图 2-23）。

（3）平方根比：1∶$\sqrt{n}$ 这种比例接近黄金比，所以有一定的美感（图 2-24）。

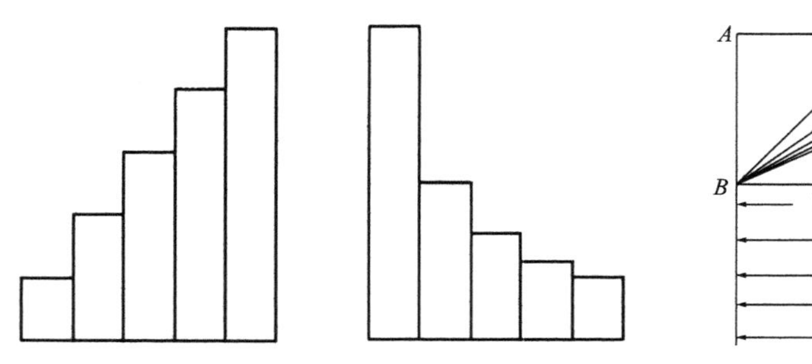

图 2-23　等差数列比（左）和调和数列比（右）

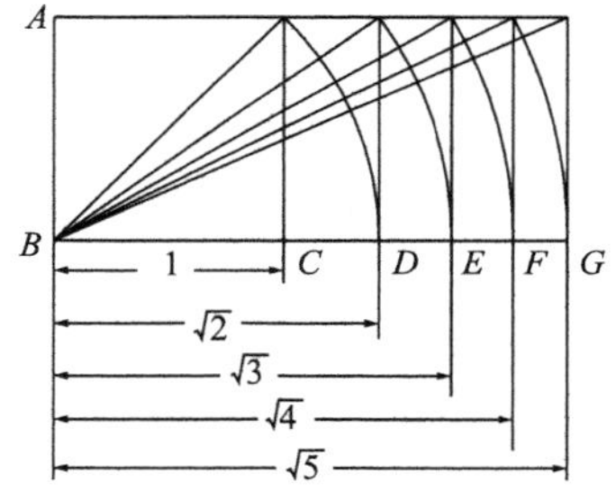

图 2-24　平方根比矩形

除了上面提到的比例外，还有等比数比、相加级数比等，也是工程中常用到的比例。

2）尺度

（1）尺度的概念。

尺度是以人的身体及某些特定关系衡量物体大小的一种要素。尺度不但与比例密切相关，而且与造型产品的功效也密切相关。尺度反映人与物之间的关系，是不可能由纯几何的形状表示的，它不能借助尺之类的测量工具进行度量以获得尺度的感觉，而是通过对比形成人对物体的尺度印象。

（2）尺度的确定。

人类往往通过与习惯物体（特别是人体本身）的尺寸比较而建立对某一物体的大小

感知，即尺度概念，从而据此进行尺寸的选择。如图纸的尺寸与人的臂膀及躯干的活动范围相关联，其边长的比例关系受这一范围的约束。再如船舶内部控制和操作台面面积、各种家具、扶手、手柄等的大小，也是以人体尺寸作为模数来确定的（图2-25）。

船舶许多尺度的确定还需要以规范的要求为准则，而规范中许多条目已包含了以人体尺寸为模数来确定尺寸和人的活动范围的因素。如舱室的门高、床长、桌椅尺寸、有人行走的甲板宽度以及舷樯和栏杆的高度等，都是以人体为尺度依据、从实用性、安全性的角度出发确定的。

另一方面尺度与功能不可分。如驾驶台、集控室内的操作手柄、旋钮，虽然具有不同的操作功能，但它们的尺度都比较固定。因为这些部分要与人发生关系，设计时必须考虑人的生理、心理特点，而不是单纯以比例美来定尺度，否则会影响操作的准确、及时和舒适性。以人体来建立尺度体系，使尺寸与人的关系明了，尺度感明确，易于产生亲切感并富有人情味。

尺度的确定与结构的要求也有联系。例如，舱口的宽度与船舶型宽的比例关系，是以结构强度允许为前提、以功能和力学要求为基础的，是一种自然比例，其尺度关系由技术因素来确定（图2-9）。邮轮的窗户总希望尽可能开得大些，以加大室内的通光量和保持人与自然环境（在视觉上）的充分接触。但是，考虑到稳性因素及各层甲板高度有限，不可能完全从形式美的角度进行设计（图2-3）。

舱室空间较小，物体的尺度感要小于室外，所以，家具尺寸应以视觉空间的尺度为准，主要以各种物体之间的相对尺度作为选取比例和尺寸的基础。在保证人机关系的前提下，尺度应取得较小，才能形成视觉上的尺度平衡（图2-26）。

图2-25 尺度设计

图2-26 室内的家具尺度

总之，协调的比例是为了满足人的审美心理，即在满足功能要求的前提下追求美观，而合理的尺度则是协调人与设计对象之间的关系，即为了实用。船舶的比例与尺度选取与船舶性能和结构密切相关，与人的心理习惯也有某种联系。追求协调、合理的比例与尺度应该在技术允许的范围内进行。船舶造型尺度设计必须是以技术设计为先决条件来选择比例，这样才能满足造型形式服务于功能的基本要求。

造船业中，国内外制定了各种设计、制造和使用的标准，如为使船舶舱室设计合理美观，造船界制定了一些空间、家具和设备的数值尺寸标准，不仅使设计合理、制造简单经济，保证了加工、维修具有互换性和灵活性，避免了不必要的浪费和损耗，而且使得船舶的美学功能也有相应的提高。标准的制定考虑了船舶设计与制造中的各种影响因素，按标准加工的产品，可以达到最佳的使用效果和美观程度，不但能满足功能要求和技术要求，而且也能满足美学要求。

3）实例分析

在船舶桅杆的形状设计上，舱面构件之间的间距应用黄金分割的船舶很多。

实例 1：图 2-27 所示的是“Finnjet”号客船的外形侧面图，从船尾到烟囱，从烟囱到均衡中心，这两者大致符合 1.618∶1 的关系；从均衡中心到首桅，从首桅到船首，这两者也大致符合 1.618∶1 的关系。事实上，这绝不是偶然的。

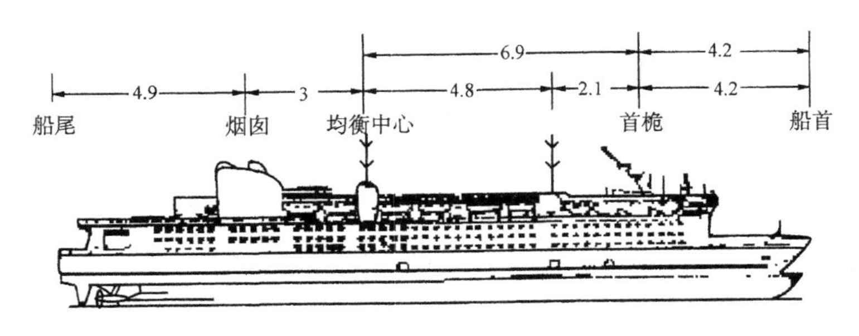

图 2-27 “Finnjet”号客船

实例 2：图 2-28 所示的远洋客货轮“凤凰”号也十分注重比例设计，使外形显得和谐统一，全船的外形各区段各部分之间几乎都体现了黄金分割的关系。如：从主桅到船尾和船首的间距之比约为 8∶5，它们之间的关系近似是黄金分割的关系。

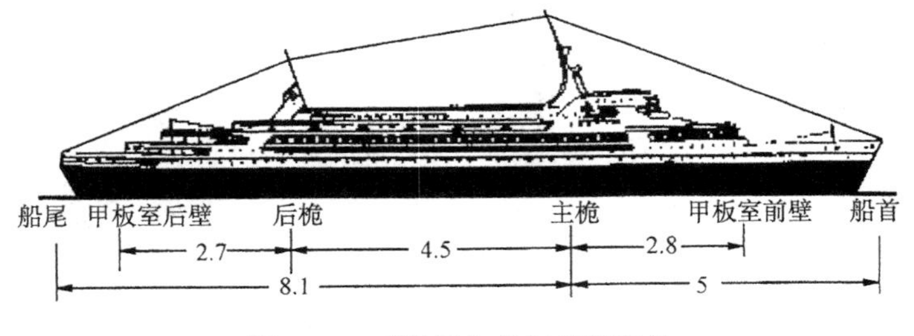

图 2-28 “凤凰”号远洋客货轮

实例 3：图 2-29“Cristoforo Colombo”号也是一艘外观造型较成功的客船。从外形看，烟囱较偏于艸部，艏端与艉端几乎相等，其造型处于一种十分平衡的状态，由于全船外形各区段各部分之间几乎都体现了黄金比率的比例关系，使得整个外形显得比较活泼。虽然该船是以烟囱为中心的对称平衡，却让人感到庄重而不沉闷。

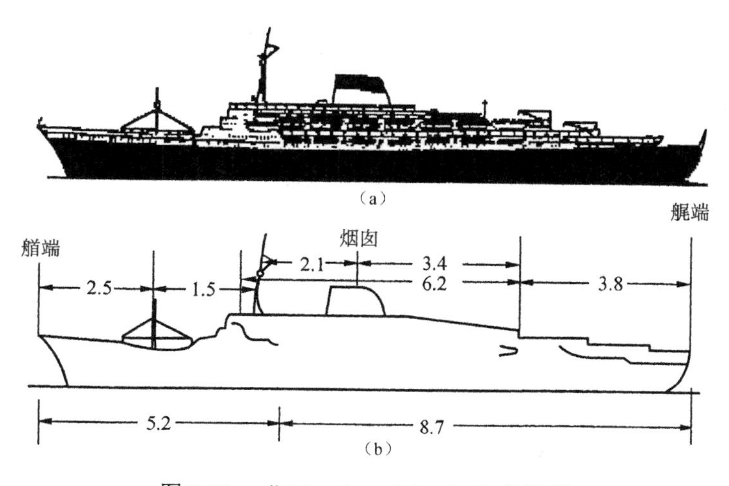

图 2-29 “Cristoforo Colombo”号客船

当然，不只是黄金比例的使用，其他比例使用得当也能获得令人满意的结果。

实例 4：如图 2-30 所示的一艘油轮，其外形从侧面投影看，各部分之间也保持着一定的比例关系，即 $\frac{a}{b}=\frac{c}{d}=\frac{e}{d}$，这样处理使人感到船舶外观非常匀称。

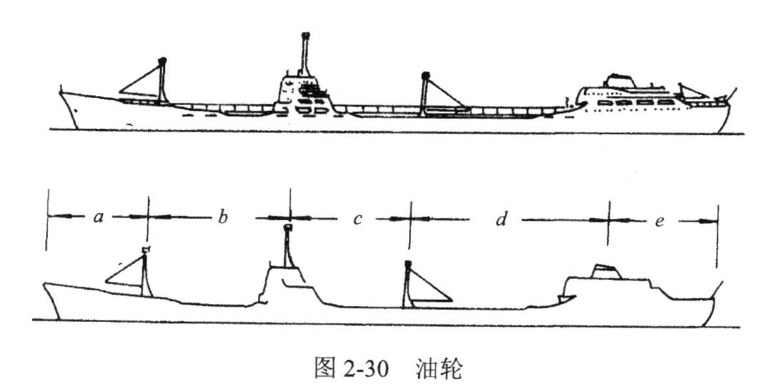

图 2-30 油轮

在船舶设计中，比例的设计不仅受到形态美的制约，也将受到许多其他条件的制约。因此，考虑比例设计时，还须注意比例与其他因素的关系。

（1）比例与高度的关系：图 2-31 船上的观察者在看主桅时，假定 $A=B=C$，但对观察者而言，它们所对应的角不相等，即 $\angle A' > \angle B' > \angle C'$，所以看起来主桅的顶部必然比底部要小得多。

（2）比例与结构的关系：结构形式的不同将直接影响到比例的大小。如对于船舶的窗户，一般而言，考虑到人的身高，甲板层间距的尺寸变化范围不大，所以窗户的高度尺寸变化也不应太大。但当考虑到船舶强度关系、肋骨间距、舱壁数量时，舱的侧壁开窗的横向尺寸就必须要注意肋骨间距及舱壁的影响，以避免切断较多肋骨而影响强度（图 2-32）。由此可见窗户的尺寸比例受到结构的影响。

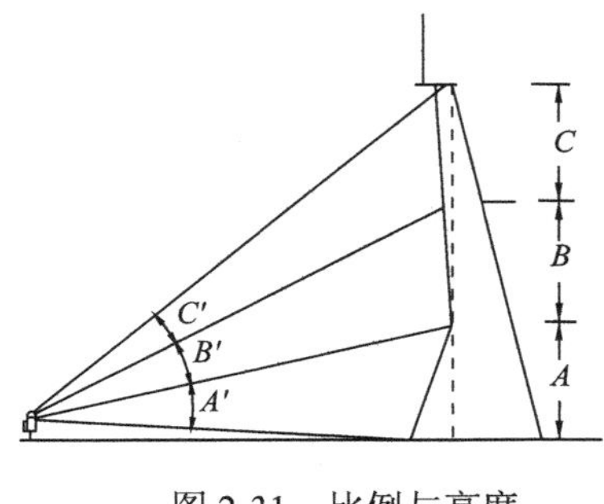

图 2-31　比例与高度

图 2-32　比例与结构

（3）比例与材料的关系：不同造船材料的选用，会产生不同的比例。在木帆船时期，建船材料大都选用木材，动力依靠风帆。直立的木桅和各种风帆与主船体之间的比例关系必然与现代的机械动力的钢质船舶的主体与局部之间的比例关系有明显的差别（图 2-33、图 2-34）。

图 2-33　古代船舶

图 2-34　现代船舶

图 2-35　比例与功能——邮轮内部

（4）比例与功能的关系：许多比例既不取决于结构，也与材料无关，而是取决于功能的要求。如对于船舶主体的比例尺寸，其长宽比在很大程度取决于船的快速性，以及总体布置和船舶的使用目的。同样，房间的尺寸也是随使用目的的不同而变化。在船舶中，货船往往对航速要求不高，因而船体的长宽比较小；驱逐舰对航速要求比较高，因而长宽比就较大。货船因为要求容积、空间大，故甲板层间距大、内部空间高度高；而客船要求层数多，故内部空间高度受到限制。对于各种用途的舱室，内部空间高度也必须有相应变化。单人房、双人房，因功能特点，房间面积必然小，那么其内部空间高度就可以适当矮些以示亲切；餐厅、娱乐场所、剧场由于需要容纳的人多、房间面积大，故内部空间高度要适当增加，以避免给人压抑的感觉。这些使用目的使舱室和船体都有了多种不同的比例效果（图 2-35）。

除上述关系和要求，还有许多其他的因素可能制约着某些比例的设计。一定要既从总体安排，又从局部考虑，追求较适合的比例，使整个船舶显得和谐、统一。

比例起源于形状，受制于材料、结构、用途，要求达到的是和谐、统一的目的。从这个基本特点出发，我们在处理比例关系时，既要具有在创作、设计的过程中能鉴别主次并能区别对待的能力，又要能通过反复不断地构思、描绘，甚至是一连串的试验去得到正确的结果的过程。因此，可以借助设计成功的母型船，不断地比较、调整，直至获得一个令人满意的方案。

2. 均衡与稳定——力学形式的协调

1）均衡

均衡是一种由力学平衡概念抽象出的形式构图规律。船舶的均衡包含了船舶前后和左右的相对轻重关系。这种关系既是船舶具有的实际力学意义，更是人的视觉心理对具体形态所能感觉到的重量平衡关系。均衡布局的主要形式有 4 种，如图 2-36 所示，其中第 1 种同形等量均衡为均衡的特殊形式，是对称的；另外 3 种是非对称的均衡形式。强调这种法则，一方面是为了视觉上达到平衡感，另一方面是因为人的心理总是不自觉地追求一种稳定而安全的感觉。

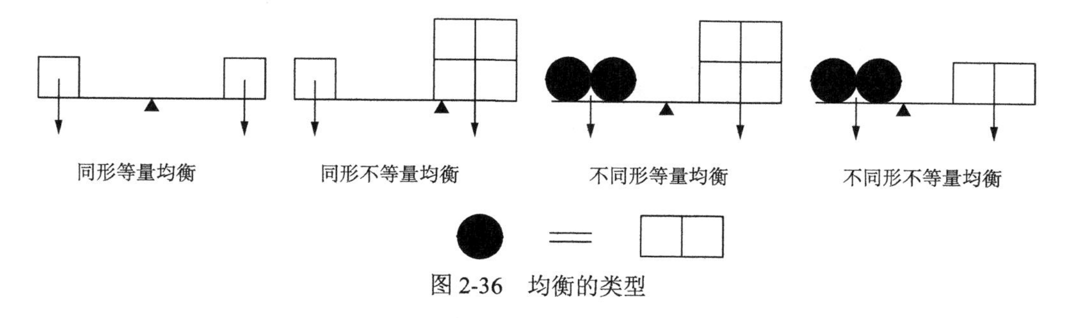

图 2-36　均衡的类型

（1）对称均衡。对称是将物体沿中轴线划分成相同形和相等量的两部分的对应关系。对称之美起源于人体结构和动物身体结构与形态，体现了生命的正常发育的过程。人类的心理和物理构成是一个整体的均衡概念。人体本身是建立在对称基础上的，在此基础上，人体各部分比例越和谐，人体就显得越美。对称也是人类最早发现的美学规律，是一种静态的均衡，可以取得极好的视觉平衡感。对称具有庄严、静止、严肃的美。但对称使得视觉停留在对称轴或中心线上，也会产生心理上的静、硬之感，显得呆板。对称有以下形式：

①镜面对称（或称左右对称），它具有一条对称轴线，轴线两边等量同形，是最常见的对称形式（如船体结构对称、主要设备的对称布置）。

②螺旋对称，某一几何原形做直线运动的同时做回转运动，路径呈螺旋状。

③放射对称，以点代替对称轴线（对称中心），将原形以一定角度绕中心回转，所产生的放射状图形即为放射对称。螺旋桨盘面形状是典型的放射对称形。

（2）非对称均衡。图 2-36 中的后 3 种情况。它们都呈现某种动态的平衡关系。非对称均衡在造型上体现出多样统一的特点。视觉上的“重量”主要通过面积大小（大面积“重于”小面积）、色彩深浅（深色“重于”浅色）、动态与静态（动态“重于”静态）来体现的。不对称均衡产生于杠杆的原理，由于支点的作用，支点两边视觉重量相等。这类均衡形式活泼、富于变化，能破除等量均衡的呆板格局，适应各种造型要求，均衡关系从体量上有一定的对比。这里所指的“体量”既包含实体，也包括虚重量。

图 2-37 是一艘散货船的侧面形状。纵向看，首尾实体差异很大，尾部发达的上层建筑有很大的实际重量，而首部的体量除了首桅自身之外，还包含一个视觉心理上的虚面积。以驾驶室前壁为视觉支点，形成与尾部平衡的体量关系，视觉上仍然是均衡、协调的。船舶为了表示其动态特征，造型上更强调动态均衡，即视觉上的平衡感。

图 2-38 为某货船的侧视图，以上层建筑前壁为视点，前后各部分由于大小和距离支点的距离不同形成平衡。

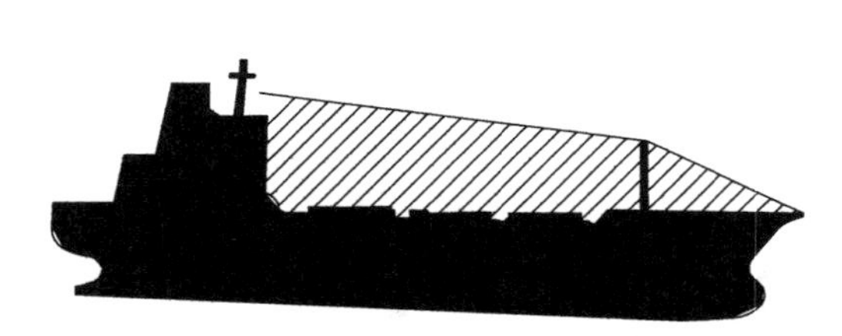

图 2-37　散货船侧视图

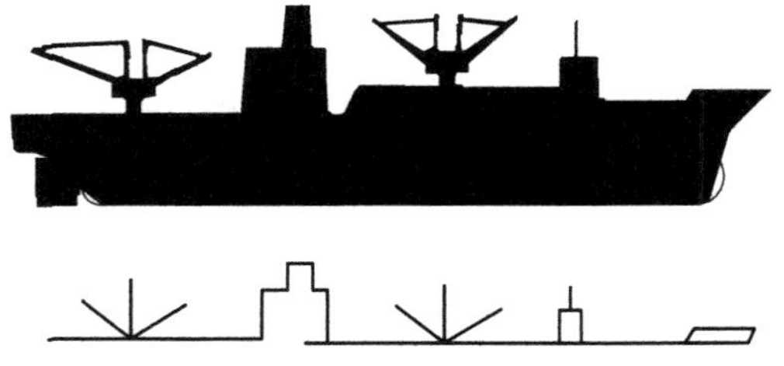

图 2-38　某货船侧视图

图 2-39　非对称均衡

图 2-39 所示的航空母舰因为要保证飞机起降和交通，岛式上层建筑置于一舷。但是，发达的舰体、巨大的甲板，配上停放在甲板上的具有极强动感的飞机，视觉上仍然能够达到平衡的效果。

2）稳定

稳定是指造型物上下之间的相对重量关系，包含实际稳定和视觉稳定两层含义。船舶作为水上运动的建筑物，实际稳定和视觉稳定都很重要。前者影响性能，后者影响心理。

实际稳定是人们熟悉的船舶的重心、浮心、稳心之间的相对关系，是造船规范所要求的最主要的性能指标。它体现了船舶在各种状态下的稳定性、可靠性和安全性，是技术设计必须解决的基本问题。

视觉稳定是船舶外观量感和重心满足视觉上的稳定感，它需要在外观造型设计中进行设计。具有视觉稳定性的船舶给人以安定、沉着、宁静和轻松的感觉。

船舶的运动特征要求船舶在保证实际稳定和视觉稳定的同时应具有相应的速度感。当这一要求与结构形式产生矛盾时，需要依靠造型手段来解决。例如，客船要求舱室具有尽可能高的空间，以营造一个舒适、开朗和愉快的内部空间环境，而竖向的加高对视觉的稳定和船舶的速度感都带来不利影响。因此，造型手法上采用梯形或塔式上层建筑形式，利用富有动感的斜线或曲线，即保证一定的空间高度，在视觉上用一些水平色条分割，将视线由上下方向向水平方向引导，从而满足视觉稳定的要求。

获得稳定感的主要方法有：

（1）采用塔式建筑造型。这种形式能降低视觉重心，给人以轻巧、安定和流畅感。如图 2-3 的豪华邮轮，上层建筑前后端为收缩式斜倾，由下至上逐层递减，并在虚空间内上层建筑前后端及桅、烟囱汇交成一个金字塔形，具有很强的稳定感。

（2）采用对称、均衡的结构形式。对称形式有着很好的稳定感；均衡的造型则将视觉集中于平衡支点（视觉中心），也能得到视觉上的稳定。

（3）利用色彩对比。处理好上下色彩配置关系，也是改善视觉稳定性的一种方法。色彩明度低的色彩量感大，明度高的色彩正好相反。所以，船舶外观色彩多数是上明下暗，如船体为深蓝色，上层建筑为白色，上轻下重，取得了较强的稳定感（图 2-40）。

（4）利用质感对比。上层建筑采用轻型材料、透明材料、光滑材料进行建造和装饰，与相对粗糙的钢质船体形成对比，利用人对材料概念上的重量认识的差异，形成上轻下重的感觉（图 2-41）。

图 2-40 色彩对比（见书后彩图）

图 2-41 质感对比（见书后彩图）

（5）利用形体分割。利用色彩、横向长构件和排列的舷窗等，对船体形成上下方向的分割，也能产生很好的稳定感和强烈的动感（图 2-42）。

3. 节奏与韵律——音乐形式的协调

节奏和韵律是客观世界运动、变化所显示的普遍规律， 如人在有节奏地生活，植物在有节奏地生长，波浪在有节奏地起伏……处处都有节奏的存在。

图 2-42　形体分隔

韵律是节奏的变化形式。它将节奏的等距间隔变为几何级数的变化间隔，赋予重复的图形以强弱起伏、抑扬顿挫的规律变化，产生优美的律动感。

节奏与韵律往往互相依存，一般认为节奏带有一定程度的机械美，而韵律又在节奏变化中产生无穷的情趣，利用节奏和韵律变化规律来处理船舶造型的某些要素，将使船舶显得紧凑、生动、有条理、有魅力。

1）节奏

节奏近乎“节拍”，是一种机械的动律美，是造型要素有规律的重复，是条理性、重复性、连续性的表现形式。将不连贯的元素在形和色上作有规律的组织和排列，来提高视觉感知性，以获得整齐、秩序的美。

节奏可分为匀等节奏和非匀等节奏。匀等节奏指将单一的、均等不变的节奏贯彻到底。例如，船舷边栏杆的排列，从首至尾，将船舶的虚面和实面有序地联系起来。非匀等节奏中，重复元素的疏密、刚柔、长短等因素，有条理、有变化地排列，使整体更显得生动。

体现节奏感有赖于对比手法，有赖于多样统一的规律。如果造型的节奏符合人自然的生理节奏，这种造型就为人所接受，人会认为是美的。船舶造型的节奏美是通过点、线、面、色、质来创造的。船舶建造过程中的标准化、系列化的实施，用排列有一定规律的门窗和单元结构物的重复，来产生节奏感。

2）韵律

韵律是在节奏的基础上产生的规律的变化，即赋予节奏一定情调便形成韵律。韵律更能给人以情趣，节奏是韵律的条件，而韵律是节奏的深化。

韵律按形式和特点分为不同类型，如下。

（1）连续韵律。连续韵律是指造型要素按一定条理无变化地重复，各要素保持恒定距离，具有静止、深远感。它的特点是：在形状上相同而排列的间距可以发生变化，当然也可以不变化。如图 2-43 所示的圆形和平行四边形的开洞等间距排列，相同矩形的不等间距或等间距排列，这些常用于船窗的排列（图 2-44）。

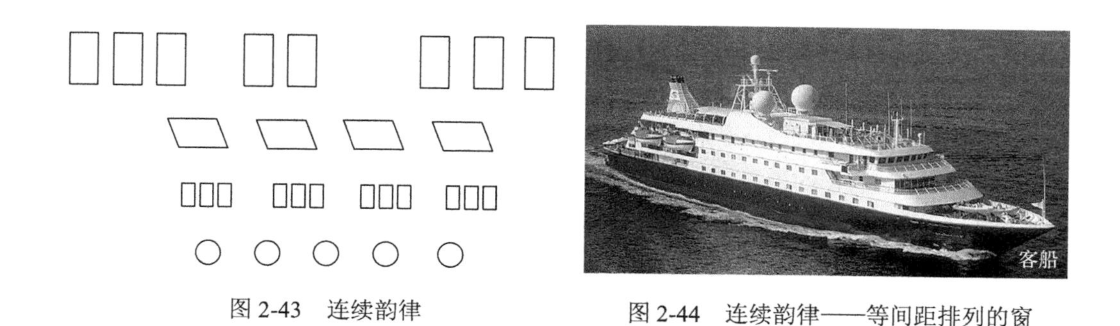

图 2-43 连续韵律

图 2-44 连续韵律——等间距排列的窗

（2）渐变韵律。连续要素在某一方向按一定规律增减变化，如窗大小、形状依次变化。这种增减变化可以是排列的渐变，也可以是形状的渐变，或者是分量的渐变和色彩的渐变。图 2-45 所示，组成整体的各个单元形状可以不同而尺寸重复（比如间距、高度相等）。再如图 2-46 游艇的窗布置，各层次有大小变化、间距变化，在排列中不是单一的重复，而是按结构和功能要求划分为群，时多时少，体现了一种韵律美。

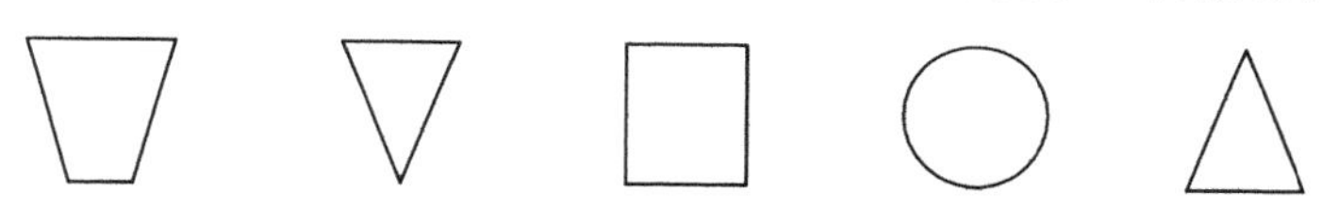

图 2-45 渐变韵律——单元形状不同间距相同

（3）交错韵律。交错韵律是指造型要素进行交错地组合，从而产生的韵律（图 2-47）。

图 2-46 渐变韵律——变化排列的窗

图 2-47 交错韵律

（4）起伏韵律。起伏韵律是指造型要素依一定规律时增时减，富有动感。如图 2-6 中的邮轮走廊，使用了曲线的起伏造型，呈现出闲适的美感。

4. 比拟与联想

人们对人造物的审美常常与一定的事物形象产生联想，不自觉地借用美的事物作比拟。利用人的这一特点，可以创造出使人与某种自然或人造的美的事物相比拟或产生优美联想的船舶形象。

比拟即比喻和模拟，是事物意象的暗示和模仿。往往是设计者通过自己造型的形象向观察者暗示和隐喻某种美的事物，利用比拟呼唤起他们的某种联想。

联想是想象的一种表现形式，是思维的推移与呼应，将造型物通过思维的推移延伸到其他事物。联想分为接近联想、类比联想和对比联想三种形式。接近联想是将事物与日常经验联系在一起，形成巩固的条件反射而引起的情绪反应；类比联想是一个事物的外部或本质与另一事物的外部或本质有类同而产生的联想；对比联想则是由一事物引起的对和它具有相反特点的事物的联想。造型产生联想是设计者通过造型处理，寄希望在观察者思维中产生的具有美的效果的现象，是造型的目的之一。

产生比拟与联想的表现手法主要有：

1）接受自然启示，对自然之物进行提炼、概括

模仿自然是人类进化过程中最先掌握的技能之一，它明确、直观、易于理解，但联想的范围有限。这种方法特别强调“神似”，有寓意，值得回味。如潜艇（图 2-48）、深潜器的造型借助水滴、海豚的流线形式，很容易使人联想到水的流动或水下高速游动的生物体，是功能与形式最完美的统一。

图 2-48　模仿自然的船舶外形设计

图 2-49　“扬子江乐园号”旅游船

2）从自然中概括出的几何形状的造型

即通过概括，在自然形态的基础上抽象、升华，使造型物更含蓄，具有更深层的耐人寻味的美。如长江旅游船“扬子江乐园号”的外形设计（图 2-49），船体采用了抽象的白鳍豚造型，这种比拟和抽象方式使人联想到湖北这一特定的地域，扬子江、三峡等一系列水域以及特有水生动物白鳍豚的快速、美丽、轻盈的动态，作为旅游船造型无疑是杰出的创意。

3）抽象形态的造型方式

抽象形态造型方式应用中艺术的比重较大，与客观存在的形态距离较远，它引起的联想是心理的而不是实体物质的，如动与静、慢与快、欢乐、愉快等。如获得了 2013 年世界超级游艇最具创意大奖的 42.5m 三体动力艇 Adastra，这艘建成于 2012 年的游艇，外型极具科幻感，能够使观察者产生不同的联想，如外星人、飞机等。

运用比拟与联想的造型设计要注意的重要问题是形式要贴切、比拟要准确，产生的联想要能引起美感，即与功能要求统一，否则可能会因引起乘客错误的联想而丧失美感。

5. 统一与变化——综合形式的美

在形式构图的诸多规律中，统一与变化是它们的集中与概括，各种形式美都是从不

同的角度反映统一与变化这一基本规律的。

造型设计中，集中或重点表现整体、共性和协调即为统一。人在观看、欣赏一艘船时，总是希望在最短的时间内了解它的轮廓形状、主调色彩和基本结构等这些总体特征，这便要求船舶的造型形态具有整体协调和统一的美感，表现出一种整体的秩序美。因此，统一使人觉得畅快、单纯、宁静、和谐并有条理。但强调统一也不宜过分，否则会让人感觉呆板、不耐看，缺乏持久的美感；反之，强调和突出造型物的特征，将性质相异的对象并置，形成对比即为变化。变化是刺激的源泉，能打破单调和呆板，唤起兴趣和生动感，在统一中增强美的情趣，可以保持美感的持久性。

当然，变化须适度，以免引起过分刺激而产生精神疲劳。变化应从统一中产生，受美学规律的支配，遵守变化之中有统一、统一之中有变化的基本原则。

1）变化之中有统一

船舶是反映整体工业水平的综合产品。由于受功能的特殊性、结构的复杂性、材料的多样性和技术的科学性制约，变化要求比较容易满足，甚至是绝对的。满足整体统一要求则显得困难一些。船舶造型达到统一的基本要求有：

（1）造型形式与功能的统一。这也是应用所有形式美法则的基本和一致要求。

（2）比例与尺度的统一。船舶各部分的比例应尽可能地相同或相近。尺度尽可能满足相同的模数基准。

（3）主体风格的协调统一。主体风格包括轮廓的线型、各部分的几何形态、组合方式。每一条船的主体风格应协调一致。

（4）色彩、装饰的统一。色彩造型是取得统一的重要方法。因此，要合理用色，做到既生动活泼又主次分明。主调色需明确并与功能要求相协调。装饰材料的运用、装饰工艺的制定也必须以艺术风格效果的统一为目的。

针对上述要求，实现统一的方法主要有：

（1）调和法——在不同事物中强调共同的因素以达到协调，为调和。

①线型的调和。线型是造型中表现力最强的要素。船舶的轮廓、船体的分割及部分装饰都是由线的变化和排列构成的。线的风格、情感往往决定船舶的风格和意志。构成船舶的线千变万化，以各种构成方式制造节奏和韵律的美感（图 2-50）。

图 2-50　线型的调和

②面的调和。构成船舶的线和面各式各样，变化无穷。在功能允许的前提下，应力求简化，使之简单、几何化。因为简单的几何形状都具有秩序、统一的美感。图 2-15 为典型的货船造型，上层建筑、设备基座、烟囱及纵向排列的舱口盖等，各自大小不同，形成面积对比。这些建筑和构件有相近的矩形形态，并具有一定的比例关系，形成调和的造型形式。

图 2-51　色彩的调和（见书后彩图）

③分割调和。通过线或色块将整体分为若干部分，各部分之间有机地联系起来，具有协调的整体感。工程船舶由于功能特点，工作部分建筑与驾驶、生活部分建筑外形多数不一致、不协调；而且在形的处理上不容易克服缺乏统一感的问题。现行的方法多数是采用色彩进行涂饰、分割，以求得各部分色彩与主体相呼应，加强整体感（图 2-51）。

（2）过渡、呼应达到统一。

①过渡。过渡是将两个不同形、不同色的组合单元通过另一形象或色彩使它们互相协调地联系起来，达到统一的造型效果，这是一种局部与局部之间的统一。过渡分为直接过渡和间接过渡两种形式。

直接过渡：船体线型本身就是直接过渡的最好例子，由首至尾多向弯曲的曲面向船舶的平行中体过渡，使曲直两种不同性质的线面通过过渡形成渐变的统一整体。另一种直接过渡的形式是突变性的，如船体折角部分，直接由某一曲面突然转折过渡到另一曲面，尖锐、锋利，轮廓清晰，体现了速度感，整体感更强（见图 2-50 的军舰）。

图 2-52　呼应（见书后彩图）

间接过渡：间接过渡是通过利用第三个面或形体进行填充的方式来实现的。图 2-51 中的工程船船首与上层建筑通过其他形体形成过渡。

②呼应。呼应指某一造型单体中各个组成部分运用相同或相近的形或色进行再设计，以取得整体的统一效果，即整体与局部的统一。如图 2-52 的邮轮采用流线阶梯形塔式上层建筑造型，前后呼应，都采用斜线上升的向内收缩形态，使上层建筑具有完整的简单几何形的统一感。同时船身装饰和锚的色彩与救生艇的色彩相互呼应。

（3）主从统一。船舶的类型不同，其主要功能也不同。造型的目的是为功能服务，需要突出主要因素，减弱次要因素的影响以形成统一的效果。如客船有各种立柱和斜撑，造型功能上应具有轻巧、快速、舒适的视觉和心理感受。为此，可以在满足强度的前提下，加宽和突出斜撑，削细和屏蔽立柱，以形成有主有从，造型与功能的统一的效果（图 2-53）。再如舱室内部的家具种类很多、色彩各异，在色彩的设计中应以空间为主体，选取适合的主调色，其余色彩则应与主调色调

图 2-53　主从统一——立柱与斜撑

和，这样才能形成统一的色彩空间和完整的内部风格（图 2-18）。

2）统一之中有变化

造型时，突出各部分的差异程度，强调变化，实质是一种对比效果。对比主要包括：

（1）（轮廓）线型对比。利用线的曲直、粗细、长短、连续与断续产生差异，形成对比。图 2-54 显示了邮轮烟囱的造型，采用前后曲直轮廓线产生对比，动中有静、动静相依，协调流畅。

图 2-54　（轮廓）线型对比——邮轮的烟囱造型

（2）体量对比。如图 2-39 中航空母舰的舰体与岛式上层建筑，形成不同视觉重量的对比和不同尺度对比，突出了舰体的巨大和威武。

（3）虚实对比。船舶视觉上的体量关系，包含了虚面和实面的对比，如图 2-55 所示，均衡的构成实际上利用了虚实两部分的对比关系。又如具有外走道的客船在阳光的照射下，吊檐落影在围壁上，远远看去，虚实有别，其对比效果产生了一种节奏的美感。

（4）色彩对比。色彩的不同，色相、明度、纯度差异能形成对比，创造不同的视觉效果（图 2-56）。

图 2-55　虚实对比

图 2-56　色彩对比（见书后彩图）

（5）方向对比。方向对比表现为水平与垂直、正与斜、高与低等情况。

除了利用对比产生变化外，利用节奏也可以产生变化。有规律排列的船体构件和建筑单元具有整体统一感，如果在排列、组合上造成一些差异，如错落不同和数量加减，可以使简单的形式变得富有活力，产生一定的韵律美感，如栏杆的编排、舷窗的组合都能形成韵律变化。

2.2 色彩原理

色彩是给人印象最深的造型要素之一。色彩对人的生理和心理影响有时甚至超过船舶形态；色彩造型体现了现代光学的研究成果和新型表面材料的美学效果，是造型设计中最生动最有效的要素。

好的环境色彩不仅能充分体现船舶的功能，创造协调的人机关系，满足人们对色彩的需求，而且能提高船舶的商品价值和美学价值。

2.2.1 色彩的基础知识

1. 光与色

色彩是以色光为主体的客观存在，对于人则是一种视象感觉，产生这种感觉基于三种因素：一是光；二是物体对光的反射；三是人的视觉器官——眼。不同波长的可见光投射到物体上，有的波长的光被吸收，有的波长的光被反射出来刺激人的眼睛，然后经过视神经传递到大脑，形成物体的色彩信息，即人的色彩感觉。

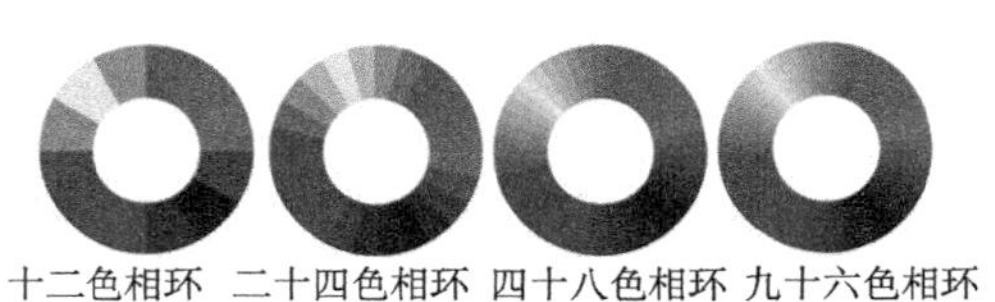

图 2-57 色相环（见书后彩图）

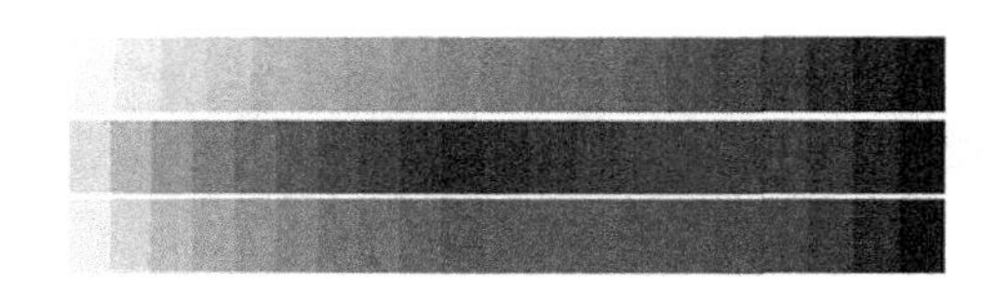

图 2-58 色彩的明度变化（见书后彩图）

2. 色彩的特征

1）色彩的三属性（色相、明度、纯度）

色彩属性即指色彩构成的三要素：色相、明度和纯度。

（1）色相（hue）是指色彩的相貌，或是区别色彩的名称，如红、黄、蓝等。

色相环：色相环（color circle）是指一种圆形排列的色相光谱（spectrum），色彩是按照光谱在自然中出现的顺序来排列的（图 2-57）。

（2）明度（value）是指色彩的明暗深浅程度（图 2-58）。色彩明度与光线反射率有关。无彩色时，明度最高是白色，明度最低的是黑色。

（3）纯度（chroma）是指色彩饱和程度，也可称为彩度（图 2-59）。在任一色相中，纯色纯度最高，其中黑、白、灰无纯度。

2）色彩的混合

（1）原色是无法用其他色彩混合得到的基本色彩。物体的颜色是多种多样的，除极少数颜色外，大多数颜色都能用三种原色调配出来。但是，这三色却不能用其他颜色来调配，因此，人们就把这三种颜色称为三原色或第一次色。

光的三原色和色料的三原色是不同的（图2-60）。光的三原色是指红、绿、蓝三色，各自对应的波长分别约为700.0nm、546.1nm、435.8nm；色料的三原色是品红、青和黄。设计所用的原色通常指色料的三原色。

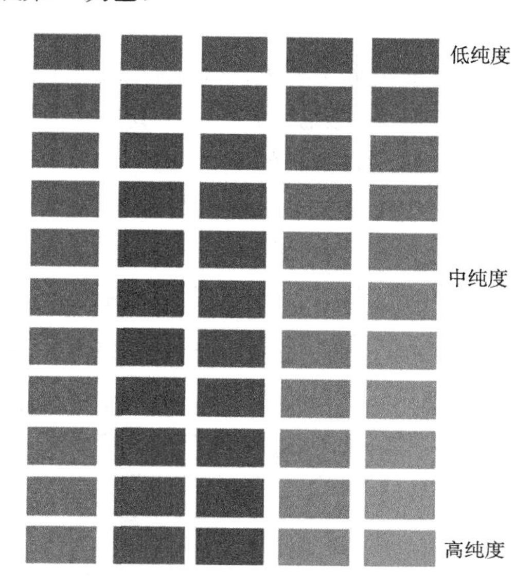

图2-59　色彩的纯度变化（见书后彩图）

（2）间色：由两种原色调配而成的颜色称为间色或第二次色，共三种，即绿＝黄＋青；橙＝品红＋黄；紫＝品红＋青。

（3）复色：由两种间色调配而成的颜色称为复色或第三次色，共三种，即橙绿＝橙＋绿；橙紫＝橙＋紫；紫绿＝紫＋绿。

每一种复色中都同时含有红、黄、蓝三种原色，因此，复色也可以理解为是由一种原色和不包含这种原色的间色调成的。不断改变三原色在复色中所占的比例，可以调出各种各样的复色。与间色和原色比较，复色含有灰的因素，所以较混浊。

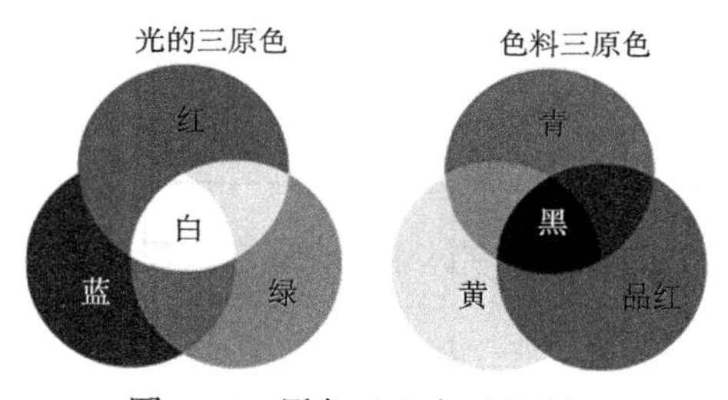

图2-60　原色（见书后彩图）

（4）补色：一种原色与另外两种原色调成的间色称为补色或对比色，如：品红与绿（黄＋青）；黄与紫（品红＋青）；青与橙（品红＋黄）。

从十二色相的色环看，相距180°的颜色互为补色（图2-57），有一定的对比性，以红色为例子，它不仅与处在它对面的绿色互为补色，具有明显的对比性，还与绿色两侧的黄绿和青绿构成某种补色关系，表现出一定的冷-暖、明-暗的对比性。补色并列，相互排斥，对比强烈，常常呈现出活泼、跳跃等效果。

2.2.2　色彩的表示方法

1. 色立体

由**色相**、**明度**、**纯度**三个坐标组成的三维模型称为色立体，是以色彩三要素为坐标，对颜色总体分类、排列组成的颜色立体结构，称为表色体系。

2. 表色体系

目前世界主要表色体系有美国的孟塞尔表色系、德国的奥斯华德表色系、日本的色彩研究所（PCCS）表色系，其中孟塞尔表色系为国际通用表色体系。

孟塞尔表色系的色相以红（R）、黄（Y）、绿（G）、蓝（B）、紫（P）五种色相为基础，再加上黄红（YR）、黄绿（YG）、蓝绿（BG）、蓝紫（BP）、红紫（RP）五种间色成为 10 种色相的代表色（表 2-1），再把每一个色相细分为十等分，以各色相中央第 5 号为各色相代表。以 H 表示色相、以 V 表示明度、以 C 表示彩度，而以 HV/C 的形式表示色彩，如以 5R4/14。其中 5R 表示红色，明度 V＝4，彩度 C＝14。

表 2-1　孟塞尔表色系

色相	红	黄	绿	蓝	紫	黄红	黄绿	蓝绿	蓝紫	红紫
符号	R	Y	G	B	P	YR	YG	BG	BP	RP

明度分 11 个阶段，以中性轴的无彩色（用 N 表示）为例，分为 N0（黑色）、N1、…、N10（白色），其中 N1～N9 为不同明度的灰色。

彩度阶段从 0（无彩色）开始，各种色相彩度阶段也不同，见表 2-2。

表 2-2　孟塞尔表色系纯色明度、彩度表

色名	5R	5YR	5Y	5GY	5G	5BG	5B	5PB	5P	5RP
明度	4	6	8	7	5	3.4，3.5	4	3	4	4
彩度	14	12	12	10	8	6	8	12	12	12

2.2.3　色彩感觉

色彩对感觉的影响是多方面的，其感觉包括心理感觉和生理感觉。每一色彩都有不同个性，组合在一起，可产生完全不同的感觉及效果。

1. 心理感觉

色彩具有各种影响感觉的因素，我们必须了解各种色彩对心理感觉的影响，进而在色彩设计时，利用色彩感觉，创造所需要的效果。

1）冷暖感

暖色（红、橙、黄）产生激动、奋发、温馨感，属于积极的“外向型”，密度高、有重量感、波长较长，有前进感。冷色（绿、蓝绿、蓝）产生松弛、幽静，属于消极的“内向型”，密度低、重量轻、波长较短，有后退感。

2）软硬感

柔和色有暖色、灰色以及明度高、彩度轻的色彩；坚硬色有冷色、黑色、白色以及明度低、彩度重的色彩。

3）华丽与朴素感

就色调而言，高明度、对比强烈的色彩组合在一起，产生鲜艳、华丽感觉，反之则为朴素感觉。

4）积极与消极感

暖色为积极色，其中以红、橙色为最。冷色为消极色，以蓝色为最。积极色也称兴奋色，消极色也称沉静色。高明度、高彩度富于积极性，反之富于消极性。

2. 生理感觉

色彩除心理感觉外，对生理感官也会产生不同感觉现象，即视、听、嗅等不同感觉。

1）色彩明视度

图形与背景色彩，会因两者的色相差、明度差、彩度差、面积及距离的关系，而产生观看清晰程度的差别，这种现象称为明视度。色彩属性差异愈大，明视度愈高，其中明度影响较大（表2-3）。

表2-3　色彩明视度顺序表

	顺序	1	2	3	4	5	6	7	8	9	10
高明视度	图色	黄	黑	白	黄	白	白	白	黑	绿	蓝
	背景色	黑	黄	黑	紫	紫	蓝	绿	白	黄	黄
低明视度	顺序	1	2	3	4	5	6	7	8	9	10
	图色	白	黄	绿	蓝	紫	黑	绿	紫	红	蓝
	背景色	黄	白	红	红	黑	紫	灰	红	绿	黑

2）色彩的注目性

有些色彩并非明视度高，但却能引人注目，脱颖而出，此即色彩注目性。图形与背景互为补色，明度差大则注目性高。各纯色在黑白背景上的注目性顺序见表2-4。

表2-4　色彩注目性顺序

顺序	1	2	3	4	5	6	7	8	9	10	11
黑底	黄	黄橙	黄绿	橙	红	绿	红紫	蓝绿	蓝	蓝紫	紫
白底	紫	蓝紫	蓝	蓝绿	绿	红紫	红	橙	黄绿	黄橙	黄

3）色彩味觉（表 2-5）

表 2-5　色彩味觉

序号	味觉	主色	其他色
1	酸	绿	橙黄、黄→蓝
2	甜	暖色	明度彩度高的青色
3	苦	灰、黑、黑褐	—
4	辣	红黄	对比性绿、灰蓝
5	涩	灰绿、蓝绿、橙黄	—

4）色彩音乐感（表 2-6）

表 2-6　色彩音乐感

序号	色彩	音乐感	乐器
1	红	热情	鼓
2	黄	快乐	喇叭
3	浅蓝	忧郁	长笛
4	深蓝	哀伤	大提琴

5）色彩的形状感（表 2-7）

表 2-7　色彩与形状关联性

序号	色彩	形状	图形	色彩同感
1	红	正方	□	强烈感，安全感
2	橙	长方	▭	次强烈感，次锐利感
3	黄	等腰	△	锐利感，扩张感
4	绿	六角	⬡	自然感，冷静感
5	蓝	圆	○	轻快感，流动感
6	紫	椭圆	⬭	柔和感，优雅感

3. 色彩喜好性

人们对色彩的喜好受风土、环境、教育、习惯、民族和时代影响而变化。其中受环境、时代影响最大，世界各地区、民族有传统喜好色，我们进行船舶色彩设计时，必须考虑到船舶所航运地区、民族的特性，见表 2-8。

表 2-8　世界地区、民族传统色彩

地区、民族	中国	印度	拉丁	日耳曼	斯拉夫	非洲
传统色彩	红黄蓝白	红黑黄金	橙黄红黑灰	蓝绿红白	红褐	红黄蓝

4. 色彩联想

当我们看到某种色彩时，常会联想到我们生活环境的有关事物，这称为具体联想，如进一步联想到抽象意义，则称为抽象联想，即色彩象征。这种联想，虽然受各种因素影响，但也有普遍规律，见表 2-9。

表 2-9 色彩联想

色相	积极性	具体联想	抽象联想	
红	↑	太阳、火焰、红旗、血液	喜悦、热情、活泼、爆发	危险、反抗
橙	↑	晚霞、秋叶、橘子、柳橙	快乐、温情、炽热、明朗	卑俗、枯燥
黄	↑	香蕉、黄金、黄菊、信号	明快、注意、高贵	不安、轻佻
绿	中性	树叶、草坪、邮筒、信号	和平、希望、成长、新鲜	
蓝	↑	海洋、天空、湖泊、远山	幽静、凉爽、无限、自由	忧郁、冷淡
紫	中性	葡萄、茄子、紫菜、紫罗兰	高贵、幽雅、古朴	诡秘、消极
白	↑	白雪、白云、白纸、护士	纯洁、朴素、神圣	空虚、诡秘
黑	↓	夜晚、头发、煤炭、墨汁	严肃、沉默、坚实、刚健	孤独、恐怖
灰	中性	阴天、灰尘、灰砖	温和、谦虚、平凡	平庸、暧昧

注：↑表示积极，↓表示消极

2.2.4 船舶色彩功能

色彩是船舶造型的要素之一。形态即形式塑造，它构成船舶的躯体和舱室界面，色彩则是外衣，装饰其表面。就现代船舶设计而言，所有造型设计要素，被本质性的机能所决定，形态由烦琐趋向简化，而色彩由单一趋向丰富，船舶造型设计从纯形态塑造为主导演变成以色彩为主导。通过适宜的色彩组合，也可以用普通材料创造出优美的视觉效果。

船舶色彩包括外装色彩与内装色彩。船舶色彩功能是船舶外装色彩与内装色彩的综合表现。船舶色彩具有美学和实用双重功能，一方面可以表现美感效果，另一方面可以加强环境效用。船舶色彩主要有以下几个功能。

1. 表现性格

色彩是一种象征性的形式媒介。白色表现了现代客船轻快、潇洒的性格。现代旅游客船外装色彩大多选择高明度、低彩度色彩。上层建筑选择白色为主体色，因为船舶航行在海洋上，人们从远处观

图 2-61 船舶外装色彩（见书后彩图）

望，白色的船容与蓝色背景的海洋和天空的对比效果，既有协调性，又有注目性（图2-61）。

从内装色彩看，根据不同的舱室功能，应用不同色彩，塑造不同舱室形象，表现不同性格。明度高的色彩坦率而活泼；明度低的色彩深沉而神秘。彩度强的色彩炫耀而奢华；彩度弱的色彩含蓄而朴实。舱室色彩必须根据这些心理因素，最大限度满足人们对色彩的偏爱，并反映船东的性格特点。除了必须根据观念、情感和想象力等概念因素以及性别、年龄、职业和教育等实际因素外，同时还要考虑时代、地域、民族的差异等综合因素，这样才能在环境性格的表现上获得正面积极的效果。

2. 调节气氛

色彩对调节气氛、活动情绪有直接而强烈的影响，在原则上，动态环境（公共空间）选择积极色彩（图2-62）；静态环境（居住舱室）选择消极色彩。其中积极色彩表现以暖色、高明度和高彩度为主。暖色具有兴奋的作用，高明度具有开朗的性质，高彩度具有刺激效能。消极色彩表现以冷色、低明度、低彩度为主。冷色具有镇定作用，低明度具有安定的性质，低彩度具有沉静的效能。从色彩搭配上，单纯统一色彩适用于静态私密空间，表现为温柔、抒情；鲜明对比色彩适用于动态群体空间，表现为强烈、主动（见表2-10）。

图2-62　公共空间色彩（见书后彩图）

表2-10　气氛调节色彩选择

活动性质		色相	明度	彩度
个体	静态	GY，G，BG，B，BP	1～3	1.5～2
	动态	R，YR，Y	7～8	2～3
公共	娱乐	R，YR，Y	7～8	2～4
	办公	GY，G，BG	4～6	1.5～2

3. 调节光照

船舶舱室窗口朝向有内外之分，舱室光线强弱也不同，由于色彩明度不同对于光线反射率也不同，所以可以通过色彩明度来调节光照效果。孟塞尔表色系中无彩色反射率如表2-11。

表 2-11 孟塞尔表色系无彩色反射率

符号	N10（白）	N9	N8	N7	N6	N5	N4	N3	N2	N1	N0（黑）
明度值	10	9	8	7	6	5	4	3	2	1	0
反射率	90	72.8	53.6	38.9	27.3	18.0	11.0	5.9	2.9	1.1	0

为加强舱室明视性，必须注意室内光线的调节，参考舱室合格反射率表 2-12。

表 2-12 舱室合格反射率（无彩色）

舱室	部位	明度	反射率/%
居住舱室	天花	N9	72.8
	墙壁	N8	53.6
	墙腰	N6	38.9
	地面	N6	27.3
公共舱室	天花	＞N9	＞72.8
	墙壁	N8～N9	53.6～72.8
	墙腰	N5～N7	18.0～38.9
	地面	N4～N6	11.0～27.3

通过色相调节光照，按反射率从大到小顺序是：黄、黄绿、黄红、红、绿、紫、红紫、蓝、蓝绿、蓝紫，这种方式调节能力较弱。

通过彩度调节光照，原则上，彩度愈高，反射率愈大，但必须与明度相配合，才能决定反射性能。而且，由高彩度的刺激性强，居室多数采用 4 以下的彩度。

对于自然采光系统，由于各舱室光线射入量、射入方向不同，光线调节的主要原则是调节色彩反射率，以调节光线对于视觉和心理的刺激。一般来说，窗口朝向船内的舱室，趋向沉闷与阴暗，采用暖色时，可以使光线转为明快。相反，窗口朝向船外的舱室采用明调中性色或冷色为宜。

4. 调整空间

色彩由于本身性质与所引起的错觉作用，对于室内空间，具有面积或体积的调整作用。舱室空间经常很狭小，调整时采用后退性色彩，家具设备宜用低明度、高彩度的颜色或单纯统一色彩。同时色彩又具有重量感的特性，所以天花板应采用较轻的高明度、低彩度的颜色，地板应采用较重的低明度、高彩度的颜色，同时必须使天花板与地板色彩单纯，而不应变化太大。

5. 调节温度感觉

色彩具有调节温度感觉的效能，因而必须使舱室色彩适应不同地域性气候的特点，原则上，寒冷地区舱室色彩以暖调为主，明度宜略低，彩度应偏高；温暖地区船舶舱室应以冷色调为主，明度宜较高，彩度宜偏低。另一方面，亦可将背景色处理成中性色调，变换不同强调色以适应季节性转变的需要（表 2-13）。

表 2-13　温度环境与色彩选择

气候环境	色相	明度	彩度
寒冷区域	R、YR、Y	6～7	3～4
温暖区域	BG、B、PB	8～9	1～2

2.3　人体工程学

2.3.1　概述

1. 由来

人体工程学是船舶美学的重要基础理论，其核心是以人为本。

人体工程学（ergonomics），也称人类工效学、人机工程学（human engineering）、人类工程学、人体工学、人间工学。 Ergonomics 原出自希腊文“ergo”和“nomos”，即“工作、劳动”和“规律、效果”，也即探讨人们劳动、工作效果、效能的规律性。

人体工程学是在工程心理学基础上发展起来的新兴边缘科学。第二次世界大战期间，工程师们为使军舰、战机等武器设备提高命中率，着手研究人机关系，后来发展到工业、建筑各领域，以至目前普及到人机环境关系的各方面。

现代人体工程学是运用现代科学测试手段，对人体的尺寸、姿势、动作、运动能力、人体生理机能和心理效应等进行精密的测定分析，使生产器具、生活用具、工作环境和起居条件等与人体功能相适应的学科。

2. 研究范围

人体工程学主要研究以下问题：

1）人的特性研究

包括健康、安全、舒适、自然属性、社会属性、残障者的生理及心理特性等。

2）物的特性研究

包括功能、外观、形态、尺寸、结构、力学特性和环境特性等。

3）环境特性的研究

包括室内环境、室外环境、物理环境、化学环境、物质环境、社会环境等。

4）人、物、环境之间的关系研究

包括人与环境，物与环境以及人、物、环境三者之间的关系。

3. 人体工程学的应用

（1）人体工作行为解剖学和人体测量：工作空间设计；姿势和生物力学负荷研究；与工作有关的骨骼、肌肉管理问题；健康人机工程；安全文化与安全管理；安全文化评价与改进。

（2）认知工效学和复杂任务：环境人机工程认知技能和决策研究；环境状况和因素分析；工作环境人机工程。

（3）计算机人机工程：显示与控制布局设计；人机界面设计与评价；软件人机工程；计算机产品的设计与布局；办公环境人机工程研究。

（4）专家论证：多工作环境、人的可靠性专家论证调查研究；法律人机工程；伤害原因；人的失误和可靠性研究；诉讼支持。

（5）工业设计应用：医疗设备；坐具的设计与舒适性研究；家具分类与选择；工作负荷分析。

（6）管理与人机工程人力资源管理：工作程序；人机规则和实践；手工操作负荷。

（7）办公室人机工程与设计：医学人机工程办公室和办公设备设计；心理生理学；行为标准；三维人体模型。

（8）系统分析：产品设计与顾客；军队系统；组织心理学；产品可靠性与安全性；服装人机工程；军队人机工程；自动语音识别。

（9）人机工程战略：社会技术系统；暴力评估与动机。

（10）可用性评估与测试：可用性评估；仿真与试验。

4. 研究方法

人体工程学研究方法有观察法、实测法、实验法、调查研究法、分析法、计算机数值仿真法等。

2.3.2 船舶人体工程学的研究范围

船舶是一个典型的、庞大的、复杂的人—机—环境系统，环绕在人体周围的舱室构件和舱室空间与人共同构成了一个系统。随着现在生产、科技和社会生活的发展，现代船舶设计达到高舒适度、高效能的精神需求，对舱室空间设计、设备及家具设计提出更高、更复杂、更精密的要求。室内多维因素系统的复杂性，使设计者单靠直观感觉和定性标准，已经难以适应现代设计的要求。现代人体工程学满足了这个要求，在船舶内部环境设计中得以应用和发展。

船舶人体工程学的主要作用在于通过生理与心理的正确认识，使室内环境因素和空间设备能够充分符合人体活动的需要，进而达到有效提高室内功能的目标，因此其研究范围主要包括两方面：一是借助人体测量数据及身体机能特征，以其作为空间规划和设备及家具设计的根据；二是运用运动与感觉生理和心理的研究资料，制定“环境条件”的可靠性标准，以作为环境设计及控制的依据。具体如下。

1. 设备、家具、空间与人的协调性

包括各种显示器设计和控制器设计与布置、人的作业负担设计、船舶设备的布置、家具的设计、空间的可行性规划等，设计和布局要考虑人员与设备、系统及界面的整合。设备、家具、空间与人协调与否直接影响人的劳动安全、疲劳负荷、生活舒适性等。

2. 环境可靠性

人体工程学分析人体对气体环境、温度环境、声音环境、照明环境、重力环境和辐射环境等的要求和参数，研究环境对人的生理、心理的影响。这些环境条件包括工作环境（如驾驶室、海图室、集控室、机舱、厨房、机修间等）的空间尺度、温度、湿度、通风与照明条件、噪声、振动和摇摆程度，以及与之相适应的色彩设计；生活环境（如居住舱、餐厅、会客舱、医疗室、浴室、厕所、娱乐间等）的空间尺度、温度、湿度、通风与照明条件、色彩环境、家具配置与陈设等；交通环境（如通道、走廊、梯道、平台、升降机、人孔、逃生出口等）的空间尺度、通风和照明条件等。

中国船级社 CCS 于 2014 年发布的《船舶人体工程学应用指南》为船舶中的照明、通风、噪声、振动和通道布置设计时应用人体工程学提供了指导和评价标准。

2.4 环境心理学

2.4.1 基本概念

环境心理学是研究环境与人的心理和行为之间关系的边缘学科，是建筑学、室内设计学、人体工程学、心理学、人类学、生态学、环境美学、社会学、风俗学、人文地理学、都市设计学等的综合。运用这方面的知识去改善环境，提高人的生活质量是环境心理学的基本任务。这里的环境可以是社会环境或物理环境，主要指物理环境。

2.4.2 研究内容与方法

环境心理学一方面研究环境对人的心理的影响；另一方面研究人的心理需求，调整和改善环境质量。研究领域包含：环境知觉、环境对行为的影响因素、空间行为、各种类型的环境设计、各种人群环境等。

研究方法主要有相关法、现场研究法、实验法与观察法等。

2.4.3　船舶环境心理学

船上乘客所处的环境应该指的是船舶空间环境和船上的生活服务环境，也即硬环境与软环境。船舶环境心理学的研究刚刚起步，它是从心理学角度出发，探讨什么样的船舶环境才是满足船上人员生理和心理需求的环境的科学。

船舶环境设计必须研究船上人员生理和心理需求，首先要满足生理上舒适性的要求。舒适性包括以下方面：

（1）使用舒适性指空间尺度满足使用要求，家具、设备布置合乎行为及活动规律。

（2）视觉舒适性指空间形态和尺度应无压抑，有空旷之感，光线应避眩光，色彩协调等。

（3）听觉舒适性指噪声控制、音响位置等。

（4）嗅觉舒适性指空气流通，对灰尘、微生物、烟雾、电磁场等的控制。

（5）触觉舒适性指空气应有适当温度、湿度以及界面、家具材质的手感性。

船上环境具备一定的特殊性，特别是船员生活和工作的环境，不适的温度、湿度、摇摆、设备噪声和通风状况等都更易造成船员疲劳与不适，因此这些环境条件（船舶整体环境、舱室环境、设备环境）都不能超过人体生理和心理所能承受的合理界限。有关规范对生理界限、心理界限作了具体的规定（表2-14）。

表2-14　舱室环境要素参数表

分类	舱室要素	生理界线	心理界线
光照	照度/lx	20～30	200
	亮度/(cd/m^2)	0.3	1.5
音响	噪声/dB	120	85
	频率/Hz	0.07	0.01
大气环境	灰尘/(mg/m^3)	10	5
	雾含量/(mg/m^3)	0.3	0.2
	二氧化硅/(mg/m^3)	2	1
	碳水化合物/(mg/m^3)	300	150
	一氧化碳/(mg/m^3)	30	10
	空气流量/[m^3/(h·人)]	8.5	22
	空气流速/(m/s)	1	0.3
	大气体积/(m^3/人)	20	25
	湿度/%	15	30
	辐射热/(kJ/h)	896	628
	温度/℃	−10、42	27

因此，运用环境心理学的研究成果，改善船舶工作环境的质量是船舶环境设计需要解决的重要问题。对于居住、休息环境来说，不仅要满足居住、休息环境的基本要求，

还需要优化环境的设计，以达到更好的人机效能与美学功能。

旅游客船对船舶环境提出了更高的要求，如中国船级社 CCS 2017 年发布的《邮轮规范》中提出了邮轮的休闲体验设计指数附加标志 CEDI 及相应的级别要求。目前世界上的旅游客船是以乘客作为主体，除了船舶的空间环境，也把服务作为环境来考虑，船舶空间作为硬环境，服务作为软环境。因此，对乘客周到舒适的服务，也成为船舶环境心理学关注的另一项重要的内容。

第3章

船舶外观造型设计

船舶外观能够体现船舶的物质功能和精神功能，是船舶美学的主要研究内容之一。船舶外观造型包括船舶的形态和色彩。船舶外观造型与船舶的功能应具有和谐统一性。外观应真实地服务于功能；有效地反映船舶的性能要求，体现速度感、平稳安全感和整体感；外观还必须生动地反映船舶的风格特色和艺术形象。

3.1 船舶外观造型的基本要求

外观是最容易被人记住的形象。船舶的外观造型是由点、线、面和体等基本形态要素按一定的美学规律组合而成的，并具有色彩和肌理的三维形象。因此，船舶外观造型通过形态和色彩表现出来。

船舶是反映国家综合科学技术水平的工业产品，具有综合、复杂、涉及领域广泛的特点，因此，船舶外观造型的各种设计要素之间联系密切，互相影响。船舶外观造型具备以下特点。

1. 外观造型受功能的影响

不同的功能有不同的外观形态。技术指标往往决定着船舶的主尺度和首尾形状；上层建筑的尺度受到重心高度、受风面积等影响。上层建筑的位置、长度受制于主机布置情况，而机舱大小和形状又影响其他舱室和整体形态。

2. 外观造型受结构强度的影响

上层建筑的形式与强度关系密切，如上层建筑的结构形式影响船舶的总纵强度；为改变强度而设置的横穿全船的过道则影响上层建筑的分割形式和舱室布置。

3. 外观造型受材料与工艺条件的影响

外观造型的落脚点主要在建筑形式，而建筑形式受材料和工艺条件的影响。如铝质与钢质上层建筑在形态构成和质感表现上是不同的，因而造型方法和形式也不同。加工工艺是造型得以实现的手段，是加工技术、技巧和艺术的结合。

一定的工艺手段产生一定的形态。如铆接和焊接工艺所得到的表面效果，其连接形式、过渡方式、表面处理均不同。现代船舶工艺将焊接、喷涂、装饰互相结合、补充，使材质美与工艺美有机地结合，提升了外观造型的美学效果。

4. 外观造型受造船规范的制约

规范是保证船舶实用和安全的强制性约束，因此形态的处理也必须在规范允许的范围内进行。

由于船舶外观造型的特殊性，船舶外观造型的基本要求如表 3-1。

表 3-1　船舶外观造型的基本要求

基本要求	说明
以功能为主导	1. 保证船舶的技术指标（航速、吃水、稳性、浮态等） 2. 保证足够的强度、刚度和安全性
艺术美	1. 符合美学规律，具有协调统一的整体形象 2. 符合大众的审美需求和鲜明的时代性 3. 色彩调和
经济、合理	1. 形态结构与工艺结构一致，工艺性好，材料运用经济合理 2. 标准化、系列化、通用性程度高 3. 有助于提高竞争力

3.2　排水型船舶外观形态的基本类型

船舶有多种类型，由于功能、性质、结构和使用环境的差异，它的形态、风格、体量各有不同。表 3-2 所列为现代主要排水型船舶的外观形态及特点。

表 3-2　船舶外观形态及特点

船型	结构特点	造型风格	图例
杂货船 散货船	结构形式已基本系列化	简洁、朴实、庄重、稳定	
集装箱船	大开口、 较长平行中体	以标准箱为尺度模数确定船体尺度。简洁、有秩序	

续表

船型		结构特点	造型风格	图例
油船			庄重、稳定	
游艇		流线型、斜直线型	动感、整体感极强	
客船	开放型	两舷有外走道	虚实对比、有节奏感，但整体感稍差	
	北大西洋型	直首柱、烟囱高大	陆地建筑特征移植到船上，高大气派，速度感不强	
	综合型	前（后）开后（前）闭	有对比、有调和，生动活泼	
	箱（直角）型	船体和上层建筑直线过渡，如箱体	简洁、明快，整体感和时代感强	
	阶梯型	首尾逐层内缩，如梯状	具有动感、稳定感，轻快、整体感强	

3.3 船舶外观形态设计方法

船舶外观形态设计要求船舶各部分的比例和尺度应符合数理逻辑，船舶建筑及舱面设备的形象必须按一定的技术和艺术要求，既有动态建筑的美感，又能相互协调。在总的造型上应表现出紧凑、流线型及整体性，体现高度发达的科学技术与艺术所产生的和谐美。

3.3.1 形态构成与船舶风格

船舶外观造型艺术与陆地建筑艺术的一般原则有同有异。在空间组合、尺度比例、平衡、协调、对比等方面与陆地建筑的相关概念相同，但船舶作为水上流动建筑物还需符合流体力学的原理。陆地建筑是固定的、稳定的静态美，而船舶还应具有动态的美。这种动态美通过形态构成和线型风格体现。

船舶外观形态设计应体现船舶的线型风格。所谓线型风格即由船舶的轮廓线条反映出的船舶特征和个性。风格的形成主要依赖于线条的运用、变化，及色彩和材质的运用。如直线能体现现代风格；色彩反映某种民族、人文风格；材质则表现某种气质和技术水平。其中，线条的运用起着主要的作用，各种不同的线条形成船舶的主要轮廓和比例分割，通过视觉感受使人产生不同的联想。

1. 货船

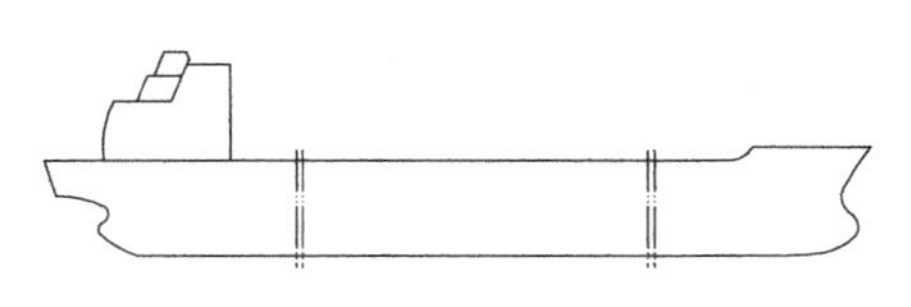

图 3-1　货船的基本形态

图 3-2　现代运输货船

1）形态构成

主要由首、尾、中体和上层建筑四部分组成，如图 3-1 所示。这种划分不是绝对的，上述部分的相对位置也因船舶类型不同而有所变化。这四部分体量较大，构成船舶的形状、风格、特点和主体结构，具有形状简单，体量大，以及与技术性能关系密切的特点。它们之间的比例与尺度协调与否决定了船舶外观美的程度。因为主体外观尺度主要受技术性能、结构和船舶规范的限制，所以要与技术设计同时进行，兼顾考虑。

2）线型风格

现代货船多数采用直线造型风格。尤其是上层建筑，大都采用方形平板化造型。这种线型构成了平稳、安定、沉着、庄重的风格，且加工简单，经济实用，体现出现代海上货物运输简洁、高效、快节奏的风格（图 3-2）。

实际造型过程中，在长方体基调上可演变出不同风格的形体结构。在构成轮廓的具体处理上，小曲率过渡、曲线与直线的演变过渡、斜线和平直线的综合运用，形成了静中有动、动静结合的意境，克服了平直矩形过于呆板的缺陷，使船舶线型变得活泼多样，在严肃、庄重中透出轻快、自然的情趣。如图 3-3 的集装箱船，矩形上层建筑与船舶主体之间形成互垂的视线方向，构成方向对比，由于体量大小的不同，整船显得简洁、庄重。

图 3-3　货船的线型风格

2. 客船

1）形态构成

客船的形态较货船要复杂，变化也更多，主要包括首、尾、中体和各层甲板间的建筑体。图 3-4 所示各部分之间有纵向的造型比例问题，也有横向的相对比例关系，其形态特点是：上层建筑发达，各种比例关系、体量大小相互关联。因此，协调这些关系是客船形态造型过程的主要内容，造型方法上更加强调变化之中求统一。

2）线型风格

客船由于布置的需要，上层建筑结构形式比货船复杂。另外，客船与人接触广泛、密切，线条变化也应更多样。因此，客船的侧面以水平线为主要造型要素，即船体各层甲板和色彩分割均以水平排列为主调，将人的视线引向横向，产生宽阔的视觉效果，能使情绪轻松，使人的精神得以休息、放松。

客船首尾及横向轮廓的线型应风格各异，变化多样。图 3-5 的渡船造型采用直立型首，整个上层建筑以直立型为基础形态，配以直线型的桅和烟囱，具有现代工业产品以直线为主的简单干练的现代风格，整体感很强，兼具力量与速度感。

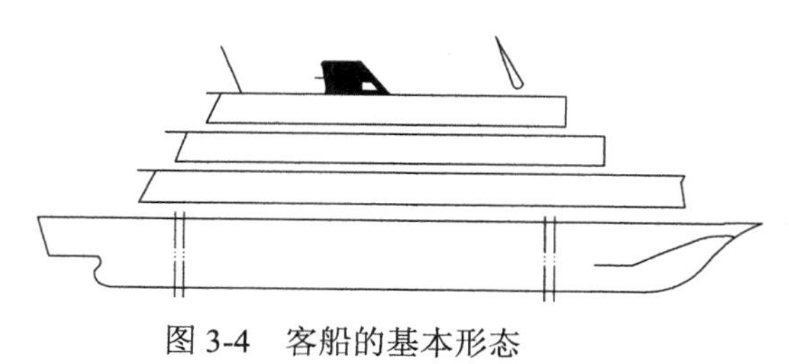

图 3-4　客船的基本形态

图 3-5　直立型风格

3.3.2　船舶外观形态比例

正确的比例是造型美的基础。船舶外观形态中的比例关系，是根据功能要求及材料、结构、工艺性和人机关系等因素，结合人们对各种船舶的习惯认识与审美标准而确定的。船舶尺度由技术设计确定之后，各部分之间应该有一个美的相对比例关系。比例的具体内容是随对象而异的，比如在船型设计中运用黄金比例，布置烟囱、桅杆与上层建筑相对位置关系，能够表现出动态均衡与节奏感。桅杆位置对主甲板的划分、各层甲板长度的关系，都存在着比例关系。

由于船舶主尺度、重心高度、性能要求和经济性的限制，外观形态中的比例关系仅仅是一种相对的近似关系。理论上讲，船舶的整体与各局部之间、各局部相互之间越具有良好的相似性（即同一比例因子），则越容易取得美的造型效果。

船体各部分之间的比例的选取，即使在规范和结构上未加限制，选取时也应综合使用功能、人机关系和技术特点中所蕴藏的数比因素来确定；而不是主观判断、从纯粹的美学法则出发。确定比例的一般方法有模数法和相似矩形法。

1. 模数法

模数法又称比例尺法，就是按总体布局和人机关系，确定体量关系，依照相关法规所建议的尺度模数选取某一基本模数，并在确定其他尺寸时以此为公因子，用计算或作图确定其他尺寸。由于各部分尺寸中含有相同的比例因子，因而这些尺寸构成的形体关系能满足协调统一的要求。如决定船舶有关尺度或部件的轮廓尺寸，选取甲板间高、单元舱室的长度或者宽度尺寸作为基本因子，船体各部分与之呈一定的倍数关系，以达到协调尺度、调和视觉效果的目的。在技术设计中，这种方法也常常被采用。如船舶设计中，以船长为比例因子，各部分按一定的比例关系考虑尺寸，保证整体尺度的统一协调。

2. 相似矩形法

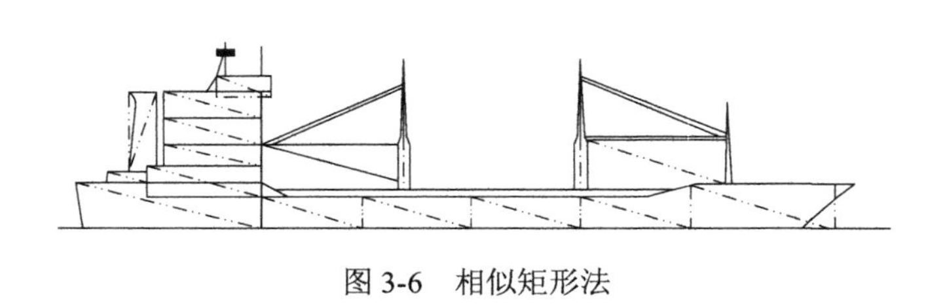
图 3-6　相似矩形法

相似矩形法又称特征矩形法，是在满足布置的前提下，将造型物各部分分割为若干相似或类似矩形，这些矩形有其内在的联系，形成和谐的整体。图 3-6 中船舶主体和上层建筑可分为比例相似的几个矩形，其对角线或平行或互相垂直。在技术设计的基础上，相似矩形可以检验、分析和调整船体的宏观比例。

3.3.3　船舶外观轮廓线

船舶外观轮廓是由船首顶点、驾驶室前缘、桅杆、烟囱顶点、上层建筑各甲板层端点、船尾顶点连线形成的。船舶轮廓是影响船舶外观形象的重要因素。当船在海洋中航行或停靠在码头时，人们观看到的船舶主要是其轮廓造型，因此，轮廓造型对塑造船舶总体形象来说，有着重要的作用，如同剪影一样，轮廓造型能够表达形体的形象特征。

根据船舶设计原理的要求，船舶轮廓应鲜明完整、主次分明并具有稳定向前的动感，使形态的感觉在动态中不失平衡感。轮廓竖向线型应作适当处理，矫正视觉中心。

注意各部分的体量平衡分布，在布置完成的基础上，各层高度和长度建立起的上层建筑轮廓，包含在一条光顺的曲线或折线内，这条轮廓线也称包络线（图 3-7）。船舶外观形态、风格和比例可以通过包络线的特征要素来形成或改变。包络线的特征有：

（1）光顺性体现船舶外观的整体效果。

（2）包络线下的实面积和虚面积（等效面积）均影响造型的整体效果。

（3）包络线的线型风格体现船体风格。

（4）包络线尺度比基本体现船舶外观轮廓的尺度比。如图3-7中的客船上层建筑前端壁距船首约 $a=\left(\frac{1}{3}-\frac{1}{5}\right)L_{oa}$，其高度应取一定的比例。

（5）包络线的形状体现了船舶各向均衡感。

（6）包络线包围面积的形心的位置，体现了船舶动态感。

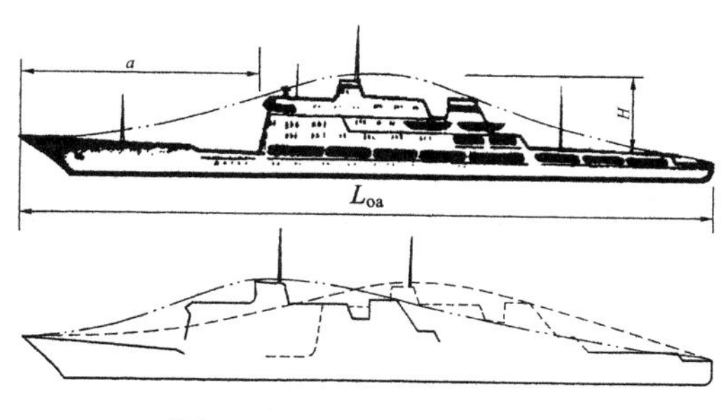

图3-7 客船轮廓包络线法

3.4 船舶首尾端形态

船舶主体主要通过首尾形状、舷弧线和轮廓线表现外形。首尾形状主要决定于功能要求；甲板线、龙骨线的形状视船舶类型和航区不同而有所区别。如海洋风浪大，甲板易上浪，所以海船的甲板线、龙骨线要光顺，形态的分布主要表现昂首向前的速度感，比例分布要注意均衡性、稳定性。

3.4.1 船首形态设计

船首指主船体首部，是船舶的正面形象。从总体形象看，它是船舶动向与前进性的体现，造型形象是船舶“速度与力”的象征。船首形态首先从船舶抗风浪性及操纵性方面考虑，并在此基础上进行艺术设计。

首部造型的主要目的是配合船舶技术要求，创造一种静中有动、均衡坚实的前进感。表现手法主要通过线（首柱）的曲、直、斜、立来产生变化，形成视觉刺激，在人的大脑中产生速度与前进的联想。根据不同类型船舶的功能要求，船体首部有多种形态。

通常，船首有直立型、前倾型、飞剪型、破冰型、球鼻型等形式（图3-8）。

1. 直立型

呈直线状，与基线垂直或接近垂直，表现了很强的力度，现代船舶中只有某些驳船、工程船和仿古船舶采用直立型船首。

2. 前倾型

呈直线前倾或微曲前倾。这种船首既能扩大首甲板有效面积又不易上浪，发生碰撞时，能使船体水下部分受到一定程度保护，视觉上具有速度感、前进感和一定的力度，制造工艺简便。现代运输船舶多采用这种型式。

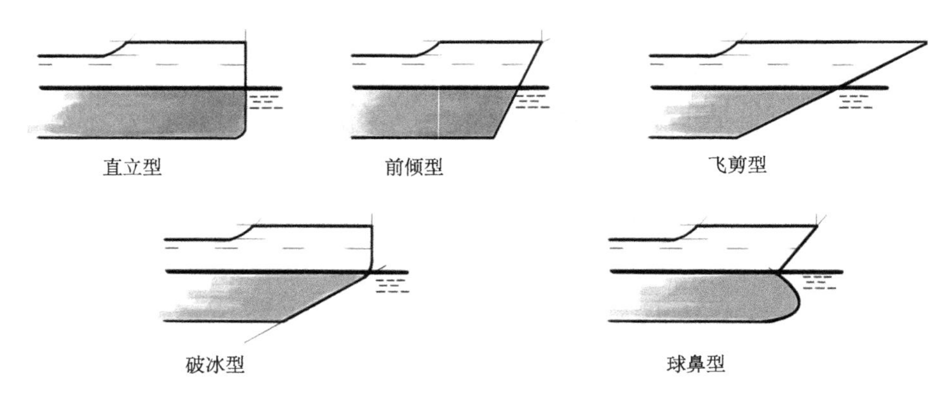

图 3-8　常见船首形式（绘图：王麒）

3. 飞剪型

水线以上有较大的首外飘，显得优雅、轻巧，具有速度感。这种船首不易上浪，甲板面积扩大，有利于设备的布置，常为大型远洋客船、货船所采用。

4. 破冰型

水线以下首柱呈倾斜状，与基线夹角约 30°，主要用于破冰船和冰区航线航行的船舶。

5. 球鼻型

水线以下首部前端有球鼻型突出物，对快速船舶和肥大型船舶有改善兴波阻力的功能。军舰利用球鼻安装声呐设备。由于球首在水下，所以对船体外观形态的影响不是很大。

3.4.2　船尾形态设计

船尾指主船体尾部，是前进中船的余势的体现。船尾造型与船首相互呼应，共同塑造主船体的形象。

尾部造型的视觉效果也要求产生动感，表现前进性。通常，船尾有椭圆型、巡洋舰型、方尾型等，如图 3-9 所示。

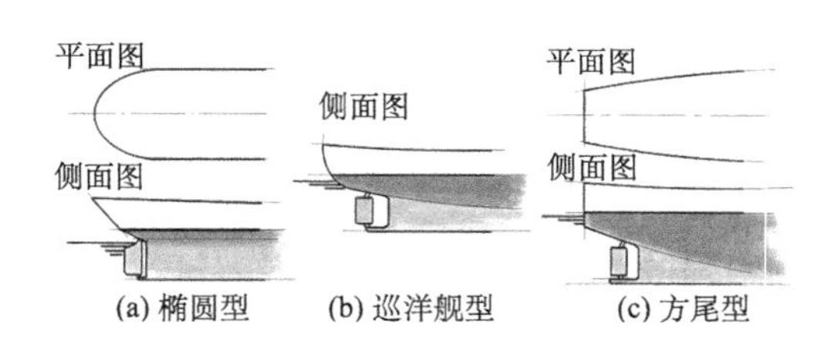

图 3-9　船尾形式（绘图：王麒）

1. 椭圆型

椭圆型船尾有短的尾升，折角线以上呈椭圆形向上扩展并可以有所变化。椭圆型尾的水线长减少了，尾部高举，是早期的船尾形态，施工最简便。但是在同等船长下，其水线长最短，不利于船舶性能的优化，现代船舶中已很少使用椭圆型尾了。

2. 巡洋舰型

巡洋舰型船尾是具有光顺曲面的尾部，水平剖面呈半卵形。由于水线部分的加长，有利于减小船舶阻力，并可以保护舵和桨。巡洋舰型尾在视觉上使人感觉轻快流畅，应用也非常广泛。

3. 方尾型

方尾（包括切平巡洋舰型尾）是二战中产生的尾型，加工简单，具有生动有力的特征（图3-10）。尾部有尾封板，体现了简洁果断的现代风格，产生很强的力度和推进感，为现代船舶广泛采用。方尾建造不仅施工方便，而且能扩大尾部空间。

图3-10　方尾

船舶首尾造型形式主要取决于船舶的技术性能。实践证明，上面提到的各种首尾形式具有广泛的适用性和成熟的技术保证。若要在这方面有重大的改革或创新，必须从技术性、经济性等多方面进行大量论证和可靠的船模实验，才能在生产实践中加以推广应用，即造型必须与技术设计、经济分析配合、协调。另外，国内外一些仿古旅游船还采用龙、女神、战神或海神的首端造型，创造一种传统装饰美。

3.5　船舶上层建筑造型

3.5.1　上层建筑造型的影响因素

上层建筑主要指甲板室和船楼，它是船舶外观最有表现力的内容，这部分建筑形式随船舶类型的不同而变化。船楼是指上层连续甲板上由一舷伸到另一舷的围蔽建筑，包括首楼、桥楼（船中部上层建筑）和尾楼；甲板室指两边未达舷侧的围蔽建筑。

功能需要、技术性能改进、建筑布置和安装要求是上层建筑设计与造型的三个基本出发点。此外，影响上层建筑造型还有下面的一些因素。

1. 机舱位置的影响

在船舶总体设计中，机舱位置不仅影响船体内部舱室的划分、结构形式，也决定着上层建筑的造型，因为机舱的排烟、通气和采光设计都直接与上层建筑的位置与形式相联系。机舱按主机安装部位分尾机型、中机型、中尾机型等几种主要形式。

1）尾机型

尾机型是现代运输船舶主要的布置形式，是多数运输船舶，特别是货船采用的机舱布置形式（图 3-11）。特点是轴系效率较高，无需设轴隧舱；船体空间利用合理，便于装卸管理；船体结构的连续性、工艺性好。这种形式决定了主体上层建筑的船尾位置，体量分布比较均衡，动感较强；舱面设备排列有序，具有节奏美感。

2）中机型

中机型是客船与小型船舶的主要布置形式（图 3-12）。由于浮态调整的需要，这类船将机舱置于船体中部。中机型船上层建筑中部发达，视觉稳定性强。

3）中尾机型

大型船舶和双机双桨型船，多采用中尾机型。它的上层建筑随之前移，形成长尾楼式上层建筑。它保持了尾机型部分优点，适居性比尾机型好。许多滚装船、集装箱船和客船采用这种形式。

图 3-11　尾机型

图 3-12　中机型

2. 舱室布置的影响

居住舱室、工作舱室、设备布置等都需要有足够的甲板面积，因而舱室的面积大小、甲板层数及甲板间高，是决定上层建筑尺寸的又一重要因素。

3. 重心高度的影响

上层建筑发达的客船和客货船，尺寸对船舶重心高度（Z_g）影响很大，关系到船舶的稳性，Z_g 过大，船的稳性下降，对船舶的使用性能及安全性不利。船舶重心高度是控制上层建筑高度的重要因素，须严格控制。

4. 受风面积的影响

上层建筑发达，其尺寸相对较大，随之增大了受风面积，使风压力矩加大，影响船舶的大倾角稳性和停靠码头的难度。因此，要适当地加以控制。

5. 驾驶室位置及可见度的影响

上层建筑高度和位置，决定驾驶盲区的大小。驾驶盲区是指驾驶室前方的船体和结构物的阻挡，使驾驶员看不见前方海面；盲区长度是指驾驶员眼睛到舷樯顶点引直线与水面交点到首柱的距离 D（图 3-13）。

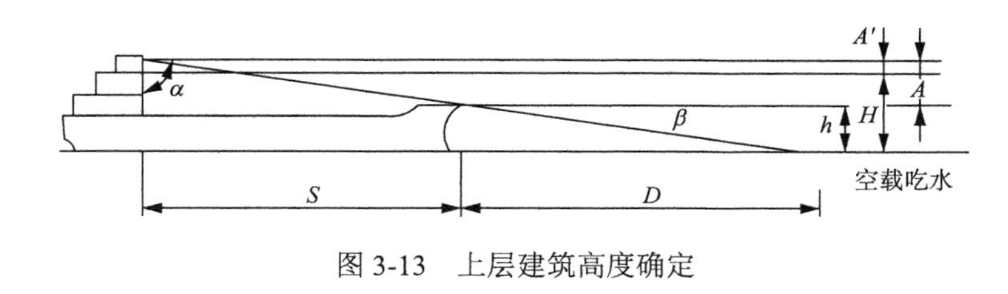

图 3-13　上层建筑高度确定

通常，客船的盲区长约 0.6～0.7L_{pp}；货、油船平均为 1.25L_{pp}（L_{pp} 表示船舶的首尾柱间长）。

6. 其他影响因素

内河船舶上层建筑除上述影响因素外，还要考虑航程以内的船闸、桥梁对上层建筑的高度限制，以及舾装设备的布置空间等。上层建筑的层数没有强制性的规定，层高根据规范要求，不低于 1.9 m。

3.5.2　上层建筑造型设计

上层建筑外观造型是指上层建筑总体形态的塑造，是在上层建筑功能设计基础上，在空间体量一定的条件下进行的，其内容包括上层建筑立面轮廓、平面轮廓和型线的设计。

1. 上层建筑前后端壁造型

上层建筑前后端壁的形式是影响船舶上层建筑整体造型风格的关键，它体现船舶的时代感和工艺美。

现代货船的前后端壁多数为大平面箱型和直立围壁，这种形式线条简洁，体现了速度和力量感。客船前后端壁有大平面箱型、带圆弧阶梯型（图 3-14）和流线型三种，看上去丰满、豪放、粗犷，符合现代人简练、快节奏的特点。

2. 动态造型

以最高点（烟囱或桅杆）与首尾部连线形成的三角形轮廓，以表征船型动态感的造型，称为动态造型，划分为前倾型、平衡型、后倾型。游艇多采用后倾型，以增加快速感（图 3-15）。

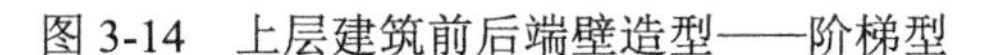
图 3-14　上层建筑前后端壁造型——阶梯型

图 3-15　上层建筑前端壁造型——后倾式

3. 型线造型

型线造型是指上层建筑各层甲板的开敞与封闭，在外观形态上表现为凸凹。远观呈现为虚实光影，表现韵律、反复、渐层、秩序、和谐、对比、比例的各种美学形式。由于性能和使用要求不同，以及各层甲板的高度不同，上层建筑外观形式可分为开式、闭式和混合式 3 种。现代客船由于客运空间的需要，往往把上层建筑与船尾结合在一起，敞开式比较多，可以提供室外休闲和观景处所。

1）开式上层建筑

开式上层建筑是以吊檐、舷樯和栏杆作为造型要素，主甲板以上各层建筑设外走道。这种形式的舱室围壁在走道内侧，白天在光的投射下，吊檐在围壁上留下阴影（图 3-16），侧向看去，有影处形成实面，无影处形成虚面。虚实和明暗产生对比，随着光线角度的变化以及吊檐结构的不同，这种对比呈一种动态的效果；沿船长方向，由排列的撑杆和栏杆之间交错变化，呈现出一种对比之中有统一的节奏，显得协调、耐看。这种结构形式，多为内河船舶和海洋船舶的局部造型所采用，便于船上交通和观赏风景。

2）闭式上层建筑

闭式上层建筑不设外走道，主要用于海船。因为海船甲板容易上浪，影响船舶稳性。一般情况下，闭式上层建筑内部舱室面积较大，便于布置。闭式建筑的外观主要通过不同形状的窗的大小变化和排列组合来实现造型。图 3-17 中邮轮的窗，在不同层次上分组排列，具有一定的韵律美感；水平的舷窗，形成水平线特有的稳定感。现代游艇往往在船舶最上层有露天甲板，其他甲板安排舱室，可有效利用空间，因此较多采用全封闭形式。

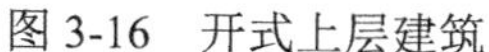
图 3-16　开式上层建筑

图 3-17　闭式上层建筑

3）混合式上层建筑

混合式上层建筑是指同一船上兼有开式和闭式建筑；开式作游步甲板，闭式安排舱室。这种结构形式如果外观上处理得当，可兼有开式、闭式的造型效果。一般情况下多为首闭尾开或上开下闭，使人感觉到变化中有统一，统一中有变化。如图 3-18 为混合式上层建筑形式。

图 3-18　混合式（上开下闭）上层建筑

3.6　船舶舱面设备造型

舱面设备造型，主要包括桅杆、烟囱、起货设备、救生艇、斜撑和栏杆、船铭牌和武备等。这些设备形态多样，功能不同，因而造型各异，必须注意形体简洁协调，不产生零碎烦琐感。总体要求是与整体之间做到变化之中有统一，保证均衡与协调。

3.6.1　桅杆与烟囱

1. 桅杆

桅杆用来安置信号灯具、通讯天线、旗号和其他安全航行标志。按功能不同分首桅、主桅（中桅）和尾桅。现代桅杆造型形式及特点，如表 3-3 所列。

2. 烟囱

烟囱是船舶上一个极显著的视觉焦点，是整体造型中的重点之一，它的前后高低起着某种“视觉支点”的协调作用，有助于船舶自身的造型（形态、色彩、装饰）形成个性特点。蒸汽时代，船舶的烟囱造得又高、又直、又大，既是功能上拔火的需要，同时

表 3-3　桅杆造型

名称	图示	结构特点	造型特征	应用
单桅	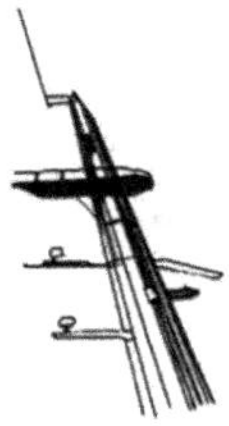	上下变化不大的锥体	简单、轻巧、灵活	多作首桅或小型船舶桅杆
塔桅（角锥桅）		由钢板围成的塔型建筑，刚度好，占地少	稳定、刚健、有力	各种船舶
门桅	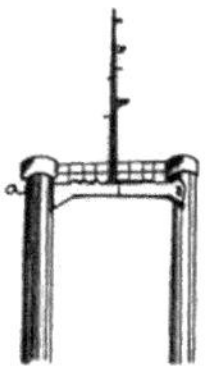	门架式结构，可兼作起重柱	刚健、多功能	某些货船
三角（四角）桅		桁架式结构，受风面积小	稳定、轻便、节奏感强	高速舰船
烟囱桅		二合一，占地少，重心低	简单、和谐、稳健	
可倒桅		活动可调		内河船

也是造型中着意表现的部分，因为这样看上去显得威武、巨大、挺拔。随着内燃机替代蒸汽机，烟囱的使用功能已经退化，排气管道占用的实际空间非常有限，甚至有些船舶烟囱已经失去了使用功能，其之所以存在主要是因为造型和视觉习惯上的需要。表 3-4 列出了现代船舶烟囱的基本形式及特点。

表 3-4　烟囱造型

类型	图示	结构特点	造型特点
直线型		箱型、纪念碑型	直线轮廓，工艺性好，有力度，突出刚劲和力量感
曲线型		圆柱形	粗大、挺拔、瞩目性强，斜置显得灵活，有动感
流线型		宽高比 0.7～1.0	流畅、协调，有一定对比感。多见于客船、游船
综合型		以直线为主，综合各种类型	有动感，有力度，多见于现代客船、旅游船

由于烟囱能反映船舶的个性，设计者常用比拟的方法进行设计，使人看后，产生联想。运用色彩进行分割，能产生对比中有调和的视觉效果；水平分割能起到改变呆板布局和降低视觉重心的作用。烟囱的特定位置，是船舶标志的理想处所，设计者往往结合标志设计对烟囱作装饰处理。

桅杆与烟囱的布置和比例关系也影响着船舶整体的协调感，因此，它也是船舶外观造型所必须考虑的内容。多数船的桅杆和烟囱构成船舶的视觉平衡点。它们的布置情况影响整船的比例分配和体量大小。虽然它们相对船体而言实际体量并不大，但因其所处的特殊位置和形态，视觉上所占的比重很大。桅杆和烟囱沿纵向分割船长的比例关系，是外观造型比例的重要组成部分，要求同整体比例有一定关系。比例不统一，造型就缺乏秩序感。桅杆和烟囱的位置太靠前可能影响速度感，太靠后则影响平衡感。桅杆与烟囱直立具有稳定感，斜倾具有速度感。上层建筑前壁、桅杆、烟囱和后端壁与基线部的倾角由首向尾呈一定规律逐渐加大。理论上讲，当轮廓延长线汇交一点时（图 3-19），形成视觉交点，整体效果最佳。

桅杆的位置及数量应满足航行及信号设备相关规范。如图 3-20 所示，对总长大于 50m 的海船，应设前后桅灯间距≥20m。前桅灯装在纵中剖面距最上层连续甲板的高度不小于 6m 处，船宽大于 6m 时，不小于船宽，但不大于 12m。前桅的纵向位置在首部 1/4 船长范围内。后桅灯也在纵中剖面上，并高出前桅至少 4.5m，两桅水平间距不小于 1/2 船长，但不必大于 100m。对于内河船也有类似的规定。因此，在布置桅杆与烟囱时，两者之间的距离在满足规范的前提下，呈现视觉平衡，保证整体统一性。

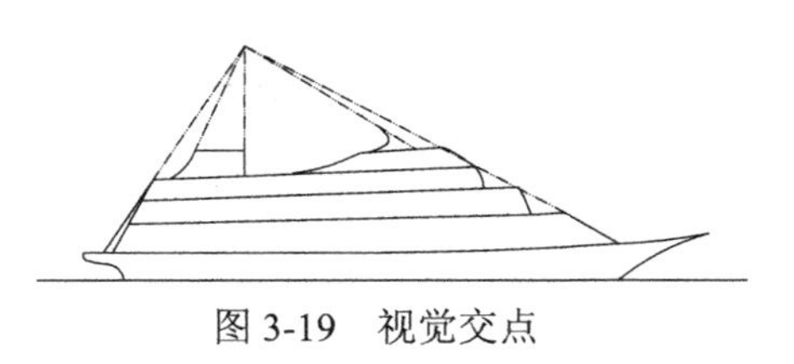

图 3-19 视觉交点

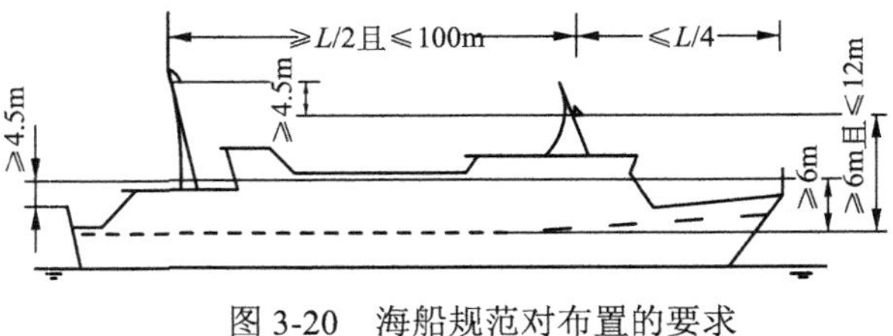

图 3-20 海船规范对布置的要求

3.6.2 起货设备

在设有起货设备的船舶上，起货设备所占的比重相当大，而且不易与船体造型风格统一。因为功能要求的不同，设备的形态、尺度和数量也不一样。例如，起重柱有 T 型、V 型、H 型等，尤其是大型起货设备，高大粗壮，视觉稳定性较差。因此，在造型上要结合功能要求，把握起货设备的形态与布置。图 3-21 的货船，它直立的起重柱、水平放置的吊杆和舱口盖之间形成高低、粗细、宽窄和色彩对比协调的韵律美。整套起货设备所占据的“虚面”与上层建筑构成的实面形成整体的虚实感和对比的均衡感。

图 3-21 起货设备

3.6.3 救生设备

船舶的救生设备包括救生圈、救生艇、救生筏等，救生设备的造型决定于它的功能和相关标准要求。根据救生艇的降放方式，救生艇可能放在船首尾、舷侧等位置。救生设备的布置在满足使用要求的前提下，按一定的美学法则进行布置和排列。如图 2-52 的豪华邮轮布置了黄色的救生艇，这给船舶增添了醒目的色彩点缀。

3.6.4 栏杆与斜撑

开式上层建筑中，斜撑与栏杆的造型作用非常重要。栏杆主要由竖直和水平两种构件组成。由于错视使得竖直线的瞩目性比水平线强，实际等长的线，竖直线看上去要比水平线长，容易引起人的注意力。竖直构件在满足强度的前提下，尺度上一般比水平构件要细一些，以形成视觉上的统一感。舷边栏杆所形成的虚面与两层甲板之间的空间形成了虚实对比。图 3-22 是常见的栏杆形式。

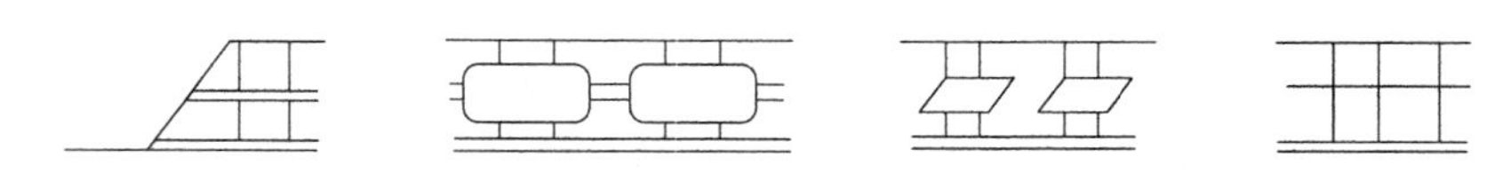

图 3-22 各种栏杆形式

斜撑也表现出一种力量感。一般斜撑的尺度比栏杆要宽，所以仅仅直立布置显得呆板，甚至干扰视线。因此，往往采用一定的造型手段改变其视觉形象。如可将直线改为斜线，利用斜线的视觉运动特征，克服直立大平面的不足，或将斜撑的排列按一定比例进行宽窄变化，形成韵律感，还可以采用比拟与联想，将斜撑加工成各种形态，如动物、海浪等（图 3-23），使人产生美的联想。

在上层建筑和舱面设备造型设计的要素中，还有一些如船铭牌设计、锚设备、导缆孔布置等需要造型处理。各种系泊设备相对整个船体而言体量很小，但有着“点睛”之妙，能改变首部的视觉形象，使之生动、有趣。如银白色的锚和导缆孔能使黑色艇身具有轻盈的活力。

图 3-23　斜撑

3.7　船舶外观色彩设计

船舶外观色彩主要是由船体色彩，上层建筑色彩，烟囱、桅杆及救生艇等涂装体色彩构成，同时受到背景海洋、天空色彩衬托，形成一个完美和谐的整体。

从色彩结构角度来说，其主体色是指船体与上层建筑的色彩，强调色往往集中在烟囱的色彩上，背景色是海洋与天空。船舶强调色往往受背景色——蓝色等冷色系色的影响，同时也受一个国家和民族地区风格的影响而有所不同。

现代货船和工程船舶色彩较为鲜艳，随着船舶造型的不断更新，船舶吨位不断增大，船舶航速不断提高，造船技术不断发展，船舶色彩设计日新月异。船舶丰富的颜色反映了时代的潮流（图 3-24）。

图 3-24　醒目的船身色彩（见书后彩图）

图 3-25　外装色彩（见书后彩图）

随着旅游船的发展，客船颜色逐步趋向明度低的淡色彩系列，白色的船体、上层建筑与蓝色的大海和天空给人们无限遐想。从远处看，以蓝色为背景，以白色为主色，形成鲜明的对比效果。从近处看，有轻快的和谐感。因此白色上层建筑已经成为现代邮轮、游船和游艇的主流。全船水平方向通常还会涂有色彩带，以图 3-25 的游艇为例，主要体现在两个部分：一是与船体平行的甲板边线；二是连接窗的深蓝色（同玻璃颜色）的带状涂装。

为突出船舶个性，船身常使用醒目的大型字体或图案，其中以游船使用最多，以起到填补空白的作用。烟囱上装有标志，要求从远处就能够判断出是哪个国家、哪个公司的船舶，所以标志的注目性、远视性都是极为重要的（图 3-26）。

图 3-26 船舶标志（见书后彩图）

船舶外装色彩具备如下特点：

注目性——作为水上运输工具，船舶必须有鲜明的对比，且引人注目。

协调性——船舶色彩与海洋、天空色彩应保持协调，形成美感。

轻快感——船舶是浮动在水上的建筑，明度高具有重量感轻的特点。

快速性——船舶处于运动中，船舶色彩条纹应采用水平的形式，体现速度感。

时代性——船舶风格具有鲜明的时代性，色彩占主导地位。现代船容多采用明快色调。

标志性——船舶是国家、公司能力与水平的表征，因此，通过色彩文字涂写，就可以预知该船国别、航运公司。

3.8 船舶外观造型设计实例

1. 东方皇后号旅游客船

长江船舶应能体现长江这一特定的地域风格特征。长江作为中国的第一大河流，是中华民族的主要发祥地之一，具有丰富的人文景观，同时又是中国经济发展的主要区域。

东方皇后号是1995年投入运营的，2005年重新装修，它是豪华长江旅游船（图2-41）。它的外观造型较好地体现了民族的特色，创造出与客观环境和时代背景相融合、相协调的视觉形象；表现出一种既气贯长虹、一泻千里、豪华气派，又秀美精湛的风格。外观在视觉上具备高速、轻巧、秀丽的形象，隐喻性地反映当地人文特征。比例和尺度上尽可能使人产生狭长、高度适中的视觉效果；色彩和构形上反映快速和流动的特征。

东方皇后号从技术性能考虑，尺寸选择相对短、宽、高，所以在运用线条时，较多地采用水平线和小角度斜直线。在视觉上强化长、窄、低的效果，以增加快速感和稳定感。

2. ILONA 游艇

图 3-27　游艇外观造型（见书后彩图）

ILONA 游艇（图 3-27）总长 73.69m，宽 12.10m，吃水 3.60m，最大航速 16 节。在目前投入使用的奢华游艇中，它堪称技术工艺之典范。从外观设计上看，线条流畅，轮廓柔滑且别具动感，个性鲜明；经典的白色船身，配以狭长镂空造型，在蓝色海水映衬下，优雅夺目。游艇上层建筑前端壁后倾（与甲板迎角小），体现出造型快速感与美感。这艘游艇主甲板长达 40m，外部船尾区呈开放式，在后甲板区设有直升机停机坪以及飞机库。ILONA 可供 18 位客人及 28 名船员住宿，是海上最为豪华的游艇之一。

更多船舶外观造型例图请扫描下方二维码。

第4章

舱室人体工程学

舱室人体工程学是人体工程学在船舶舱室设计中的应用。舱室设计是一项与人结合的工作，直接关系到人的生活、工作和健康。设计的基本点要围绕“以人为本，物为人用”的设计理念，其根本目的是要满足人们对使用功能和精神的需求，这就要求设计者应按照人的需要、人体特征、人的活动规律进行舱室设计。

4.1 人体感知特性与舱室环境

4.1.1 人体感觉和知觉特征

人体的感知包括感觉和知觉。人体感知系统是人-物-环境系统信息传递的重要环节。在船舶舱室环境中，人体感知和舱室设计有着重要的交互作用。

1. 感觉

感觉是人脑对直接作用于感觉器官的客观事物的个别属性的反应。人的感觉器官，即眼、耳、鼻、口、皮肤，接收内、外环境的刺激，并将其转化为神经冲动，传入神经，然后传至大脑皮质感觉中枢，于是就产生了感觉。

感觉是一种直接反应，它要求客观事物直接作用于人的感官。感觉包括：视觉、听觉、嗅觉、味觉、触觉和本体觉等。

1）感觉的功能

（1）感觉是人的生存需要，帮助人类适应外界环境。

（2）通过感觉，人能获得各种生物意义上的快乐体验，如感觉到芳香、尝到甜味等。

2）感觉的基本特性

（1）适宜刺激：外部环境中物质的能量形式很多，人体的一种感觉器官只对一种能量形式的刺激特别敏感，能引起感觉器官有效反应的刺激称为该感觉器官的适宜刺激（如眼的适宜刺激为可见光；而耳的适宜刺激则为频率在一定范围的声波）。

（2）感受性和感觉阈限：感受性是感觉器官对适宜刺激的感觉能力，用感觉阈限的大小来度量。如听觉的适宜刺激是声音，声音的声源是振动的物体，人的听觉阈值为20～20000Hz，超过这个范围，人就听不到了。再如人的两眼可以感受到的光波只占整个电磁光谱的一小部分，其波长约为380～780nm。

（3）适应性：在同一刺激物持续作用下，人的感受性发生变化的过程，称为“感觉的适应”。这种适应现象，除痛觉外，几乎在所有感觉中都存在，但适应的表现和速度是不同的。除暗适应外，其余各种感觉适应大都表现为感受性逐渐下降乃至消失。如视觉适应中的明适应约需1～2min；听觉适应约需15min；味觉和触觉的适应分别需30s和2s。

（4）相互作用：在一定条件下，各种感觉器官对其适宜刺激的感受能力都会因受到其他刺激的干扰而降低。这种使感觉性发生变化的现象称为感觉的相互作用。

（5）对比：同一感觉器官接收两种完全不同，但属于同一类刺激物的作用而使感受性发生变化的现象称为对比。例如，同样一个灰色图形，在白色的背景上看起来显得颜色深一些，在黑色背景上则显得颜色浅一些。

（6）余觉：刺激取消后，感觉仍可以存在一个极短时间，这种现象称为余觉。如每秒100次闪烁的荧光灯给人的感觉是连续的光源。

2. 知觉

知觉是人脑对直接作用于感觉器官的客观事物和主观状况的整体反映。客观事物的各种属性分别作用于人的不同感觉器官，引起人的各种不同感觉，经大脑皮质联合区对来自不同感觉器官的各种信息进行综合加工，于是在人的大脑中产生对各种客观事物的各种属性、各个部分及其相互关系的综合的整体的决策，这便是知觉。

1）感觉和知觉的区别与联系

（1）从知觉的过程得知，客观事物是首先被感觉，然后才能进一步被知觉，所以知觉是在感觉的基础上产生的，被感觉的事物个别属性越丰富、越精确，人对事物的知觉也就越完整、越准确。

（2）感觉和知觉都是客观事物直接作用于感觉器官而在大脑中产生对所作用的物体反映。在生活和生产活动中，人都是以知觉的形式直接反映事物，而感觉只作为知觉的组成部分而存在于知觉之中，很少有孤立的感觉存在，在心理学中称为“感知觉”。

（3）感觉反映的是客观事物的个别属性，而知觉反映的是客观事物的整体属性。感觉的性质较多取决于刺激物的性质，而知觉过程带有意志成分，人的知识、经验、需要、动机、兴趣等因素直接影响知觉的过程。

2）知觉的特点

（1）整体性：把知觉对象的各种属性、各个部分知觉成为一个同样的有机整体，这种特性称为知觉的整体性。知觉的整体性可使人们在感知自己熟悉的对象时，只根据其主要特征将其作为一个整体知觉。如观察图 4-1 时，不是把它感知为几段直线，而是一开始就把它看成是长方形。

（2）理解性：根据已有的知识经验去理解当前的感知对象，这种特性称为知觉的理解性。由于人们的知识经验不同，所以对知觉对象的理解也会有不同，与知觉对象有关的知识经验越丰富，对知觉对象的理解也就越深刻。

（3）选择性：把某些对象从背景中优先地区分出来，并予以清晰反映的特性，称为知觉的选择性。如图 4-2，当以白为背景时，我们会看到一个黑色的花瓶，而以黑色为背景时，便会看到两个侧面人头像。

图 4-1　知觉的整体性

图 4-2　知觉的选择性

（4）恒常性：人们总是根据以往的印象、知识、经验去知觉当前的知觉对象，当知觉的条件在一定范围内改变的时候，知觉对象仍然保持相对不变，这种特性称为知觉恒常性。

（5）错觉：与客观事物不相符的知觉称为错觉。人的外部感官一般都会出现错觉现象，例如：错视觉、错听觉、错嗅觉等。在人的错觉现象中，错视觉最为明显，错视觉中又分为长度错视、方位错视、透视错视、对比错视等。

4.1.2　人体感知与舱室环境设计

这里所指的船舶舱室环境包括工作舱室和生活舱室的温度、湿度、气体，照明，色彩，噪声与振动等。人体的感知关系到人和设备、用品的安全，关系到人的健康和舒适、操作质量和工作效率等一系列问题；还涉及舱室环境中的各种条件对人造成的生理和心理上的负担，称为环境对人体的负荷。这些是船舶舱室设计者必须考虑的重要因素。船舶舱室环境必须科学合理地进行设计，以使环境适应人的生理和心理特性，至少要为人体所能忍受，力争处于人体舒适范围以内。

1. 温度、湿度、气体

对人体而言，不仅有一个生理学上最适宜的温度和湿度，还有人们主观感受的舒适温度和湿度。

由于船舶特定的建造特征和性能要求，在营运期间，船舶内部环境难以保证最优值，只能维持在基本不影响人的工作效率、安全和健康的范围，即允许的温度、湿度范围内。

温度环境在船舶某些特殊的工作舱室如机舱、厨房、锅炉间显得尤为重要，迫切需要改善其通风、调温。另外，舱室内存在空气污染问题：CO_2、各种油气，以及其他混杂气体的综合作用，会引起人头痛、精神不集中，甚至窒息等不良后果，需要换气、通风，以保证安全和正常工作状态。

中国船级社 CCS《船舶人体工程学应用指南 2014》基于人体工程学实践，提出下列室内气候设计原则：

– 向船上人员提供充足的供暖和/或降温
– 提供均匀的温度（气温梯度）
– 相对湿度保持在舒适区
– 提供新鲜空气（换气），作为加热或冷却回流空气的一部分
– 提供清洁的过滤空气，不含烟气、颗粒或空气传播的病原菌
– 监测气体浓度（CO、CO_2、O_2 等）
– 易于由船上人员调节
– 最大限度减少生活和工作处所因通风而增加的噪声
– 调节速率以保持换气率，且无很大或令人不适的噪声
– 提供利用自然通风的手段
– 封闭处所工作时提供/评估安全空气质量

船上的加热、通风和空调（HVAC）系统应设计为可有效控制室内热环境因素，以提升船上人员的舒适度。表 4-1 是人体工程学建议的室内气候要求，旨在从热舒适度的角度使船上人员满意。

表 4-1 室内气候要求建议

项目	要求或标准
气温	18～27℃（68～77°F）
相对湿度	HVAC 系统应能使相对湿度达到和保持在 30%～70%范围内
垂直温度梯度	可接受范围为 0～3℃（0～6°F）
空气流速	不超过 30m/min 或 100ft/min
水平温度梯度（床铺区域）	床铺区域的水平温度梯度应< 10℃（18°F）
换气率	封闭处所的换气率应至少为每小时彻底换气 6 次

在客船中，居住室内环境的空气质量要求更为复杂。中国船级社 CCS《邮轮规范 2017》中提出的邮轮健康保障设计指数附加标志 SEDI(x)对空气污染物也做了要求，表 4-2 给出了 SEDI（3）级邮轮室内空气污染物的限值。

表 4-2　SEDI（3）级邮轮室内空气污染物的限值

序号	参数	单位	限量值
1	甲醛（HCHO）	mg/m^3	≤0.10
2	氨（NH_3）	mg/m^3	≤0.2
3	苯（C_6H_6）	mg/m^3	≤0.09
4	氡（^{222}Rn）	Bq/m^3	≤400
5	总发挥性有机物	mg/m^3	≤0.6

2. 照明

照明环境主要考虑对人的视觉影响，比如照明强度和光源布置需要考虑人的视觉器官的感受性，如明暗适应、眩光、视觉的向光性、人的视线运动习惯等。

各种舱室由于功能要求不同，对照明的要求也不同。如船员处所的舱室照明应便于在执行任务时的使用要求，并便于船员在工作或居住区域的移动。船上的照明还应有利于创建一个适宜的美观环境。中国船级社 CCS《船舶人体工程学应用指南 2014》提出照明的设计应：

– 为执行一系列与处所有关的任务提供充足照明
– 适合于正常和紧急情况下的条件
– 尽实际可行提供均匀照明
– 避免炫光和反光
– 避免亮点和阴影
– 避免闪烁
– 灯具易于维护保养和操作
– 灯具在预期部署区域耐用

照度要求参见表 4-3 和表 4-4。

表 4-3　起居处所照明

处所	照度/lx	处所	照度/lx
入口和过道			
内部走道、过道、梯道和通道	100	外部走道、过道、梯道和通道（夜间）	100
生活区和工作区域走廊	100	梯道，电梯	150
		集合区域	200
住舱，客舱，铺位和卫生处所*			
一般照明	150	浴缸/淋浴（一般照明）	200
阅读书写（写字台或床铺灯光）	500	卫生处所内所有其他区域（如厕所）	200
镜子（个人仪容）	500	睡眠期间灯光	<30

续表

处所	照度/lx	处所	照度/lx
餐饮处所			
食堂和自助餐厅	300	小吃或咖啡区	150
娱乐处所			
休息室	200	健身房	300
图书馆	500	布告牌/展示区	150
多媒体资源中心	300	所有其他娱乐处所（如游戏室）	200
电视室	150	培训室/中转室 办公/会议室	500
医疗、牙科和急救中心			
药房 医院/病房	500	病房 - 一般照明 - 重要检查 - 阅读 医院/病房	 150 500 300 500
医疗和牙科治疗/检查室 医院/病房	500		
候诊区	200		
化验室	500	其他医疗&牙科处所	300

* 如果昼间或夜晚在住舱或客舱有人睡觉时光线可能照入（例如通过舷窗、气窗等），最大照度应为 30lx

表 4-4　导航和控制处所照明

处所	照度/lx	处所	照度/lx
驾驶室	300	办公室 - 一般照明 - 计算机工作 - 服务柜台	 300 300 300
海图室 - 一般照明 - 海图桌	 150 500		
其他控制室（如货物驳运等） - 一般照明 - 计算机工作 集中控制室	 300 300 500	控制站 - 一般照明 - 控制台，仪表板，仪表 - 配电板 - 记录台 现场仪表室	 300 300 500 500 400
雷达室	200		
无线电室	300	陀螺罗经室	200

3. 色彩

见第 6 章 6.4 节有关内容。

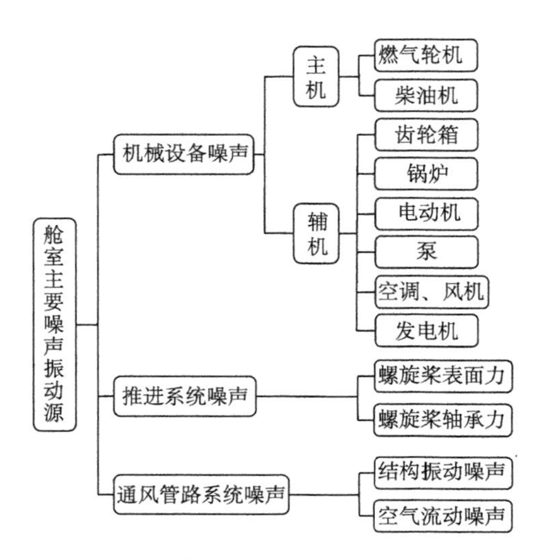

图 4-3　船舶舱室主要噪声振动源

4. 噪声与振动

噪声与振动对人生理、心理的影响是船舶环境污染的主要问题。船舶噪声振动源繁多，噪声强度大，频谱成分复杂（图 4-3）。

（1）噪声会加重听力损失，妨碍言语沟通，遮挡听觉信号，干扰思考过程，扰乱睡眠，分散人执行生产任务的注意力，以及引起或增加人体疲劳。中国船级社 CCS《船舶人体工程学应用指南 2014》中提出船舶设计中噪声控制应考虑下述条件：

– 确保船上人员不受有害噪声级的影响（对健康的危害、听力损失、耳蜗损伤）

– 确保船上人员不受有损工作绩效的噪声级的影响

– 确保船上人员不受妨碍语音沟通和听觉（报警声、钟声、号声之类）信号的噪声级的影响

– 确保船上人员不受妨碍睡眠或舒适的噪声级的影响

国际海事组织（IMO）于 2012 年 11 月 30 日以 MSC.337（91）决议通过《船上噪声等级规则》，该规则规定了船舶上不同处所的噪声等级的限值，见第 8 章。

为防止噪声，应根据标准确定船舶不同部位的噪声允许值，使之适应听觉要求；在噪声源头使用特殊的吸音材料或隔音结构，降低噪声。中国船级社 CCS《船舶及产品噪声级控制与检测指南 2013》中建议常用船上噪声控制措施主要包括：

– 结构噪声控制

– 吸声

– 隔声

– 消声

– 隔振

– 阻尼敷层

– 浮动地板

– 机舱低噪声设计

– 通风管路系统低噪声设计

（2）振动也是船舶设计中应十分重视的问题。船舶的振动超过人体所能承受的阈值时，会使人产生诸如皮肤感觉和血管功能障碍，比如手腕麻木、疼痛、头昏等不适症。这些与其他因素的综合作用，会大大影响船员注意力和休息。

人作为一个弹性体，在正常重力作用下，其固有共振频率维持在一种平衡状态，当船体改变振动加速度，会对人产生影响。表 4-5 所列数据是根据实船统计资料反映的振动加速度对人的影响。

表 4-5 振动加速度对人的影响

垂直振动/g		水平振动/g		感觉
艏艉	居住区	艏艉	居住区	
0.010				微小振动
0.01～0.025	0.010	0.010		微小振动
0.025～0.05	0.01～0.025	0.01～0.025	0.010	无不适感
0.05～0.12	0.025～0.050	0.025～0.050	0.01～0.025	稍感不适
0.12～0.25	0.050～0.125	0.05～0.125	0.025～0.050	很不适
0.25～0.50	0.125～0.25	0.125～0.25	0.050～0.125	极为不适
0.50～1.00	0.25～0.50	0.25～0.50	0.125～0.25	勉强忍受
1.0	0.50	0.50	0.25	无法忍受

注：表中 g 为重力加速度，g=9.832m/s^2

人的振动舒适度由个体差异决定。人对振动舒适度的感觉取决于其所受振动的幅度和频率。ISO 20283-5:2016《机械振动——船舶振动测量：客船和商船适居性振动测量、评价和报告指南》中给出了频率为 1Hz 至 80Hz 的范围时，整体频率计权的振动级建议值（表 4-6）。

表 4-6 船舶最大 RMS 振动级要求

最大 RMS* 振动级	
起居区域	工作处所
125 mm/s^2 （3.5 mm/s）	214 mm/s^2 （6 mm/s）

*RMS 为均方根值（有效值）

中国船级社 CCS《船舶人体工程学应用指南 2014》中提出船舶设计中振动控制应予考虑，但不限于下述条件：

– 结合螺旋桨叶数量和结构的固有频率适当选择主机及其转速，由此避免产生共振

– 为避免共振，可增加重量或减小尺度以降低结构的固有频率。或反过来，减少重量或加强结构增加固有频率

– 诸如采用各种减震、补偿和平衡装置等，可减少激振力

– 加强结构以增大刚性和减少结构反应，或反过来，专为减少结构反应而减小结构刚性。

5. 视错觉的应用

由于视觉中的错视及其规律的普遍性，这种现象被广泛应用于视觉效果设计中。在船舶舱室环境设计中，由于船舶内部空间通常相较于陆地空间要低矮、狭小一些，因此经常使用错视现象来优化空间环境的视觉效果，以提升人的审美感受。

1）分割错视

用间距相同的平行竖线分割线段 b，如图 4-4 左图，被分割的线段 *b* 比相同长度的未分割线段 *a* 显得要长。比如邮轮吧台设计中，若干个吧台凳起到了分割吧台长度的作用，使吧台看上去更加狭长，空间更有深度。角度分割也符合类似的规律，如图 4-4 右图。

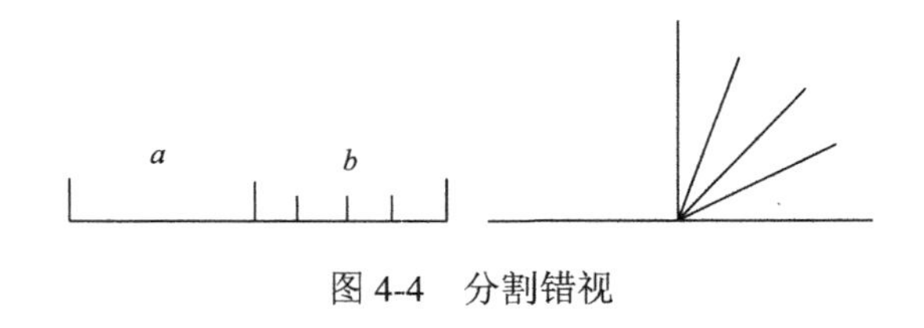

图 4-4　分割错视

2）纵横错视

由于人的双眼呈竖向窄、横向宽的椭圆形，扫描等长垂直线的速度比水平线要迟缓，所以感觉垂直线长度增长（图 4-5）。因此，现代船舶两舷的矩形窗特意造成垂向短、横向宽的比例，以降低视觉高度，并符合视野的舒适度。另外，舱内装饰中，为扩大空间感，多采用竖线，不宜用水平分割（图 4-6）。

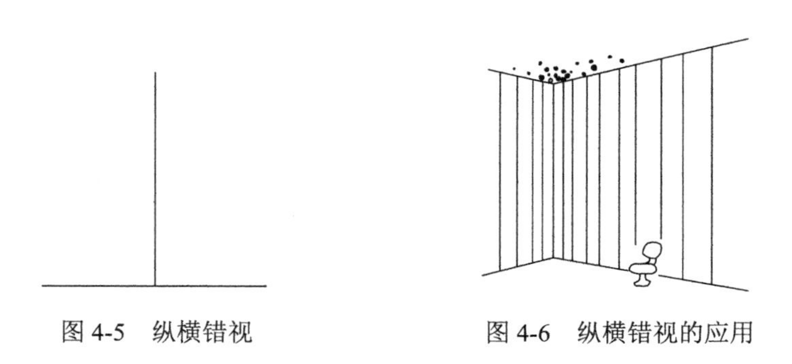

图 4-5　纵横错视　　图 4-6　纵横错视的应用

3）虚实错视

尺寸相同的实体与虚体比较，实体看上去显得大。如图 4-7，在内装设计中采用透明或半透明材料的部分（无阴影部分），由于视线能够穿透并达到内部空间，具有虚体的效果，故这部分体积显得较小，重量较轻。现代设计者十分偏爱这类材料。

4）对比错视

同一图形，背景或陪衬不同，大小感觉不同。图 4-8 是对比错视的典型图例。错视对造型的影响有利有弊，需要设计者仔细地研究造型对象的特点，合理地利用人眼这一视觉特征来改善造型形象。

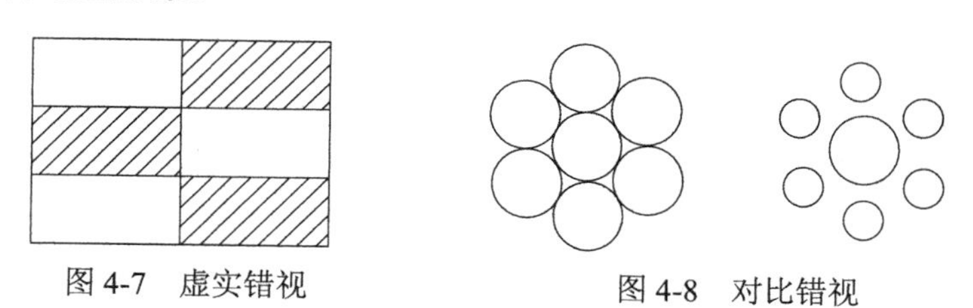

图 4-7　虚实错视　　图 4-8　对比错视

4.2　人体尺度与舱室设计基准

为了使各种与人体尺度有关的设计对象符合于目标使用人群，让使用者获得舒适的使用状态和适宜的环境，就必须充分考虑人体尺度因素。

在舱室空间与家具设计中，人体尺度是设计的重要依据。了解人体测量学方面的基本知识，掌握人体测量的基本方法，理解有关设计中所必需的人体尺寸数据的意义，并明确这些数据的选用原则和使用条件，是设计者应当具备的一项基本素质。

4.2.1　人体测量的基本知识

1. 人体测量学

人体测量是一项古老的技术，我国早在两千多年前就已经开始了，现存最早的我国医学经典著作《黄帝内经·灵枢》中的《骨度篇》，对人体测量有较详细而科学的阐述。系统的人体测量方法则是 18 世纪末由西欧的科学家创立的。传统测量方法是依靠各类仪器直接在人体上进行测量的，拥有一套完整的人体测量标准。

人体测量学是人体工程学的一门重要基础学科，它通过测量人体各部分尺寸，来确定个体和种群在人体尺寸上的共性与特性，以及个体之间和群体之间在人体尺寸上的差异，用以研究人的形态特征，从而为各种工业和工程设计提供人体尺寸数据。

2. 人体测量的分类

根据测量方式可将人体测量分为静态人体测量和动态人体测量两类。前者通常是用来获取人体在立姿和坐姿时的尺寸，而后者则是用来获取人在工作姿势下或者在某种操作活动状态下的尺寸范围。

1）静态人体测量

静态人体测量是指被测者静止地站立或者坐着进行的一种测量方式。目前，对于我国成年人静态测量项目，国家标准 GB/T 5703—2010《用于技术设计的人体测量基础项目》中规定立姿测量项目有 12 项，坐姿测量项目有 17 项，特定部位的测量项目 14 项，功能测量项目 13 项。静态测量的尺寸用作空间大小、家具和产品界限以及一些工作设施设计的依据。

2）动态人体测量

动态人体测量是指被测者处于动作状态下所进行的人体尺寸测量，有时也包含一些静止的动作。其测量的重点是人在做出某种动作时的身体特征，通常是对头、手、足、四肢所能及的范围及各关节所能达到的距离和能转动的角度进行测量。

人体尺寸的静态和动态测量数据，是合理设计室内空间、家具组织形式、家具功能尺寸的基础。只有充分考虑了人体尺寸的精心设计，才能使乘客的使用处于舒适的状态和适宜的环境之中，达到能量消耗最少，疲劳程度最低和休息、工作效率最高的目标。

3. 人体测量的基本术语

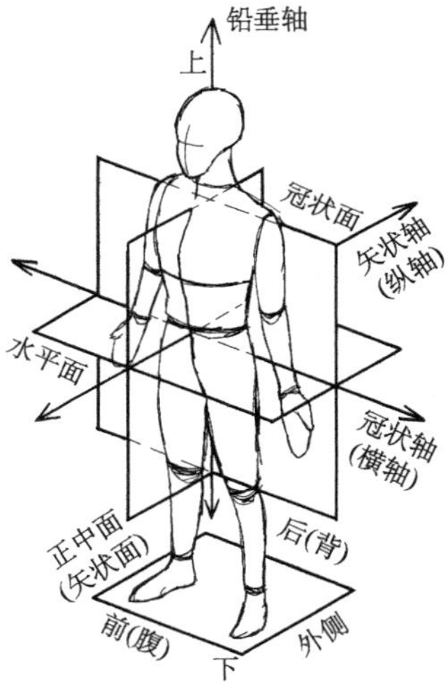

国家标准 GB/T 5703—2010《用于技术设计的人体测量基础项目》中定义了人体测量术语，只有在被测者姿势、测量基准面、测量方向、测点等符合要求的情况下，测量结果才是有效的。

1）被测者姿势

立姿和坐姿。

2）测量基准面

如图 4-9 所示，测量基准面即人体的平面定位，是根据三个互为垂直的轴来决定的，包括一个铅垂轴和两个水平轴。

图 4-9　测量基准面
（绘图：王麒）

3）测量方向

在人体上、下方向，将上方称为头侧端、将下方称为足侧端。在人体左、右方向上，将靠近正中面的方向称为内侧，将远离正中面的方向称为外侧。

4）基本测点与测量项目

传统的人体测点是以骨骼测量为基准的，为满足测量需要，还要引用人体表面的测点。通常测量的姿势分直立姿势和坐姿两种，具体包括立姿体部高度的测量、坐姿体部高度的测量、体部宽度与深度的测量、体部围度与弧长的测量、上下肢的测量、指距及两臂功能展开宽测量等。

4. 人体测量的方法

1）接触性测量方法

常用丈量法测量人体尺寸，根据设计需要，有选择地选用合适的测量项目进行测量，在精度要求不是很高的情况下，可使用普通的测量用具，如卷尺。这种测量方式，更适用于个体或小范围群体，具有一定灵活性。

2）非接触性测量方法

非接触性测量就是以非接触的光学测量为基础，使用视觉设备来捕获人体外形，然后通过系统软件来提取扫描数据。非接触性测量的优点在于精度高、速度快，但是测量仪器造价高、操作复杂。目前常见的方法主要有立体摄影、三维扫描等。

5. 影响人体测量数据的因素

在获取人体尺寸数据后，还要进行大量细致的分析工作。由于很多复杂因素都在影响着人体尺寸，所以个体与个体之间、群体与群体之间在人体尺寸上存在很多差异。只有了解这些差异，才能合理利用人体尺寸数据。

1）地区和种族

不同的地区、不同的种族，因地理环境、生活习惯、遗传特质的不同，人体尺寸差异十分明显。在设计时，需考虑这些差异；另一方面，要关注通用性的问题。

2）年代

在过去100年中，随着社会的不断发展，卫生、医疗、生活水平的提高及体育运动的广泛开展，使得人类生长加快。因此在使用三四十年前的尺寸数据时，要考虑其测量年代，注意修正。

3）年龄

年龄造成的差异也应注意，由统计数据发现，体形随着年龄变化最为明显的时期是青少年时期。此后，人体身高尺寸随年龄增加而缩减一些，而体重、宽度及围长的尺寸却随年龄的增加而增加。因此在使用人体尺寸数据时，要注意不同年龄组尺寸数据的差别。

4）性别

从10岁左右开始，在男性与女性之间，人体尺寸、重量和比例关系都有明显差异。

5）职业

不同职业的人，在身体大小及比例上也存在着差异。

6. 人体测量中的主要统计参数

在进行人体测量的过程中，被测者通常只是特定群体中较少量的个体，其测量数值为离散的随机变量，还不能作为设计的依据。为了获得设计所需要的群体尺寸，必须对通过测量个体所得到的测量值进行统计处理，使得测量数据能反映该群体的形体特征及差异程度。在人体测量数据的统计中，一般认为人体尺寸的统计值基本符合正态分布规律，因此可以采用平均值、方差、标准差、抽样误差、百分位等统计值来表述群体的尺寸特征。

1）抽样

个体之间总是存在一定程度上的差异，随机抽取一小部分人进行测量，从而对总体的人体尺寸做出估算。

2）分布

是一种统计概念。一组测量值就确定一个分布。即人体尺寸分布就是人体尺寸的测量项目的各个值呈一定频次出现。属于正态分布的数据可用下面的统计函数描述。

3）正态分布

具有中等尺寸的人数最多，随着中等尺寸偏离值的加大，人数越来越少；人体尺寸的中值就是它的平均值。

（1）均值：对于有 n 个样本的测量值：$x_1, x_2,\cdots, x_n$，其均值 $\bar{x}$ 如式（4-1）。均值表示分布的集中趋势，即测量值聚集于均值的趋势

$$\bar{x}=\frac{1}{n}\sum_{i=1}^{n}x_i \tag{4-1}$$

（2）方差：对于 n 个样本的测量值：$x_1, x_2,\cdots, x_n$，均值为 $\bar{x}$，其方差 S^2 的计算见公式（4-2）。方差是表示数据在中心位置（均值）上下波动程度差异的值。

$$S^2=\frac{1}{n-1}\sum_{i=1}^{n}\left(x_i-\bar{x}\right)^2 \tag{4-2}$$

（3）标准差：对于 n 个样本的测量值：$x_1, x_2,\cdots, x_n$，均值为 $\bar{x}$，其标准差 S_D 的计算见公式（4-3）。标准差用于描述测量值相对均值的波动情况。分布的离中趋势，即测量值扩散的趋势越大，标准差越大，分布曲线越平缓。

$$S_D=\left[\frac{1}{n-1}\left(\sum_{i=1}^{n}{x_i}^2-n\bar{x}^2\right)\right]^{1/2} \tag{4-3}$$

（4）抽样误差：又称标准误差，即全部样本均值的标准差，如式（4-4）。抽样误差数值大，表明样本均值与总体均值的差别大，反之，说明其差别小，即均值可靠性高。当测量方法一定时，样本容量 n 越大，则测量结果精度愈高。

$$S_{\bar{x}}=\frac{S_D}{\sqrt{n}} \tag{4-4}$$

4）百分位与百分位数

百分位表示具有某一人体尺寸的人和小于该尺寸的人占统计对象总人数的百分比。

百分位通常用第几百分位来表示，如第 5 百分位，它表示在所有测量数据中，测量值的累计频次达 5%。百分位将群体或样本的全部测量值分成两部分，有 K%的测量值≤它，有（100%–K%）的测量值＞它。以身高为例，身高分布的第 5 百分位表示 5%的人身高小于等于此测量值，95%身高大于此测量值。

百分位数则是对应于百分位的实际数值，如第 5 百分位的百分位数为身高 1630mm，即 5%的被测人群的身高小于等于 1630mm。

4.2.2 人体尺寸数据及应用

1. 常用的人体尺寸数据

各种机械、设备、家具和空间等在适合于人的使用和保障本质安全方面，首先涉及的问题是如何适合于人的形态和功能范围的限度，相对应的人体参数主要是人体结构尺寸和功能尺寸。

1）人体结构尺寸

参阅国家标准 GB 10000－1988《中国成年人人体尺寸》，人体结构的尺寸主要包括：人体主要尺寸 6 项（包含体重）（图 4-10）；立姿人体尺寸 6 项（图 4-11）； 坐姿人体尺寸 11 项（图 4-12）；人体水平尺寸 10 项；及各大区域人体尺寸的均值和标准差。

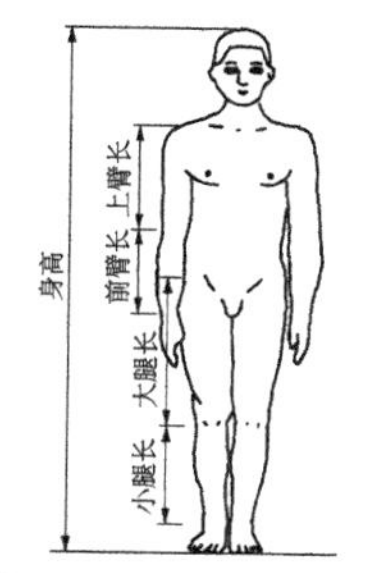

图 4-10 人体主要尺寸

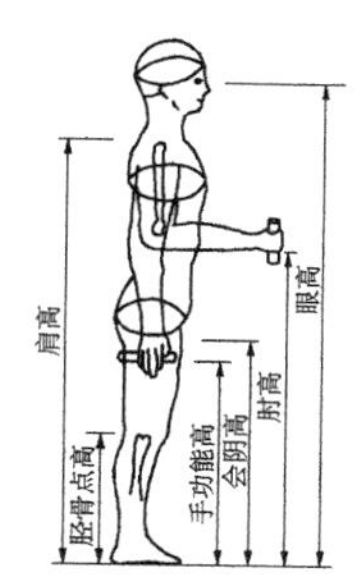

图 4-11 立姿人体尺寸

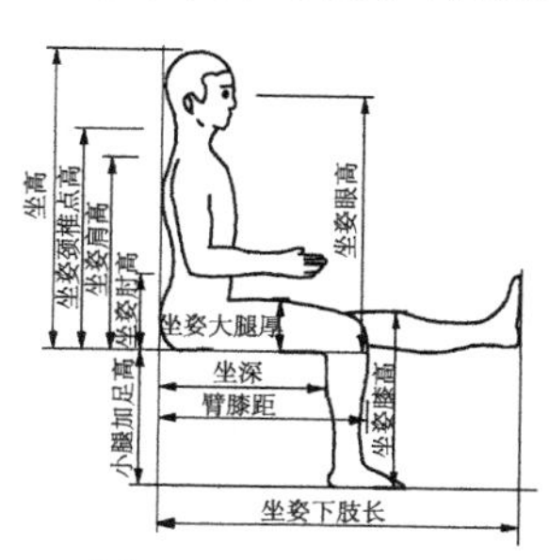

图 4-12 坐姿人体尺寸

2）人体功能尺寸

是指具有功能作用的人体尺寸。例如，工作位置上的活动空间设计与功能尺寸密切相关。国家标准 GB/T 13547—1992《工作空间人体尺寸》提供的立、坐、跪、卧、爬等常用作业姿势的主要功能尺寸数据，适用于各种与人体尺寸相关的操作、维修、安全防护等工作空间的设计及其工效学评价。图 4-13、图 4-14、图 4-15 分别为人体立姿、跪姿和卧姿的活动范围。

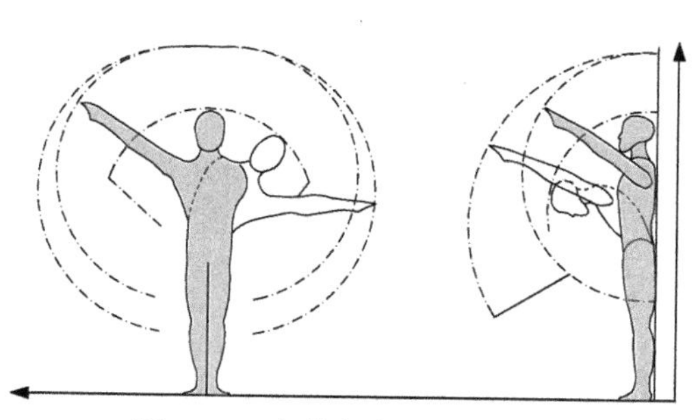

图 4-13 人体立姿的活动范围

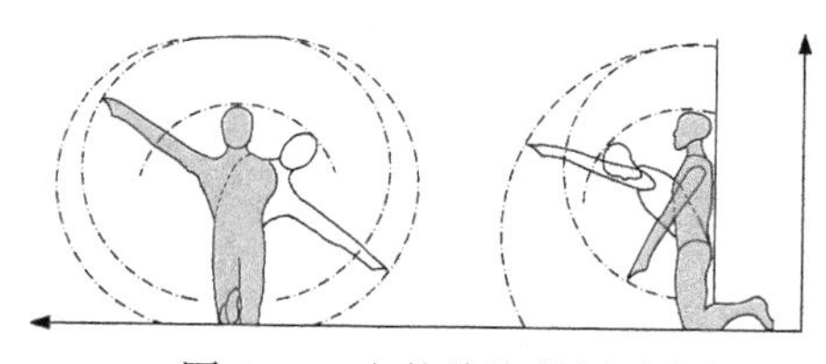

图 4-14 人体跪姿的活动范围

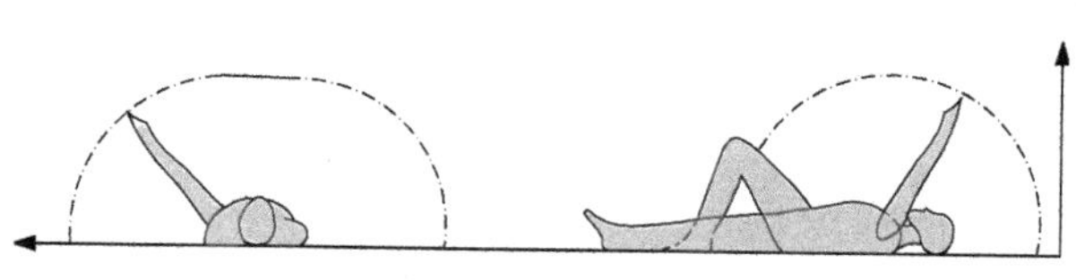

图 4-15 人体卧姿的活动范围

2. 人体尺寸数据的应用

人体尺寸数据为设计提供了主要依据，但仍需要以系统的方法加以应用，它关系到家具、设备及空间的适用性、安全性以及舒适性等。

（1）确定预期使用群体。不同的设备、作业岗位以及活动空间，会有不同的使用群体；用途的不同，也会产生不同的使用群体。应在设计过程中加以考虑、分析和预测。如儿童用具的设计，就需要使用儿童的身体测量数据。

（2）在设计中确定与家具、空间相关的人体尺寸，尤其是功能尺寸的考虑和选用。

产品功能尺寸的确定：

最小功能尺寸＝人体尺寸的百分位数＋功能修正量

最佳功能尺寸＝人体尺寸的百分位数＋功能修正量＋心理修正量

其中，功能修正量包括穿着修正量、姿势修正量和操作修正量；心理修正量是指达到心理舒适的余量。

（3）在兼顾安全和经济的基础上，合理选择人体尺寸百分位，尽可能满足大多数人的使用需求，增加舒适性。根据不同的设计需要，常用的百分位为第 1、5、50 和 95 百分位。

（4）确定人体尺寸百分位相应的数值。有些时候，对于产品来说，由于系列化的原因，所确定的尺寸并非完全对应选定的百分位；对于空间设计，往往也不一定满足尺寸要求。另外，应尽量使用较新的人体尺寸数据。

（5）为保证设计的正确性，可采用实物模型或计算机建立虚拟模型的方法加以验证。

4.2.3 人体尺寸与家具设计

由于人体与家具关系密切， 因此人体工程学很快在家具设计中得到广泛应用。合理地使用人体尺寸进行家具设计，体现了人与家具的匹配关系，合理的家具尺寸有利于人的作业活动，同时可以降低人体疲劳程度，提高工作效率和休息舒适度。

图 4-16 人体的部分姿势（绘图：王麒）

1. 确定家具设计的标准原型

人体工程学把生活行为（工作、学习、休息等）分解成姿势模型（图 4-16），对生活姿势做了科学的分类并建立了完整的姿势系列，从而使人体姿势定量化，确定了家具使用的情景，以此来研究家具设计，并根据人的立位、坐位和卧位的基准点，为家具设计确定标准原型提供了科学依据。分析研究人体姿势有助于科学选用人体数据，规范家具尺寸。

2. 确定家具最佳尺度和性能

人体工程学测量了人体基本尺寸、重量比、头部支点、人体重心、体压分布、肢体活动范围和用力范围等，这为座椅、沙发、床等家具设计提供了精确的依据。通过人体测量学，人们对各类家具的尺寸都确定了最佳尺寸范围，如床宽下限70cm、餐桌高度750～790mm、餐椅高度450～500mm、酒吧台高度900～1060mm、酒吧凳高度600～780mm（图4-17）等。

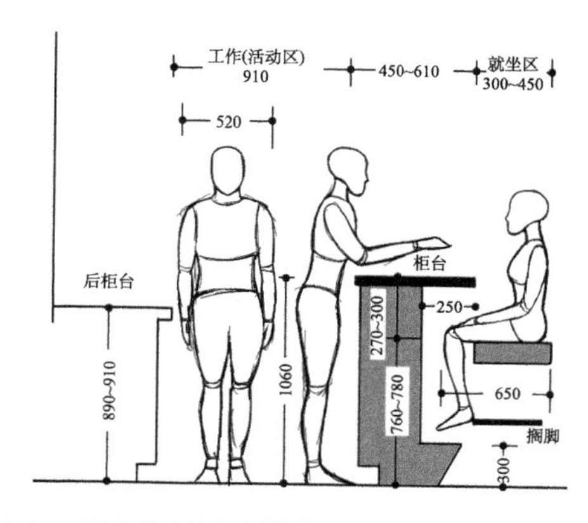

图4-17　吧台家具尺寸设计（单位：mm；绘图：王麒）

家具的尺寸必须符合人的生理、心理尺度以及人体各部分活动的规律。在家具设计中，座椅设计是最常见的。图4-18提供的尺寸数据既反映了基本的人体需要，又在合理的幅度下保证了舒适的性能要求。在许多场合下，座椅与书桌、柜台或各种各样的工作面有直接关系。不仅仅要关注设计椅子本身，还要关注椅子设计的关键尺寸，包括坐高、坐深、坐宽和斜度，扶手的高度和间隔，桌下的容膝空间、电脑屏幕的高度等。

人体尺寸还可用于确定门的高度、宽度，门把手位置、卫生间用具的尺寸、安装位置等。

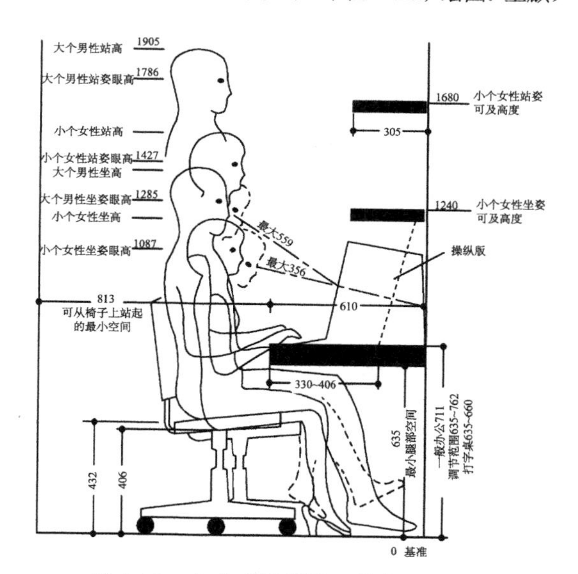

图4-18　办公桌椅设计（单位：mm）

4.2.4 人体动作与舱室空间设计

人体工程学对人体尺度、动作的精密计测，为规范舱室尺度、家具设备布置及相互关系提供了定量依据，增强了舱室空间布局的科学性。

1. 分析人的相对位置，确定舱室尺度

运用人体工程学可以对人所需要的舱室空间作科学分析，例如单人活动空间，应包括个体自身空间、动作域空间和心理空间。两人以上，就存在相对位置问题。相对位置可分为平行、交叉、相反、相对4种关系。再按彼此位置远近，区分为重叠、交接、邻接、分离等几种状态。这样就可以把人在舱室的活动行为，按照其呈现的相对位置，确定出合理的空间尺度、最小空间和最佳适度空间。图 4-19 中的接待区设计，考虑了空间中人与人之间的相对位置、家具使用功能，及人的活动空间。

2. 测定人体的动作域，确定家具设备空间位置

人体工程学详细测定了人的动作范围，这类动作域空间是科学地布置室内家具的重要依据。动作域分析可以进一步测定不同动作的舒适度，比如工作台高度与动作舒适度的关系；还可根据不同姿势的动作舒适区给定家具最佳位置。图 4-20 是一个圆桌的餐厅布局，空间的布置考虑了人体从就餐到起身活动，周边通行活动的空间范围。

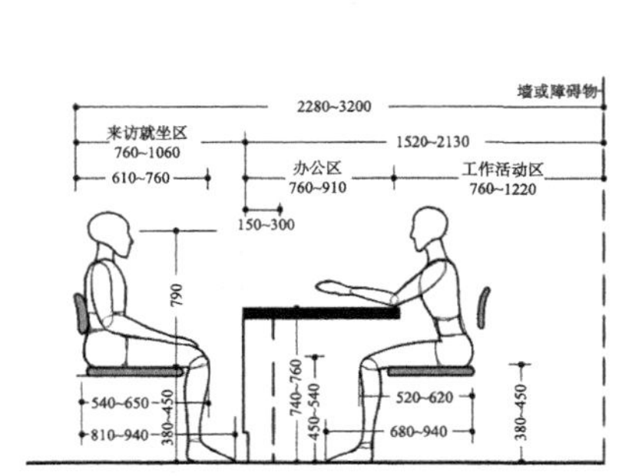

图 4-19　接待区设计（单位：mm；绘图：王麒）

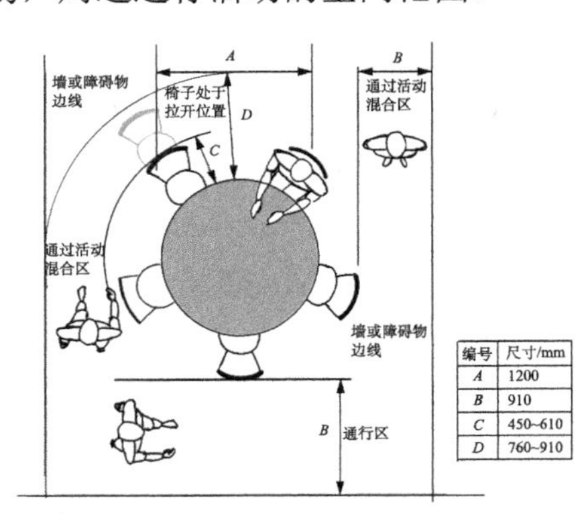

图 4-20　圆桌空间布局（绘图：王麒）

4.2.5　应用举例

1. 居住空间净高设计

船舶中居住处所的高度是以举手不碰天花板作为最佳净高基准；由于人的身高、手臂长短差异较大，要使所有人不碰天花板比较困难，因此，最佳尺寸只能取平均高度。日本曾对舱室净高做了调查，结果显示，平均伸手高为 2042mm，所以居住舱室最佳净高是：东方人为 2042+25（鞋底高度修正量）=2067（mm）；西方人为 2145+25（鞋底高度修正量）=2170（mm）。考虑心理修正量，东方人的居住舱室净高最佳尺寸为 2100mm。

中国船级社 CCS《内河船舶法定检验指南 2015》中规定，乘客舱室的净空高度按乘客舱室的地板上表面至天花板下表面（如无天花板则量至甲板横梁下表面）垂直距离量取，乘客舱室的净空高度应大于等于表 4-7 中国内河船舶居住舱室净空高度的规定值。

表 4-7　内河船舶居住舱室净空高度

序号	客船类别	乘客舱室的净空高度/m
1	第 1、2 类大型客船	2.1
2	第 1、2 类中、小型客船和第 3 类大型客船	2.0
3	其他客船	1.9

2. 床铺尺寸设计

当前，各国都是以人体尺寸及标准偏差为基准确定床的形状和尺寸的。床的最佳长度和最小长度，是人体伸直后的身长+标准偏差的两倍+修正量；最佳宽度和最小宽度，是计及侧卧的肩宽尺寸+实验测得的侧卧时膝部突出的尺寸。床铺长宽尺寸计算方法如表4-8。

表4-8 床铺长宽尺寸计算方式

各部名称	长度最佳尺寸/mm	长度最小尺寸/mm	各部名称	宽度最佳尺寸/mm	宽度最小尺寸/mm
平均身高	1650	1650	裸肩宽	421	421
身高标准偏差	126	126	裸肩宽的标准偏差	32	32
人体伸直时的增量	72	72	侧卧尺寸（裸肩）	227	227
增量的标准偏差	22	22	侧卧膝盖弯曲突出尺寸	170	85
从头顶到床架的距离	100	30	毛毯折拗尺寸	50	25
毛毯折拗处尺寸	30	10	合计	900	790
合计	2000	1900			

实验表明，人睡眠时，身体碰到物品会产生无意识蜷缩，最佳床宽为900mm。船舱中的床，常采取一面靠壁布置，膝盖可伸出床沿，被子折拗只考虑一边。因此，床的必要最小宽为700mm。人熟睡程度与床的宽窄有关，床窄熟睡程度差。加上修正量床宽取800mm。

中国船级社CCS《内河船舶法定检验指南2015》中规定，卧席舱室的卧铺，量自床架内边缘的尺寸应大于等于下列规定值：

（1）软卧卧铺：1.9m×0.8m。

（2）硬卧卧铺：1.9m×0.7m。

下层卧铺铺面至上层卧铺下表面，或上层卧铺铺面至甲板横梁下缘或天花板的垂直距离应不小于 0.85m。下层卧铺距甲板的高度视具体情况而定，但应确保便于乘客使用下层卧铺。

3. 居住舱室布局设计

船舶中的居住舱室与人密切相关，必然与人的生理特性、社会特性、民族风俗等诸多影响因素有关，而且还要受机舱棚和船体结构的制约。通常是在决定上层建筑外形及机舱围壁布置之后，在剩余空间布置居住舱室。船舶有些构造尺度由于技术条件及经济条件所限，家具和空间往往不能采用最佳功能尺寸，如果使用可能使船舶内部空间较狭小、家具尺寸欠合理。《2006海事劳工公约》中的船舶中船员居住空间标准较以往有了

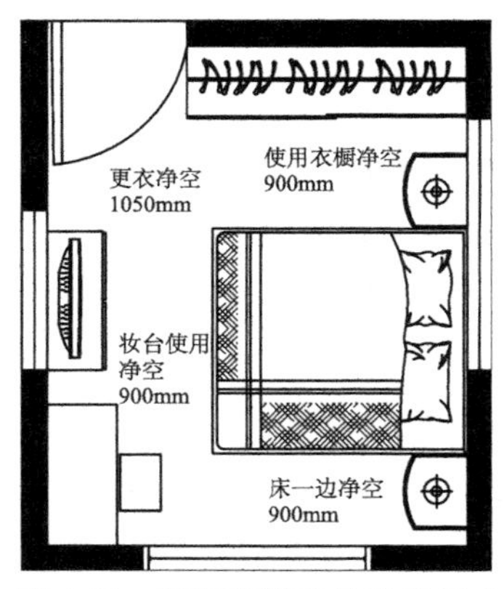

图 4-21　家具和活动的净空尺寸

明显的提高。人们在船舶设计中也更多地考虑人体工程和舒适性，因此现代船舶舱室空间的布局和家具尺寸选择更为自由灵活。在舱室空间布局中，应该合理考虑人体测量学数据、家具间的关系及人的心理需求。

居住舱室除了具有休息功能外，还可能有更衣、看书、聊天等其他功能，设置的家具通常有床、床头柜、卫生间、桌、椅、衣柜、电视柜等。因此在居住舱室空间设计时，不仅需要考虑家具和设备的尺寸，还需要考虑各种家具和活动的净空尺寸，比如柜门打开所需的空间、人更衣所需的空间、通行空间等（图 4-21）。

4. 通道设计

以穿着外套者肩宽和身体厚度为基础数据，并假定通道壁上设有风暴扶手、门把手等突出物，据此考虑居住区通道宽度，同时考虑船舶因横摇和纵摇可能带来的危险。

船员处所的通道的结构的设计应便于船员在工作或居住区域内安全移动。这包括诸如过道、梯子、跳板、梯道、工作平台、舱口和门之类通道结构，还包括扶手、栏杆和防坠装置。为便于通常有人的处所内的操作、检查和维护保养任务以及封闭处所内的检查，中国船级社 CCS《船舶人体工程学应用指南 2014》提出通道和通道结构的设计应：使其具有合适的结构布置和尺寸以方便人的进出，从而提高工作绩效；提供防止坠落或其他类型伤害的屏障以提高安全性；并对通道、扶手、直梯、跳板等提出了具体的尺寸设计建议（表 4-9 和图 4-22）。

表 4-9　走道和跳板设计

	尺寸	建议
A	走道宽度——1 人	≥710mm（28in）
	走道宽度——入口的双向通道，或双向进口或出口	≥915mm（36in）
	走道宽度——应急出口，畅通宽度	≥1120mm（44in）
B	扶手和任何障碍物后面的间距	≥75mm（3.0in）
C	两段扶手或其他构件之间的空隙	≤50mm（2.0in）
D	扶手两个支柱之间的跨距	≤2.4m（8.0ft）
E	扶手外径	≥40mm（1.5in） ≤50mm（2.0in）
F	扶手高度	1070mm（42.0in）
G	中间栏杆高度	500mm（19.5in）
H	扶手相邻支柱间隔的最大距离	≤350mm（14.0in）
I	有遮盖的架空结构或障碍物以下的间距	≥2130mm（84in）
θ	跳板倾斜角——仅物料搬运	≤5°
	跳板倾斜角——人员走道	≤15°

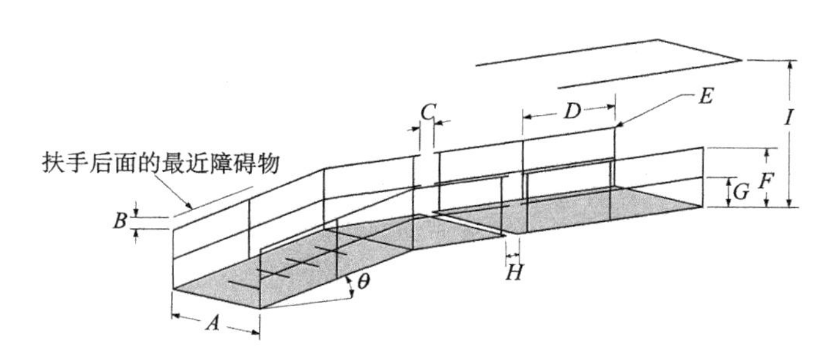

图 4-22 与表 4-9 对应的走道和跳板

5. 操纵空间设计

除某些特殊情况，如有较大运动幅度变化和因从事重体力工作而产生的不规则动作外，船员的主要工作姿态是坐姿和立姿。操纵空间是指人的四肢由不同的运动位置所形成的范围，其尺度与人体生理及运动特性有关。在船舶中，驾驶室、集控室等设备调控空间、部分游戏娱乐活动室都属于操纵空间。另外，驾驶室和集控室的空间尺度，还取决于各种仪器、仪表和操纵控制装置的尺寸和结构形式。

1）人体坐姿和立姿时，上肢的工作范围

当需要手完成动作较多时，一般采用立姿和坐姿，此时立姿比坐姿协调。图 4-23 表示立姿时上肢的活动尺度。图 4-24 表示采用坐姿时，眼、手适宜的工作活动的空间尺度。在操作工艺允许的情况下，要求准确动作。如船舶通信室、集控室等操纵空间的设计都是采用这些数据。

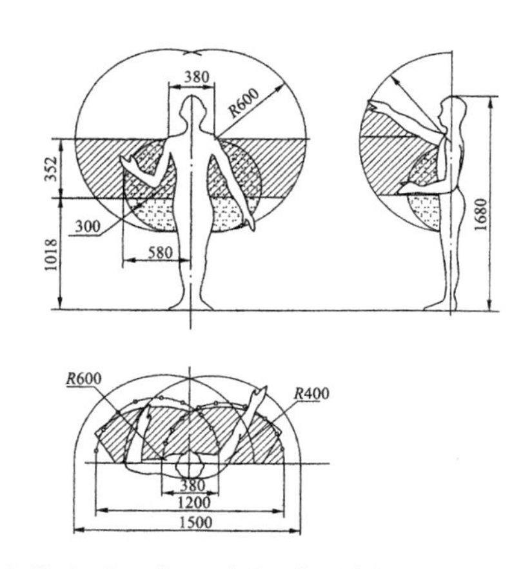

图 4-23 立姿上肢工作活动范围（单位：mm）

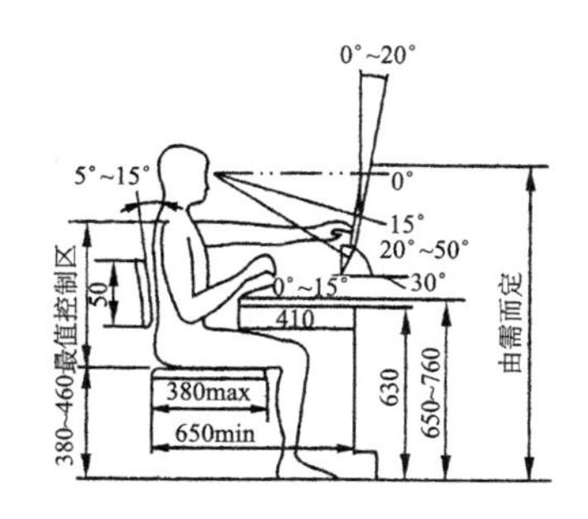

图 4-24 坐姿上肢的活动范围（单位：mm）

2）操纵台、控制台设计

在操纵空间内，有操纵台和控制台设计。控制台设计主要是从人体工程学角度来考虑其形状和尺寸。控制台形状和尺寸首先决定于驾驶室、集控室的尺度；再考虑显示和操作要求及人体特性（图 4-23、图 4-24），尺度要适宜，造型要美观，给人舒适感。

3）操纵系统的布置要求

船舶操纵和控制，主要通过眼和手获取机器（仪表显示、操纵阻力）的反馈信息。

（1）操纵器、控制器的布置，应根据其重要性程度和作用大小而定，一般应放在最佳或一般视区和可视部位。手伸出方向与正前方呈 60°时，单手能迅速、准确地完成动作。双手完成动作时，手伸出方向与正前方呈 30°，在这一区域布置重要的操纵杆、按钮、按键较为合适。布置中还应注意两点：各操纵器、控制器之间，以及它们与显示设备之间的位置要协调，保证互不干扰；操纵器、控制器的动作方向，应与工作机构的运动方向以及显示器的指针转动具有同向性，以保证逻辑上的一致，便于记忆。操纵器、控制器力求结构紧凑，尽量减少手的运动。

（2）显示器位置的确定，一般要根据其重要性及逻辑关系而定，考虑是否布置在视觉最优区域，以及与控制器的配合。

第5章

舱室区划与布置

船舶舱室（内装）设计主要包括船舶的舱室区划（含交通路线的规划）与布置、舱室内部环境设计及绝缘设计等方面内容。舱室设计可分为初步设计阶段和详细设计阶段，舱室区划与布置属于初步设计阶段。

按船舶设计的一般情况，以普通客船的舱室为例，初步设计阶段舱室设计的主要过程及方法如下：

（1）掌握背景信息。①应根据任务书（合同）的要求，了解船舶的建造目的、航行区域、船员及旅客数量、生活习惯及对居住条件的要求；②更进一步了解旅客的人文背景、经济情况、旅行目的、偏好等；③了解同类型船舶船东对各种航行设施、生活服务设施的需求。

（2）研究船型资料，查阅有关规范，综合考虑各种影响布置、造型功能的因素、技术因素、心理因素等，并对上述资料进行整理、分析、研究。

（3）确定各种功能舱室（机舱、驾驶舱、各种设备舱、居住舱）的数量、规模以及确定生活服务设施的数量及尺度等，以保证基本要求的实现。

5.1 舱室区划与布置的原则

船舶舱室区划是船舶各层甲板平面的总布置设计，多指船舶上层建筑内各类舱室的总体划分，包括交通路线的规划。

船舶舱室布置是对区划好后的各种舱室在满足功能及各项规则要求的前提下，利用美学原理、布置原则进行舱室内部空间划分，并进行内部家具、设备、陈设、色彩等布置。

船舶舱室区划和布置是船舶总布置设计中的一个重要内容，也是总布置设计的延续和深化。它不但对船的使用效能和航行性能有十分重要的影响，而且是后续设计和计算的主要依据，是影响全局设计的工作。这个工作是船舶内装设计工作中最复杂、最困难的。

船舶舱室的区划与布置设计涉及船舶技术性能、建筑艺术、人机工程。它是根据性能设计所提供的空间，以人体工程学基准为依据，运用各种创造美的手段，设计出宜人的、形式与功能协调的区域与舱室。因此它也是内装设计工作中最灵活、最具有创造性的内容。

通常应按照下列顺序进行：

（1）由外到内——先考虑船体外观造型，然后总布置，最后进行舱室内部设计；

（2）由粗到细——先考虑相对位置、总体比例，最后考虑界面结合；

（3）由立面到平面——先考虑立面布局，然后考虑甲板平面总布置。

船舶舱室的区划与布置设计的总要求是：在满足适用性和经济性的前提下，根据实际情况，努力改善船员和乘客的工作、生活以及娱乐条件，尽量做到舒适、方便、安全和美观。具体应满足下列基本原则。

1. 满足使用功能

这是考虑问题的基本出发点和前提。如对于船员和乘客居住舱室，要为其营造一个舒适、愉快的居住氛围；娱乐场所就应该是一个能使大家享受愉快的活动和休闲的地方。

2. 符合“规范”和“公约”的要求

应考虑船舶的类型、航线、航区，并满足“规范”及相应的“公约”中的防火、消防、救生要求等，这是解决舱室区划和布置问题的约束。

3. 紧密地与船体总体设计配合

船舶舱室的区划与布置设计时必须与船舶总体设计联系起来，它一方面从属于总布置设计，另一方面又与总布置设计有所区别。

4. 注意船体结构

在船舶舱室的区划与布置时，要考虑到实现舱室区划的是船体结构，因此既要考虑到结构的合理性，又要使船体结构（多指船舶上层建筑）服务于舱室总体区划。

5. 充分考虑船舶制造工艺

特别是现代船舶制造工艺中区域制造和模块化问题。

6. 以人机工程学为基准

舱室区划和布置本质上是为人服务的，因此需要从人的特征和使用需要出发。比如划分舱室面积及空间大小，家具的选用、室内家具和陈设布局要充分考虑人体的尺寸和心理特征，应与人的活动空间配合协调，体现以人为本的原则。

7. 注意经济性

舱室的区划与布置是否合理与船舶造价密切相关，特别是现代船舶对舱室的舒适性、功能性和美观性要求越来越高，在整个造价中所占比例不断增加。如一条较豪华的旅游客船，其上层建筑占总造价的 40%～45%之多。因此合理布置，合理选材是提高船舶建造经济性的一个重要环节，这一点越来越受到设计者和建造者的重视。

5.2 舱室区划设计

舱室区划设计是各层舱室甲板平面总布置设计，包括上层建筑和其他甲板平面上的各类舱室的总体划分。主要是按功能要求、总体设计基本原则、结构防火分隔原则、美学原则和舱室设计标准等，综合功能、习惯和总的经济性，来划分舱室，确定尺度面积及活动路线。交通路线设计与舱室区划同步进行。交通路线设计包括进厅布置、通道（平面交通）安排、梯道（竖向垂直交通）设置等。

虽然舱室区划设计由于船舶的类型和使用功能的不同，设计的重点不同；但区划设计的基本要求相同：要求合理组织、利用和分配空间，充分提高有限空间的使用率，尽量通过形、色、质的变化等造型手段，扩大舱室的空间感；同时考虑船舶纵摇、横摇、振动、噪声、温度变化等各种因素的影响，最大限度地获得自然通风和采光度。根据不同等级、不同居住对象的要求，规划生活、工作、服务区，尽量做到布置紧凑，使用方便舒适。

5.2.1 总体区划

1. 区域的类型

船舶根据其功能需要，分为居住区（旅客和船员）、工作区、休息区、公共生活区、卫生区、餐饮区和路线区等，包含的处所及舱室见表 5-1。

表 5-1 船舶处所及舱室类型

处所	名称
居住处所	旅客舱室、船员舱室
公共处所	贵宾室、会议室、多功能厅、餐厅、健身房、阅览室、娱乐活动室、包房、舞厅、休息室、医疗室、办公室
驾驶及控制处所	驾驶室、海图室、指挥中心、蓄电池室、电源室、充放电室、广播室、应急发电室、CO_2室、水泡沫灭火/手提式应急消防泵站、高压水雾灭火站、集控室

续表

处所	名称
工作处所	电子维修室、木工间
通道处所	梯道、内走道、逃生口
卫生处所	卫生单元、厕所、浴室、更衣室
服务处所	厨房、配餐间、洗衣室、烘衣室、电茶炉室
粮食处所	缓冲间、粮库、乳库、肉库、鱼库、菜库
机器处所	机舱、舵机舱、空调室、空调冷水机组室、制冷机室、升降机和起重机液压泵站、机加工室、陀螺地平仪室、直升机安全网和牵引设备液压油泵机组室、生活污水处理舱、侧推舱、前鳍舱、机库、电缆通道、风管通道、配电室
储藏及其他处所	储藏室、机缆舱、油漆间、氧气瓶蒸馏水室、轻型潜水具室、电气备件室、机械备件室、吸油毡储藏室、备件间、缆索舱

船舶这样大型的建筑体，需要特别重视内部空间合理的组织与分布，也就是如何安排这些处所。在组织内部空间时，首先要明确船体内部哪些位置是比较舒适的，并按它们不同的舒适度分别区划出来。一般而言，毗邻机舱、厨房和电梯间等工作舱，受振动及噪声的干扰较大，加之现代船舶机舱位置有越来越后移的趋势，所以舱室布置要远离噪声较大的工作舱，通常中层及以上、中上层前部最舒适。

2. 总体分区

1）驾驶工作区

驾驶工作区包括驾驶、通讯部门的有关舱室，如驾驶室、海图室、报务室、雷达室及应急发电机室等。通常这个工作区位于船舶的顶层最前端，即设于船首较高的位置，以保证操纵视野。

驾驶室要求视野开阔，视线良好，面积适宜，人机关系协调，最好能直通两舷。

海图室、报务室一般设在驾驶室后并与左、右两侧相通，以便于同驾驶人员交流信息。报务室还应具有隔热隔音功能，并能够直通露天甲板，以备应急。

雷达室应便于同驾驶室联络，提供信息，并尽可能缩短雷达装置与天线间的距离，以减少导波管弯折次数。

应急发电机室为海损时提供应急电源。按规范要求，应设在防撞舱壁之后、机舱之外、干舷甲板之上的部位，一般将它们设在较高而安全的地方，以保证其正常工作。通常放在艇甲板上，有的直通露天甲板，供应急使用。

2）轮机工作区

轮机工作区主要有机舱、机修间、辅助工作间、消防舱室及锅炉房、厨房等。该区域为保证船舶运动和为人员生活提供动力和能源，其共同特点是机电设备集中，燃油电器混杂，易燃易爆。因此，该区域布置必须满足规范和有关标准的要求。从防火要求、经济性、简化加工等几方面考虑，这些舱室应在同一防火竖区。

机舱位置主要受货舱、客舱的布置形式，船体型线的变化情况，船舶的浮态和抗沉要求，以及船体结构强度和上层建筑形式的影响。因而机舱原则上应该保证使用效能，主要考虑通风采光、主机吊装维修空间和海损逃生等方面的要求，在此基础上，布置尽量紧凑合理，缩小尺度；同时，应符合规范对分舱长度的要求，利于调整浮态。

传统客船机舱布置于中部或中尾部，并以此为中心布置多层上层建筑，以便于调整纵倾。但这种布置，舱室不够集中，噪声扩散影响面大。现代大型客船多采用尾部机舱和偏尾部机舱的布置形式；现代货船多设在尾部，以提高货船舱容。

轮机部其他舱室应围绕机舱进行布置。如机械加工间、锅炉间及电工间等，均设置在机舱附近的同一防火竖区内。

3）船员居住区

船员居住舱应布置于距离工作点不远的区域以便于日常工作，使工作人员能够在恶劣气候条件下迅速、安全到达工作地点，有专用工作通道且不与旅客通道混用和平面交叉。除服务人员外，工作人员的通道尽量避免通过旅客居住区。业务性质相近的船员舱室相邻布置，并按职务由上至下分布于两舷，如驾驶部船员可按职务自上而下布置于右舷，轮机部船员自上而下布置于左舷。为保证船员的健康，根据《2006海事劳工公约》，货船海员卧室一般应位于船舶的中部或尾部的载重线以上；船员的居住和娱乐及膳食服务设施的位置应尽可能远离主机、舵机室、甲板绞盘、通风设备、取暖设备和空调设备以及其他有噪声的机器和装置。

4）旅客居住区

旅客居住区应是船上最舒适，通风、采光条件最好，振动和噪声最小的区域，通常是较高位置的各层甲板上的中前处所。应便于防火结构的设置，利于交通路线布置，分等级由上至下，由首向尾布局。旅客居住区应与船员居住处所分开，并尽可能按级别分区布置。

为保证旅客的舒适和安全，根据船舶规范，对下列船舶狭窄和危险处所不允许安排舱室：

（1）净高不足1.9m（海船）及不满1.85m（内河船）的甲板空间；

（2）由首柱至绞盘或绞锚机底座后缘1m的甲板面积内；

（3）上甲板以下至防撞舱壁之前的处所；

（4）危险品、易燃品毗邻处所；

（5）开有货舱口但四周无固定围壁处所。

5）公共活动区

公共活动场所包括餐厅、娱乐区、休息室和会议室等。这一区域要求空气畅通，光线充足，交通便利，环境宜人，面积充足，能改善旅客和船员的心理情况。客船的公共活动区域一般布置于主甲板及以上的各层甲板首尾端，既利于观景又充分利用了不便安排居住舱的首尾的面积。这些处所在上层建筑内分布通常较为分散，各部分对环境的要求不相同，一般设置在各层甲板的端部和型线不规则处。

6）其他区域

船舶上还有诸多服务舱室，可布置在公共活动区和居住区的剩余空间。服务舱室要统筹配套，交通输送便利，易于寻找，易于保证卫生环境和防火安全。客货船因面积所限，服务场所围绕机舱棚布置，使前后乘客均能照顾到。浴室、厨房、盥洗室通常安排在同一竖区，以便简化管路和排污，避免污染其他舱室。

区域的划分可按纵向和竖向进行。纵向划分时应同时考虑横舱壁设置，以及主体结构上保证船体强度、破舱稳性要求和防火安全要求。竖向从底层、平台、各层连续甲板和上层建筑甲板将船体和上层建筑进行分隔，以保证航行安全和船体强度，同时满足船员及乘客的工作及生活需要。

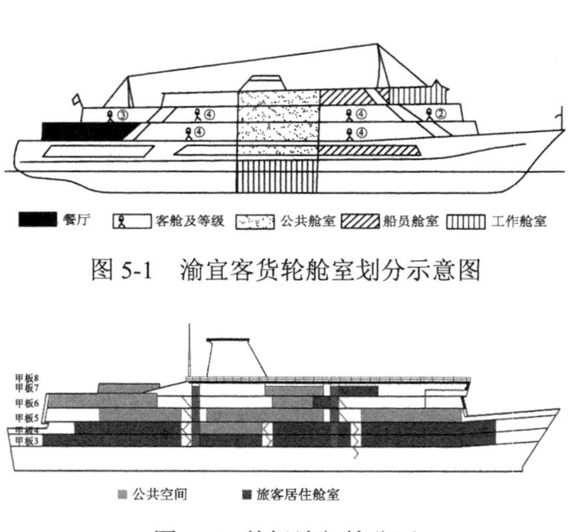

图 5-1　渝宜客货轮舱室划分示意图

图 5-2　某极地邮轮分区

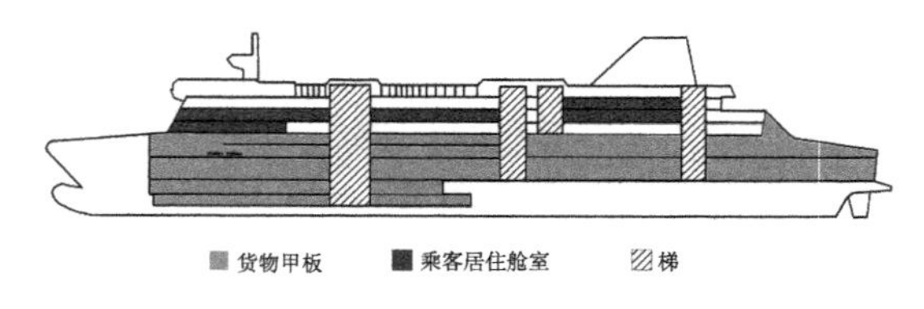

图 5-3　某客滚船分区

图 5-1 为渝宜线客货轮舱室划分示意图。机舱位于船中，舱室首尾分布，船员居住舱室置于驾驶甲板和主甲板，并按职务及工作需要，左驾驶部船员、右轮机部船员由前向后布置。游步甲板、上甲板和主甲板按二至四等客舱由上向下，由前向后布置。

图 5-2 为某极地邮轮的分区图。除少量高级套房位于上层采光、视野最好的区域，其他居住舱室都位于下层，等级分布的基本规律是：从下至上依次为船员舱室、普通客房、高级客房，这样划分既满足了防火结构要求，也便于梯道布置、交通方便；而公共区域大多在 5～6 层甲板，具有丰富的室内外公共空间，体现小型极地邮轮的观景优势，也能满足商务客户小型会议和单团活动需求。

图 5-3 是某客滚船的分区，乘客的居住舱室在上层，采光较好，空间舒适；大量的舱内空间用于装载车辆等货物。

5.2.2　交通路线设计

交通路线的规划是进行甲板区划设计的实质性阶段。交通路线规划是甲板布置的骨架，它起着疏导交通、分隔舱室的作用。将不同区域的舱室通过各种形式的平面或立体的通道联系起来，形成合理、均衡，既自成内部体系，又与外界联系方便的交通体系。交通路线设计应方便、安全，并保证紧急情况下的人流疏散。另外，在满足规范要求的前提下，通过设计技巧，减少交通面积比重，提高甲板利用率。

1. 交通路线的规划要求

交通路线是总布置设计中一个十分重要的问题，它包括平面交通和竖向垂直交通两部分。应满足便捷、安全、实用的总体要求。同时要考虑：

（1）符合有关规范的要求。如《2006海事劳工公约》对舱室布置的要求、《国际海上人命安全公约》（SOLAS）对船舶防火主竖区内的梯道数及技术条件所作的规定，还有由船级社认可的人体环境改造学标准等。

（2）通道要直通，一般不迂回曲折；各梯道上下对齐，位置明显易寻。

（3）梯道主次分明，以人体工程学基准要求为依据，占地少，交通便利，保证安全。

（4）进厅宽敞、面积充足，便于人员流动、集散，尽可能美观、开阔，以便兼作娱乐及服务场所。

2. 进厅

进厅既是全船的交通枢纽又是乘客交际、聚会活动的场所。一般进行甲板的布局与规划都是从进厅开始的。进厅数量视船舶类型、大小、航行区段而定。如客流量较大、上下频繁的客班船，应重点保证进厅的数量和面积，而货船则一般不设进厅。在大型客船上，在入口处均有一个较大的进厅。而在小型客船上，进厅往往会被压缩成一个更宽敞的通道大厅或主楼梯，然后沿着两条流动的路线分散整个船舶的人流。

当旅客从陆路前往水路时，有一系列的问题亟待解决。进厅会布置一些辅助舱室，尤其是客运办公室、电话室和乘客服务室。通常情况下，进厅兼作公共场所，要求厅内气氛与功能相协调，要方便、通畅、一目了然，各种服务设施布置既使用方便又不影响交通。

进厅的大小和使用功能对船舶强度影响较大，设计时要充分考虑船舶的承受能力。进厅一般设置在各层甲板的中部机舱棚周围，这样便于人流的首尾上下各向分流，避免单方向造成的拥挤、阻塞，减少通道的压力和尺寸大小。主要进厅一般设在停靠码头时最方便乘客上下的一层的甲板上。进厅大门设于两舷，但进厅的形式没有固定的模式和要求，根据船舶的大小和布置空间的允许而定。一般中机型的中小船舶多数是利用机舱围壁与其他舱室围壁之间的剩余空间设置进厅。

图5-4所示为长江客船的进厅形式，属对称通道式进厅。特点是结构简单、分流迅速，充分利用了面积，集通道、服务设施于一体，有利于人员分流。由于长江客船频繁靠港，因此进厅没有考虑作为其他公共场所的功能，作为集散场所，停靠码头时，出入口短，通道处人员极易挤塞，面积也明显不足。

图 5-5 为渝宜 500 客位客货船进厅。与图 5-4 比较，去掉了部分服务舱，消除了进厅大门的短通道。机舱围壁两侧的通道入口稍斜，既为梯道让出空间，又起到引导客流、加宽通道入口和引导视线作用。

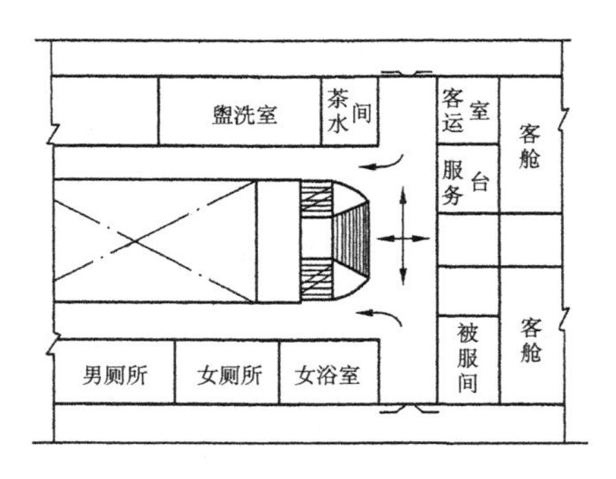

图 5-4　长江客船的进厅形式

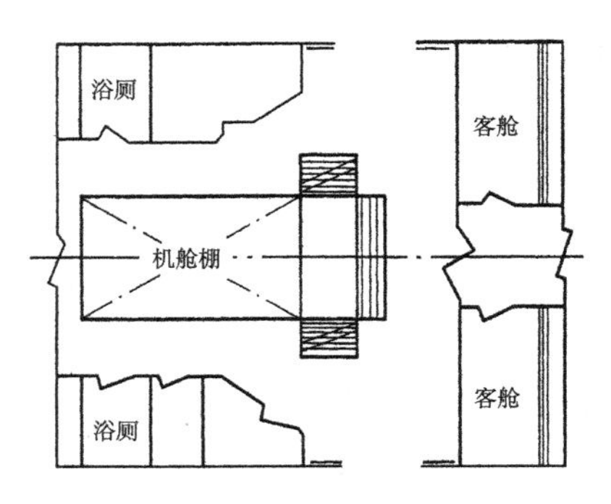

图 5-5　500 客位客货船的进厅形式

图 5-6 是“蓝鲸”号长江旅游客船的天井式进厅。贯通上甲板和游步甲板，整个空间加高一倍，显得气派、宽敞。站在游步甲板的围廊上，俯视整个进厅，拉近了人与人之间的距离，营造了一种自然、轻松、宾至如归的气氛。再配以现代风格的装饰，更显得豪华、庄重。

图 5-7 是某大型客船的进厅，为不对称式进厅。围绕着机舱围壁四周，空间很大，布置灵活、自由，兼交通、服务及娱乐于一体，功能齐全。这种形式的进厅布置面积要求较大，多为大型客船及旅游船采用。

图 5-6　“蓝鲸”号旅游客船的天井式进厅

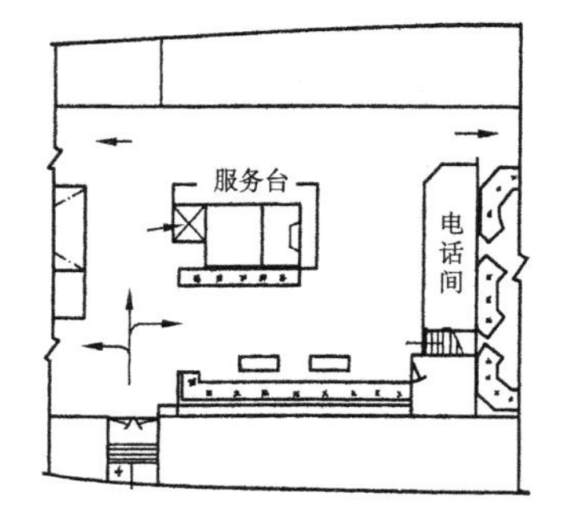

图 5-7　不对称式进厅

3. 通道

通道的布置形式应根据每层甲板的平面布置要求和风格情趣进行设计。功能上，以交通为目的；造型上，起着引导人的视觉方向、情绪变化，满足人们的了解欲望和好奇心理的作用。人们通过各种平面和空间通道的引导能够顺利到达居住舱室、公共服务区和各种娱乐场所。应急时能沿着特殊通道迅速逃生。

行进在通道中，人有一种期望等待和有趣味的感觉，当到达目的地（如居所、休息室、舞厅等）后，又会产生一种满足、愉快、轻松和释放的感觉。这种心理上的平衡和满足感在不对称布置的通道中尤为明显。

另外，通道设计还要注意寻路问题。实际情况表明，客船乘客中因问路而加重工作人员的额外负担情况经常出现。舱室环境中的寻路问题除受社会环境如交通量拥挤程度和空间条件（室内、室外通道）的影响外，还受物质环境如通道形状、长度、结构与支路的连接及附属设施布置的影响，受人的性别、年龄、生理和心理条件以及文化背景的影响。通道的设计还要有助于宏观导向以及最短距离的优选。

通道的形式有多种，取决于船的航行性能和使用功能。常见的有：

1）双列式

海上风浪较大，横摇比较厉害，为了提高稳定性，减少甲板上浪，海船的下层甲板一般不设外走道，而利用机舱围壁两侧空间设计两条平行内走道直通甲板端部，如图 5-8（a），也有将双列走道与端部横走道组成环形通道的布置形式，该形式多为海上中小型船所采用。

2）周边式

图 5-8（b）为长江汉渝线客船的通道布置图。因为长江航道江面窄、水流急，船舶主尺度受航道宽度的限制，根据舱室设计基准要求和有限的船宽，没有设置内走道的空间，所以采取了周边式。一般内河小船多用这种形式。

3）双列周边式

这种设计形式常为大型远洋船舶所采用，因为这些船舶船宽较大，有足够面积布置多通道，如图 5-8（c）。这种形式交通方便，布置宽松工整。

4）周边中轴式

图 5-8（d）为长江汉申线客船的通道布置图。这种形式对称整齐，交通便利，通风条件很好。考虑到乘客要观赏江河两岸风景，设外走道，形成一种多循环的平面交通体系。

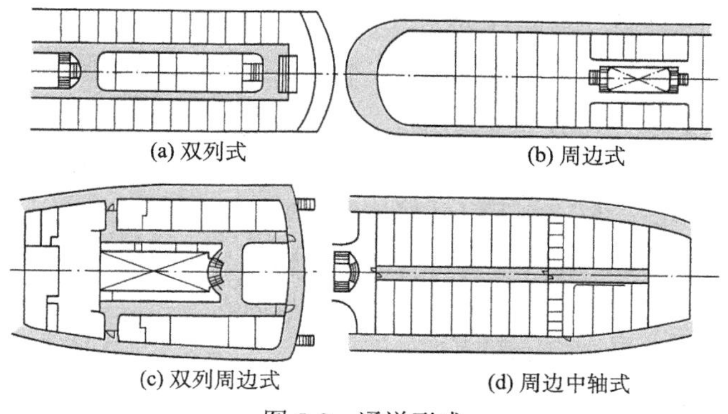

图 5-8　通道形式

5）不对称式

上述几种通道均为对称式通道，对称的布置虽然整齐、大方、统一，但单调。因而国外船舶，特别是大型豪华客船趋向于不对称式通道布置，由于居住舱室设施完备，无需设置影响交通的盥洗间、厕所等，所以设计成这种形式并无不方便之处。不对称通道变化形式不拘一格，舱室划分灵活，丰富多彩（图 5-9）；缺点是缺乏规律，寻路不太方便。

通道设计的形式，要与舱室布置同时考虑，即船宽与舱室的进深和通道的宽度同时考虑，注意尺寸协调。比如在某一甲板宽度下，采用周边中轴式可能会减少舱室数量时，可选择周边式；若设内走道，则考虑用不对称式等。总之，在满足使用要求并经济合理的前提下，灵活处理。

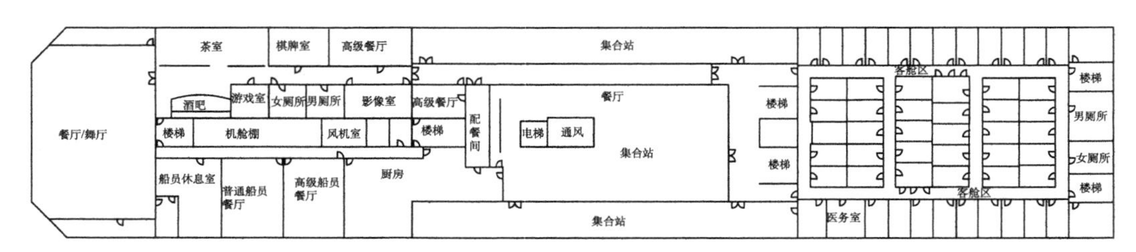

图 5-9　不对称式通道形式

4. 梯道

梯道设计是垂直方向路线的设计，主要是指不同用途的楼梯或电梯的设计和布置。

布置梯道应注意以下几点：

（1）各层甲板间梯道最好竖向重叠设置，既使用方便，又节省面积。位置要明显，易于找寻。尽可能利用舱室布置的剩余空间。

（2）梯道布置和尺度应均匀、合理，避免产生拥挤、阻塞，以保证安全。同时，船员的工作梯道与乘客使用的梯道不要互相干扰。

（3）梯道设置要注意交通路线的逻辑顺序，形成协调有序的立体交通体系。考虑到乘员交通的最优路线，尽量少重复，不产生不合理的死角。同时还要考虑结构强度的连续性和合理的工艺性。

（4）梯道设置要满足安全规范要求。各防火区域的路线必须均匀分布。机舱至少要设置两个通向干舷甲板的出入口，应尽可能布置于两舷，互相远离。出入口应有通向机舱花钢板带扶手的金属梯，其角度也要满足规范要求。逃生梯道应直通露天艇甲板。梯道口与舱门之间保持一定的间距。海船的梯道宜纵向布置，以免横摇时不利安全。

梯道设计还应注意形态、结构和色彩美。

5.2.3 舱室面积的确定

通常客船总布置设计中公共区域面积约占总面积的30%～40%，舱室面积约35%～50%。公共舱室的面积没有严格的限制，但需满足船舶建造结构安全和船级社、船东的要求。为改善船上人员的生活质量，《2006 海事劳工公约》中对居住空间标准做出了明确的规定（表5-2）。

表5-2 海员卧室配置及地板面积表（最低要求）

项目		总吨		
		<3000	≥3000～<10000	≥10000
货船	1人间	4.5m^2*	5.5m^2	7.0m^2
	2人间	7.0m^2	—	—
	高级船员卧室（无休息室）	7.5m^2/人	8.5m^2/人	10.0m^2/人
客船和特殊用途船	1人间	4.5m^2	5.5m^2*	7.0m^2*
	2人间	7.5m^2	7.5m^2	7.5m^2
	3人间	11.5m^2	11.5m^2	11.5m^2
	4人间	14.5m^2	14.5m^2	14.5m^2
	超过4人间（仅特殊用途船）	3.6m^2/人	3.6m^2/人	3.6m^2/人
	操作级高级船员卧室（无休息室）	7.5m^2/人	7.5m^2/人	7.5m^2/人
	管理级高级船员卧室（无休息室）	8.5m^2/人	8.5m^2/人	8.5m^2/人
所有船舶	船长、大副、轮机长舱室	除卧室外，还应有相连的起居室、休息室或等效的其他空间，小于3000总吨的船舶可由主管当局与有关船东组织和海员组织协商后免除此要求		

*按照船旗国规定海员卧室面积可适当减小。

从设计角度考虑，居住舱室通常宽度在2.4～3.0m，长度在6.0～7.0m，面积小型为10～15m^2，中型为16～20m^2，大型为21～30m^2（具体参数需根据船型和船东要求调整），一艘船上居住舱室类型一般为4～6种。

确定舱室面积需注意：需满足法规及船级社、船东要求；确定主要控制尺寸，保证使用功能即净空间大小；保证工艺要求，同时注意安装的方便，进而控制上层建筑的总体尺度和比例的协调美观。

交通路线规划与舱室面积规划产生甲板区划图，主要是明确舱室的大小和位置（考虑相对性），明确公共舱室、居住舱室的分布关系，明确船员区域与乘客区域的划分，明确从入口到公共活动场所的活动路线，并明确梯道、内外走道的位置。甲板区划图需要以进厅为中心，展现出向各主要活动场所的水平活动路线；以进厅的楼梯作为垂直方向活动路线，并明确与水平路线的连接；公共空间面积要考虑全船乘客、船员的集中容纳性；船员与乘客活动区域应尽可能采用分离式。

图 5-10 是某化学品船的船员居住甲板区划图。通道和路线沿用了传统的货船上层建筑中的设计方案，环形布局，居住舱室设在周围，用通道与机房、通风设施隔离，充分考虑了防火安全和紧急疏散需要。图 5-11 是某小型邮轮甲板区划图，通道采用中轴式，不设外走道；大厅设在甲板中部，其后布置通往其他甲板的电梯，同时还设有接待中心和办公室，既方便上下船，又便于向各层甲板疏导客流；船首至船中大厅沿两舷布置不同等级和面积的乘客舱室；船尾的大面积区域用于布置剧场。

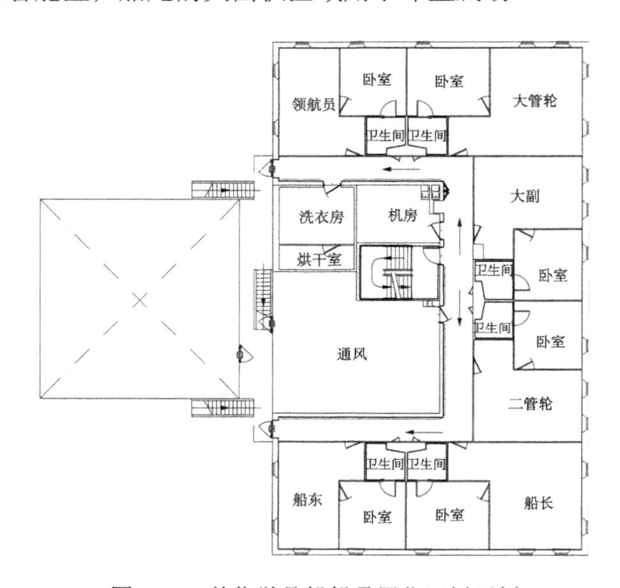

图 5-10 某化学品船船员居住甲板区划

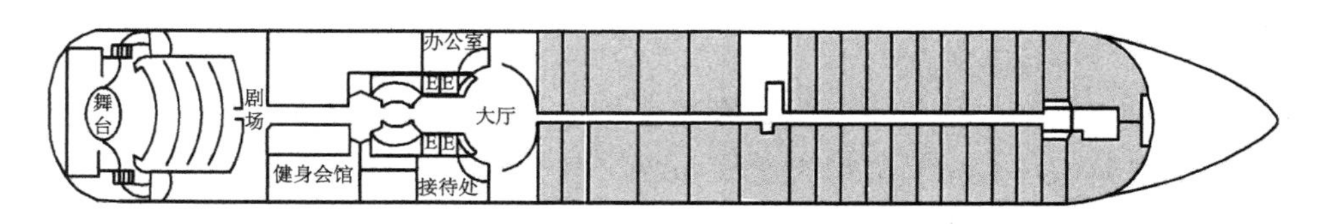

图 5-11 小型邮轮上甲板区划图（E 表示电梯，灰色区域为客舱）

5.3 舱室布置设计

5.3.1 舱室布置的方法

舱室布置是对区划好的各类舱室在满足功能及规划要求的前提下，应用布置原则、人体工程学基准等进行舱室内部家具和设备的布置。这个工作需要首先确定舱室的功能，并充分考虑法规要求、人机关系、家具和设备功能和尺寸要素等。

舱室的家具布置因船型、居住面积、等级的不同区别很大，通常不设统一的标准和模式，但需要考虑家具设备功能空间和人的活动空间，以保证尽量大的活动面积，还需要考虑家具设备位置对人机效率的影响。部分家具（尤其是公共场所的家具）可在一定条件下根据舱室要求的不同进行组合、编排，以获得满意的视觉效果和与使用目的相协调的气氛。

为了合理地利用空间，舱室设计还应注意舱门对通道使用功能的影响。海船舱门通常设在通向内走道的围壁上，为了不妨碍交通，门应向内开。而内河船舶为了获得良好的通风条件，居住舱室的门直通外走道，按逃生要求门向外开。如果通道形式为中轴式，居住舱室通往内走道的门应向内开，这样不会影响交通。

5.3.2 典型舱室布置

1. 工作舱室

1）驾驶室

驾驶室一般设在高层甲板室的最前端，主要布置各种操纵、控制和通信仪器和仪表，需要注意以下几点：

（1）处理好灯光、照度、编码显示、控制装置尺度等。

（2）将驾驶室划分成指挥、航行、安全等工作部位。

（3）确保操纵人员在不同工作位置，对所有设备操纵自如。

（4）布置要保证仪表成组化。

（5）实现仪表标准化。

布置形式根据船舶大小及功能要求预定。最常见的布置形式是一字布置和凹形布置。一字布置的特点是操作方便，视野开阔（图5-12）；凹形布置主要用于小船，其特点是结构紧凑。

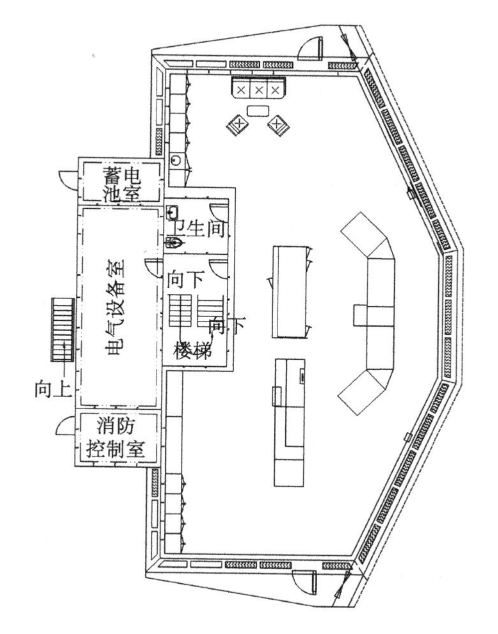

图5-12 某油船驾驶室

在驾驶室设计中，主要考虑人体尺度及视野范围，从而确定窗高及尺度，并按设备的多少及尺度进行布置。为使窗视野效果最佳，窗中心高应与眼高相等（或略低一点）。中国船级社CCS《内河船舶法定检验指南2015》中对驾驶室窗做了如下要求：

（1）驾驶室正前窗下部边缘高度应尽可能保持低位。任何情况下该下部边缘不得成为障碍，遮挡前述的前视域。

（2）驾驶室正前窗上部边缘应有一个水平前视范围，该水平前视范围的高度应与驾驶人员的前视视线高度相适应，该高度一般应不小于 1.8m。

（3）驾驶室窗的框架应保持最低数量，且不应设置在任何工作台的正前方。

（4）为有助于避免反射，驾驶台正前窗一般应自垂直平面顶部向外倾斜。

（5）驾驶室窗不应设置偏振及着色玻璃窗。

（6）至少应有 2 扇驾驶室正前窗能提供清晰的视域，并依据驾驶室形状，附加数量的窗也应提供一个清晰的视域。

2）机舱

机舱的布置应注意：

（1）以功能为基础，综合考虑人机协调关系和对船舶外观的影响。

（2）布置按工作性质及各工种之间的联系紧密程度进行。

（3）保证防火以及防污染的基本要求。

机舱内部机械设备布置形式多样，主要依据机舱位置及该位置的型线宽度和变化情况、是否设置集控室等而定。较大型船舶尤其是中机型、中尾机型船舶，因为机舱宽度较大，面积比较大，机械设备的布置多采用平面布置方式，即主、辅机及其他主要设备基本上都安装在同一个甲板层高上，这样便于保养、维修、互相协调配合。集控室最好在上一层甲板或在升高甲板上，这样便于监控、管理。对中、小型船舶，尤其是尾机型机舱布置，则可以分层布置，以节省空间。利用型线外飘，合理布局使得机舱内部有序。机舱内部结构件、管路、各种中小设备繁多，整体感较差，在总体布置设计的基础上，还应进行内部装饰、屏蔽。

2. 居住区域

居住舱室是乘客和船员休息的场所，主要的家具设备有床、床头柜、衣柜、电视机、电视柜、沙发、桌、卫生间（卫生单元）等，布置应参考有关规范的要求和建议，并结合船舶性能，综合设计。

需要注意，为了避免因剧烈横摇引起的不适，海船床铺最好纵向布置。此外，除少数豪华客船外，床铺均以靠壁方式布置。居住舱室布局应结合采光条件，家具应尺度协调、排列有序。

1）船员舱室

《2006 海事劳工公约》中除了提出表 5-2 中的船员居住舱室面积的最低要求，还规定：

– 应为每个海员提供单独的床铺

– 每个床铺的内部面积至少为 198cm×80cm

– 分层设置的床铺，不得超过 2 层

– 如果床铺靠船侧摆放，若床铺上方有舷窗，则仅可设置单层床铺

– 设置双层床铺的下铺距地板的距离应不少于 30cm

– 上铺应设在位于下铺床板距卧室顶部甲板梁下端的中间位置

– 对于每个居住者，家具应包括一个宽敞的衣柜（至少为475L）和空间不小于56L的抽屉或等效空间；如果抽屉设在衣柜里面，则衣柜的合计容积至少应为500L；柜内应设搁板，并能够由居住者上锁以确保隐私的安全

– 每间卧室应备有一张桌子或书桌，可以为固定式的、折叠式的或可滑动式的，并按需要配备舒适的座位

– 卧室内的舷窗应装有窗帘

– 每间卧室应备有一面镜子、存放盥洗用具的小柜、一个书架和足够数量的衣服挂钩

– 在船舶的尺寸、其所从事的航行活动及其布置允许时，卧室应规划一个包括私人浴室的卫生间，从而为居住者提供方便

图5-13（a）是某化学品船的普通船员舱室布置图。对高级船员，除卧室外，还应有相连的起居室、休息室或等效的其他空间（小于3000t的船舶除外）[图5-13（b）]。图5-14和图5-15是常见的船员舱室布置图例。

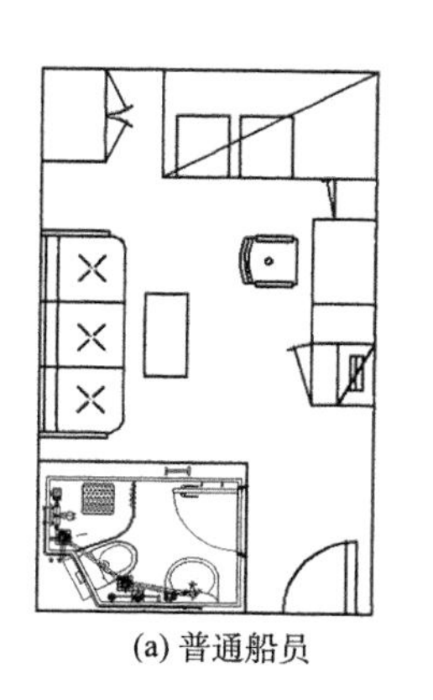
(a) 普通船员

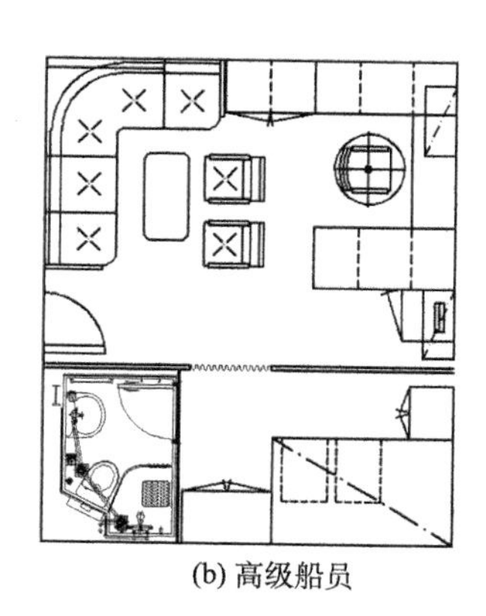
(b) 高级船员

图5-13 某化学品船船员舱室

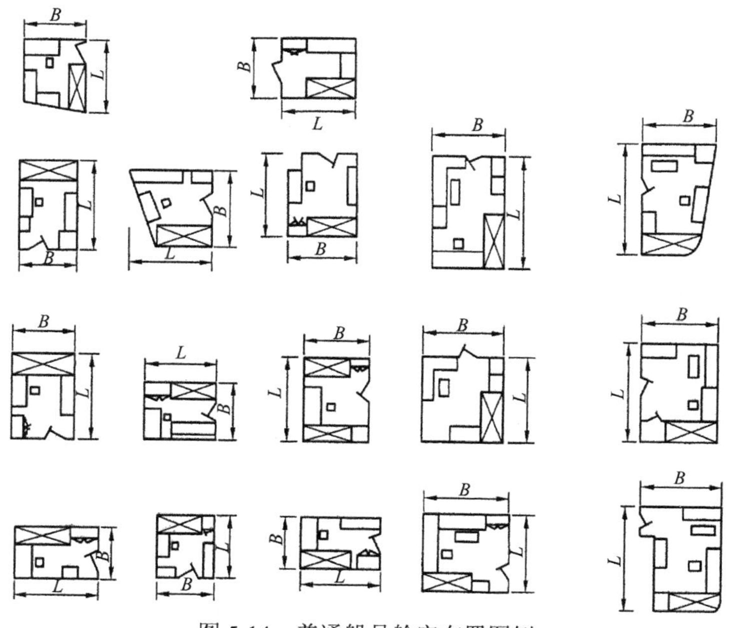

图5-14 普通船员舱室布置图例

L和B分别表示舱室长度和宽度，通常范围：L=3～5m，B=2～3m

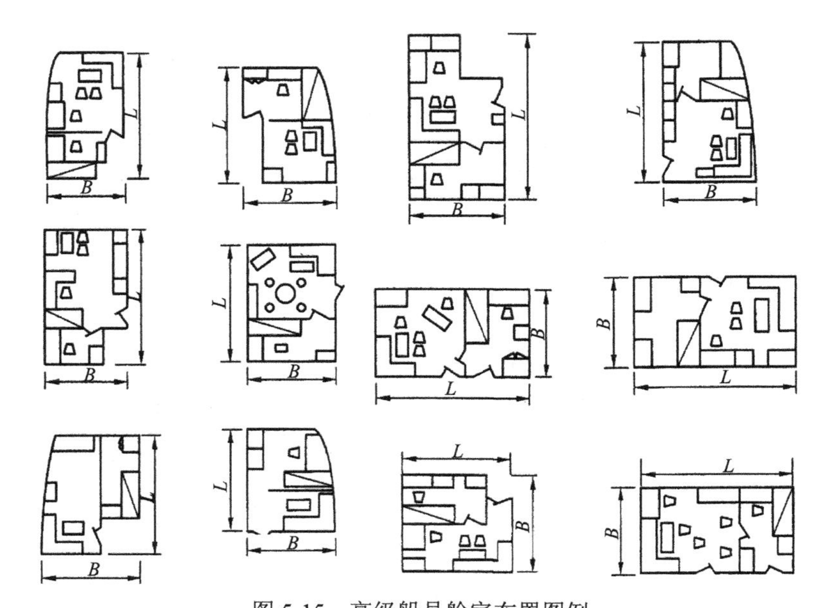

图 5-15 高级船员舱室布置图例

L 和 B 分别表示舱室长度和宽度，通常范围：L=6～8m，B=4～5m

2）旅客舱室

旅客在卧室里的主要行为是：睡眠和卫生盥洗淋浴；次要的活动包括办公、阅读、写作、会客、听音乐、看电视、喝茶和吃零食、储藏衣物、其他与外界交流的方式以及眺望风景（可以与休息共存的活动）。因此旅客舱室就需要具备这些功能，家具也根据这些需要来选配。

旅客舱室通常大于普通的船员舱室，布置的家具和陈设也更加丰富，具体可根据船舶的类型和乘客人数来进行设计。中国 CCS《邮轮规范》（2017）中对邮轮中的乘客人均居住面积做了要求，见表 5-3。客船会提供多种等级的舱室供乘客选择（图 5-16），大型客船还提供豪华套房，除一间或多间卧室外还包括起居室、酒吧等（图 5-17）。

表 5-3 邮轮乘客空间要求

参数	要求
乘客人均吨位/t	≥20
乘客人均居住面积/m^2	≥5
乘客船员比	≤4.0

3. 公共区域

公共区域是为船员或乘客提供公共活动的场所，比如餐厅、阅览室、游戏厅、剧场、舞厅等。

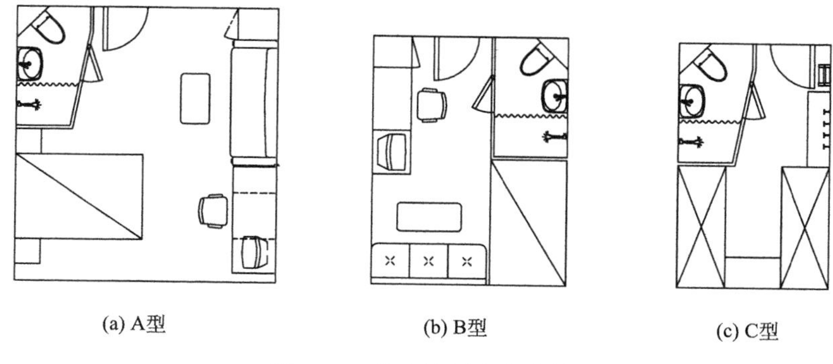

(a) A型 (b) B型 (c) C型

图 5-16 某客滚船部分客舱

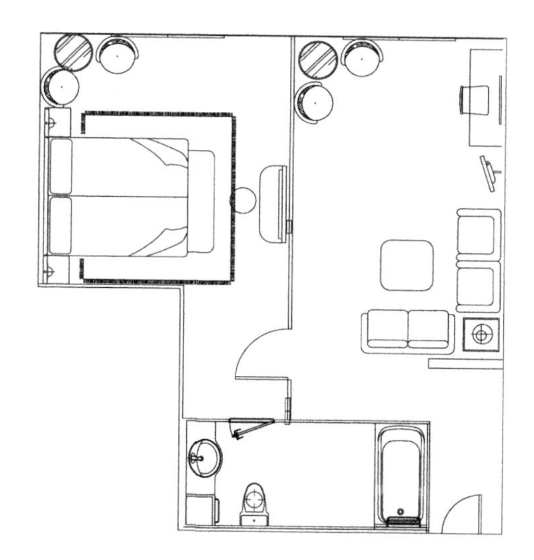

图 5-17 某长江旅游客船豪华套房

1）船员活动区

船上应提供适合于必须在船上工作和生活的船员的特殊需求的娱乐设施、福利设施和服务。

《2006 海事劳工公约》中规定除客船以外的船舶上，船员餐厅需满足如下要求：

– 船员餐厅地板面积应不少于按计划容纳的人数，每人 1.5m^2

– 考虑到任一时间可能用餐海员的人数，配备适当的家具

– 餐厅应配备固定式或移动式的餐桌和适当的座位，足以提供最多人数的海员在任一时间使用

– 餐厅应在适当位置配备容量足够、为就餐的人使用的冰箱、制作热饮料的设施、冷饮用水设施

图 5-18 是某油船的船员餐厅布置。

其他常见的船员公共空间还有船员活动室，用于聊天、棋牌等，需要布置多人用的桌椅、沙发区、简单的茶水设施等（图 5-19）。

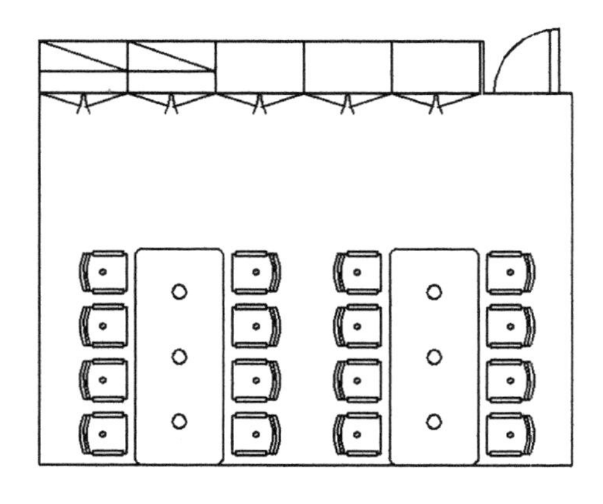

图 5-18　某油船船员餐厅

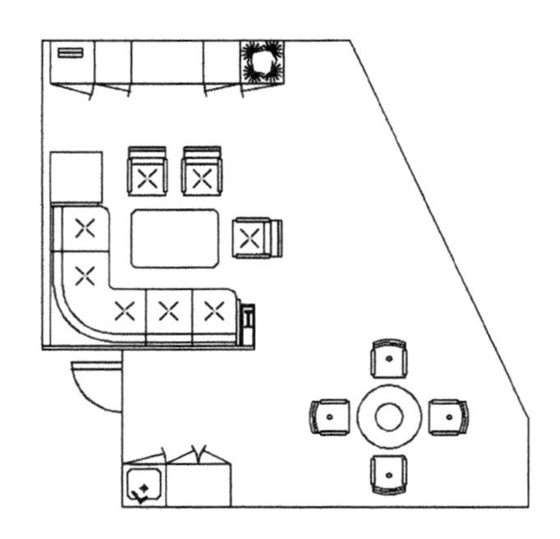

图 5-19　某化学品船船员活动室

2）客船公共区域

客船的公共区域种类很多，在船上的分布较为分散，共同的特点是：总体空间较大，布置的家具和设备多，人员活动空间较大等。下面以餐厅为例，说明客船公共区域的布置要点。

（1）首先需要明确该区域的功能和面积。餐厅是船舶重要的公共场所之一，需要保证在有限时间和空间范围内，向全船乘客提供就餐的要求，因此需要确定餐厅需要容纳的人数和总面积。餐厅最能激发乘客兴致，在愉快的气氛和周到的服务中，餐厅会给乘客的旅行留下美好的印象，所以餐厅的设计与服务质量会直接影响到旅游船营运的效益。船舶餐饮场所可分为主餐厅、快餐厅、酒吧、咖啡厅，大型客船主餐厅应具有宴会厅功能。

（2）注意安全要求。人员密集处所，比如影剧院、餐厅和舞厅等，应尽可能设有两个彼此尽可能远离的出口，且人员撤离方向应避免发生对冲。餐厅布置应注意入口处要宽敞，避免人流阻塞，入口应直通服务台。

（3）明确家具的类型和数量。为满足不同乘客的需要，餐桌应有 2 人、4 人、6 人、8 人、10 人等不同类型。根据餐厅容纳范围和风格确定家具类型和数量。比如中餐厅，主要以 6～10 人桌为主，西餐厅主要为 2 或 4 人桌。餐桌的宽度应保证对面而坐的不小于 0.6m，同向而坐的不小于 0.4m，每一乘客的座位所占餐桌的长度不小于 0.5m。餐厅的餐桌有方桌、圆桌和长方桌三种形式。方桌的边长为 700～800mm；圆桌直径

800～1300mm；长方桌的宽度 700～900mm，长度有 1000～3000mm。其中长方桌应用最为广泛。

（4）确定家具和通道的位置及空间尺寸。餐桌间应有足够宽的通道，餐桌排列形式是餐厅布置的重点，大型客船主餐厅餐桌布置有各种形式，餐厅装饰应注意基调的统一。还需注意，大型海上邮轮的主餐厅还可能根据需要改变家具的布局，因此需要考虑至少 2 套布置的方案。

图 5-20 是某豪华客滚船的餐厅兼舞厅布置图。该区域面积约为 245m^2，以舞厅为中心放射性布置，大舞台设计在中心，在吧台边上再设计一个小舞台，靠近上下楼梯设有 5 套 U 型沙发卡座，靠近船的尾部设有 7 套四人卡座，舞台两侧是 15 套四人圆桌。该布局方式保证了足够的通行空间。

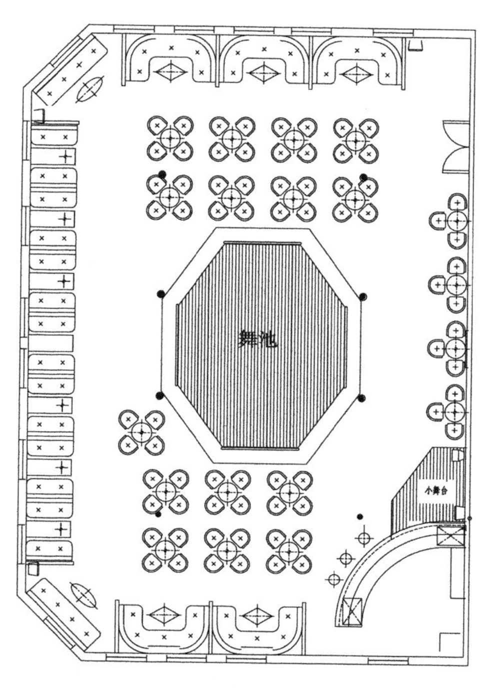

图 5-20　某豪华客滚船餐厅兼舞厅

第6章

舱室内部环境设计

船舶长年航行于海上，变化多端的海洋气候和海况对船舶内部环境的影响极大，船舶本身的特点也对营造适宜的内部环境有很大影响。与陆上建筑相比较，船舶的工作和居住环境是比较差的。改善船上的工作和生活环境条件、提高适居性是一项重要而紧迫的任务。

船舶舱室内部环境设计在总布置设计阶段就开始了，涉及建筑材料、建筑工艺、色彩、照明、通风及防火等，并且是船舶设计中最具有艺术性的内容。

6.1 舱室内部环境设计特点

舱室是船舶的内部空间。在这种内部的空间里，人们通过不同的感官，看到、听到和感觉到由色彩、光线、声音、材料质地所构成的物质环境。这种环境不仅要满足人们对物质功能的需求，还要满足人们对精神文明的需求。

舱室内部环境设计首先应从舱室功能出发，满足船员和乘客的居住性、工作性、公共活动性要求，然后在此基础上，进行艺术形式的装饰，塑造舱室鲜明特色。如居住舱室应体现出舒适惬意性；驾驶室、海图室、报务室应体现出明快效率性；会议室、办公室应体现肃静集中性，庄重和质朴；门厅应体现开阔通达性；阅览室、休息室要求安静、素雅；餐厅要求宽敞、明亮、轻快、整洁；俱乐部或其他娱乐场所必须健康、轻松、热烈、活泼、愉快等。

舱室内部环境设计，应运用正确的审美视角、丰富的物质材料以及各种形体塑造（包括空间设计、家具布置、色彩运用、照明、装饰工艺等各方面）来体现不同舱室的功能和特色。

船舶舱室内部环境设计内容包括：

（1）室内空间处理，即空间尺度的控制、分隔等。

（2）光照环境设计。

（3）家具的选材、配色和布置。

（4）室内的装饰、艺术处理等。

本章主要关注居住舱室和公共舱室的内部环境设计。

6.2　舱室空间设计

6.2.1　舱室空间的特点

造型空间是指某一特定的活动区域。船舶的空间由甲板、舱壁、顶篷、家具和设备围合而成。构成空间的必要条件是具有顶界（如天篷、天花板）、底界（如甲板、地板）、侧界（如围壁、栏杆）这三个界面之一。

空间体量即空间大小和容量，对于客船舱室主要指使用面积与舱室定员。舱室体量主要决定使用功能。客船舱室体量也决定人们精神的审美需求，如有些游船入口大厅（进厅）高度贯穿上层甲板，不仅是功能要求，也是为了船舶整体看上去壮观。

船舶舱室由于总布置条件、甲板层高所限，客观上存在以下几个特点：

（1）缺乏水平的地平基线，甲板的各向都由曲线构成；船体内部常见不规则墙面，并有许多倾斜面。

（2）舱室空间较低矮和狭窄。通常船舶居住舱室空间高度为1850～2200mm，长和宽为3000mm×2500mm、4000mm×3000mm、4500mm×4000mm，相比陆地环境有封闭感和压抑感。

（3）船舶舱室集中紧凑，并且同一等级船员舱室中，陈设、色彩可能相同，这样易使人产生单调乏味的感觉。

通常船舶的舱室面积和层高，必须遵循技术规范和人体工程学设计要求。因此在空间设计中，需要考虑多种设计技法的运用，使舱室空间利用率有所提高，使低矮的空间显得开阔，集中舱室中穿插多种类型舱室，集中中求变化、统一中求分散。常用的手段有：基于空间形态进行围透和分隔，调节色彩和光照，利用人的心理特点、视错觉等，以达到扩大视觉空间，影响乘员的心理和生理的目的。

6.2.2　舱室空间形态

空间形态指空间的几何形状。船舶外观造型的复杂性，决定了船舶内部舱室空间形态的多样性。

1. 矩形空间

四个立面没有很强的方向感，是一种较安定的停留空间，这是舱室空间的主要形态。通常居住舱室、会议室采用这种空间形式。

2. 狭长空间

这种形式沿狭长水平方向有一种动感，暗示人们沿进深方向行走，常用于船舶通道（图 6-1）。

3. 斜面式空间

即空间的一个或几个立面呈倾斜状态，其他为垂直立面。当斜面透光时，会形成与斜面垂向的视觉中心；当斜面不透光时会有压抑、不稳、上升或提高的感觉。露天休息室、烟囱处观景室、游艇的一些舱室多为这种空间形式。

4. 圆柱式空间

圆柱式空间是指空间呈立式圆柱形态，会产生内聚向心感，其中心有上升提高感，圆周处有环形流动感，船舶中庭、观赏休息室可采用这种形式（图 6-2）。

图 6-1 狭长空间（见书后彩图）

图 6-2 圆柱式空间

5. 穹形空间

这种空间形式呈水平设置的半个圆筒，水平方向有向前流动感，又有向心感。船舶上层通道或浴场可采用这种形式。

6. 球形空间

指空间顶部呈半球状，它有向心感、宇宙感，适用于会议厅等公共空间和共享空间。

7. 自由曲面空间

船舷部分舱室自由曲面较多，大多采用这种空间形式。由于空间方向多变而不稳定，给人以浪漫自由的感觉，有很强的艺术气氛。

6.2.3　舱室空间的围透

空间围透包括空间围的处理与空间透的处理。前者给人以安全、私密和宁静的感觉，也可能产生阻塞、封闭的感觉；后者给人开阔和舒展的感觉，也可能产生空旷、冷漠的感觉。空间围透即通过空间的围合与通透处理，调节空间感觉，其表现形式有以下几种：

1. 四面围空间

这类空间隔离性强，有宁静私密的感觉，多在机舱控制室采用，因为能排除周围干扰，集中注意力。

2. 三面围一面透空间

这是居住舱室常采用的空间形式，既有开放性，又有封闭性。通透一面设窗，便于采光和观景（图6-3）。窗的开口尺度由底层甲板向高层甲板逐渐变大，旅游客船的最高处观景休息室大多开落地窗。

3. 两面围两面透空间

这种空间通风性、采光性好，给人以通畅之感。通透面对称设置，围面中点易形成视觉中心（图6-4）。船上公共餐厅、表演厅、社交厅多采用这种形式。

4. 一面围三面透空间

这类空间视野十分开阔、明快，易于眺望室外景观，使室内与室外融合在一起，使人置身于自然之中。船尾各层甲板，如休息室、舞厅多采用这种形式。

5. 四面透空间

这类空间几乎与外界完全融为一体，通透性好，视野广阔。多在旅游船顶层露天运动甲板、观赏休息空间、游泳池采用（图6-5）。

图6-3　三面围一面透空间

图6-4　两面围两面透空间

图6-5　四面透空间

舱室空间围透关系的处理，应从船舶舱室功能出发，考虑舱室位置所提供的可能性，创造理想的舱室环境。各种舱室应尽可能不取全封闭形式，借助玻璃窗、漏窗甚至装饰图画使视线向实际的或虚幻的外界延伸，以增大空间感。

6.2.4 舱室空间的分隔

空间分隔是通过隔断、陈设等，将一个空间划分成多个。合理的分割，可以调整空间尺度比例，改变空间形式，改善空间感。空间分隔不仅能满足不同的功能需求，还能丰富室内层次，创造美的视觉效果。

1. 隔断分隔

可以创造出不同平面活动区域，体现出不同功能区。常用隔断有硬质、软质、通透、活动四种形式：硬质隔断，用于比较固定、稳重的功能区，如半高翼墙等；软质隔断，用于简易、临时性分隔，如帘幔等；通透隔断，如百叶窗、玻璃等，使内外环境既有区分、又有联系，趣味盎然；活动分隔，可用于餐厅雅座使用，如屏风、活动折叠隔断等，可使舱室空间根据不同需求改变大小。

2. 陈设分隔

指用家具、绿化、灯具、艺术品等对空间进行分隔。高大的陈设尽可能不要居中放置，以消除空间的再次分割，以免造成高度对比而增加压抑感。地毯也有分隔空间的效果，如地毯设置可以把舱室内划分为聚会区、通道区，是会客室常用的分隔形式。

3. 加层分隔

是利用挑台、看台、悬板，沿室内水平方向的分层分隔。与其他分隔方式不同，加层分隔是水平方向的。如中庭由多层挑台组合而成（图 6-6），极大丰富了空间层次。看台是从壁面伸出来的小型水平隔断，驾驶室两侧外伸部分就使用了看台分隔形式。悬板分隔是各种娱乐场所的天花板常采用的分隔形式。但在低矮空间中，注意避免水平分割，以免降低视觉高度，增加压抑感。

4. 立柱结构分隔

立柱分隔应从结构和理性出发，并克服其单调呆板性。立柱分隔不仅要注意主从关系，还要注意立柱的装饰性，才能创造美的环境（图 6-7）。如在主休息室、主餐厅可以设置立柱，但剧场却不宜设置立柱。

5. 扶手栏杆分隔

是一种多功能分隔形式，既有扶手作用，又有隔断作用，还可有引导作用，并可以保护玻璃（图 6-7）。

6. 楼梯分隔

有斜式和旋转式。斜式楼梯把空间斜分为上下两部分，斜梯下的空间，往往成为消极空间，处理得当，会使空间增加活泼性与自然性（图 6-7）。

图 6-6　邮轮中庭的加层分隔——挑台

图 6-7　邮轮空间分隔——立柱、扶手栏杆、楼梯

6.2.5　舱室空间界面处理

舱室由天花、围壁和地坪等界面组成。界面的处理，对于创造舱室美的空间环境有着重要作用。

1. 天花

天花的变化产生较为强烈的视觉效果，多用于宽敞高大的厅室。天花的处理从形式上可分为平面式、井格式、凹凸式和骨架式。

平面式天花，朴素大方，适合于控制室、驾驶室、船员室、办公室、展览厅（图 6-8）。

井格式天花，会有许多方井格，模拟陆地井字梁的效果，形式古朴。需要设计古典风格的室内环境，常用此天花。

凹凸式天花，指具有进退关系的天花处理。大型客船的中式天花，采用凹凸式，再加上折射的灯光，给人以深远的感觉。这类天花常与各种反光灯、吸顶灯、吊灯配合，产生华美而微妙的艺术效果。餐厅、中厅、舞厅等公共场所的空间多用凹凸式天花（图 6-9）。

图 6-8　平面式天花、地坪（见书后彩图）

图 6-9　凹凸式天花

骨架式天花，是依靠天花自身的骨架结构，如透明玻璃天花的龙骨有一种内在的自然的节奏美感。由于船舶舱室空间较低矮，大型空间可能显得更低，因此常用多层的凹凸、玻璃延伸、反光金属装饰板条透光方法增加天花深远的视觉效果。

2. 地坪

地坪在人眼中的视域较大，人们走进室内会下意识地注意地坪。常见的地坪有平面式和凹凸式。

平面式地坪（图 6-8），一般铺设带有图案的地毯或装饰面。这种图案式地坪可以丰富地坪的内容。

凹凸式地坪，无论是凹或凸出基面的区域，都自然成为室内的一个视觉焦点，成为观看或表演的中心。凸于基面的地坪表示少数人的表演中心。当观众极少或没有时，这种凹凸于基面的空间又成为一个亲密空间。船舶中的表演厅、会议厅、游泳池、不同档次的咖啡座，通过凹凸地坪形式来丰富人的心理感受。

图 6-10　客船围壁处理

3. 围壁

围壁属于空间的立面处理。围壁的处理分透墙处理和围墙处理两种。为了避免单调，围壁常用装饰的方法进行改变（图 6-10）。透墙处理多是从透口的处理着手，如有些舱室把窗设置在适当的位置，由于其体量的大小，外界的景色常被当成室内墙上的一幅变动的图画。对于舱室很大的透墙，按一定间距排列的窗子，可营造一种节奏感和韵律感。

6.2.6 调节空间感的方法

除了上述改变空间客观条件的手段之外，还可通过人的视觉经验对空间感进行调节。空间感是指人通过视觉，将自身尺度与实际空间尺度进行比较而产生的舱室空间的大小感。

（1）对比可以使人们视觉产生错觉，产生快活和开朗的感觉。利用视觉对比原理，可以使空间有扩大感。人类大部分长期生活、居住于陆地上，习惯于陆地建筑内部的空间尺度，往往将舱室尺度与自己所熟悉的环境尺度进行比较，结果产生了狭小低矮的空间感。可运用对比手法，在规范允许的范围内，采用适当小尺度的家具和器物，与整体空间形成对比，以小巧的家具衬托室内空间的开阔。

再如船上的大面积场所，如俱乐部、餐厅、会议室、观景室等，由于甲板间高度的限制，空间易显得低矮，产生压抑感。采用虚拟空间分割，比如改变局部地界高度，舞厅、歌厅抬高或降低舞台、舞池，将原有的空间分割成几部分，以产生对比，可以使局部空间感加大。

当人们从窄小的空间，突然进入另一个比较大的空间时，人们在精神上就会有开阔明快的感觉。利用这一原理，一般将走廊、通道、梯口设计得比室内空间更矮、更小些，另外也可以用色彩、灯光的对比，色彩由深到浅，灯光由暗至明，同样会产生豁然开朗的艺术效果。

（2）色彩调节。四面围形式的空间，多为工作舱室，容易对船员产生负面的心理影响，使船员不能保持愉快、稳定的心理状态，容易产生疲劳、厌倦之感。可通过色彩设计来改善：如协调顶、壁、地面的色调，以加大心理上的空间感；利用金属或油漆表面光滑的反光效果，提高舱室内的亮度也可以适当扩大视觉感。

（3）改变照明方式也有一定效果。通过顶光照射中心区，使其亮度大大高于周边，形成一块独立的虚拟空间，加上四周单元式家具的布置，形成一个个小的虚空间，改变了竖直和水平方向的尺度比，使空间感加大。

6.2.7　特殊空间设计

1. 低矮空间的设计

低矮是船舶舱室空间的普遍特征，在合理地保证各种功能的情况下，达到最紧凑的程度，保证剩余净高度满足规范的要求，并给居住者以舒适的感觉。一般应满足室内净高 2.1m 与走廊净高 1.98m。

客船需要有较大面积的公共场所，则空间设计更显得重要。在没有“连续甲板”要求的地方，可以利用甲板开口，使两层空间合为一层。也可局部抬高，借用部分上层或下层等方法，使在面积较大的公共场所内，仍给人以空间开阔的感觉，这些是目前大型客船较为普遍的做法。如图 6-11 为大型客船的电影院设计；图 6-12 为借用部分上层空间的餐厅。

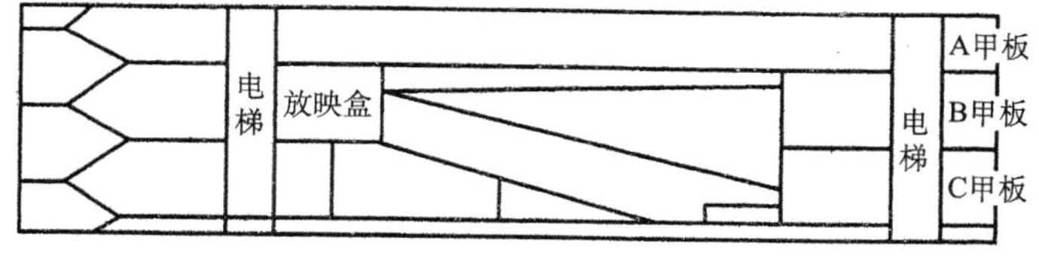

图 6-11　利用双层甲板作影院

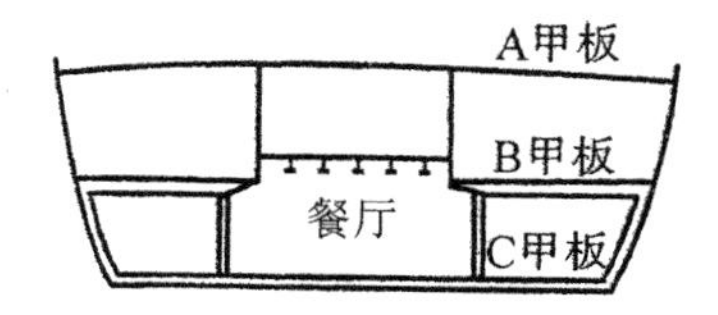

图 6-12　借用上层空间作餐厅

在既定的低矮舱室内，为求取一种升高的感觉，使人不会因舱室低矮而产生压抑气闷的感受，还需要运用一些色彩、工艺上的装修技巧。例如：

（1）采用直线条的花纹壁面，其效果就胜于横线条（包括木纹或各种花饰）；或用与壁面相同的材料、相同的纹样，延伸一部分到天花板，使人产生一种错觉，感觉似乎室内的墙面要比实际升高一些。

（2）采用白色或浅色作为天花板的色调，在满足耐脏的条件下，勿使地坪色彩过深，在感觉上要比深色天花板、深色地坪高而舒畅。

（3）如必须采用深色地坪或深色天花板，亦可以将材料表面处理光滑，达到类似镜面反射的作用，亦能使低矮感觉消失。

（4）在平面布置时应考虑到勿使人产生长距离一望到底的情况，来避免压顶的感觉。这往往可以用人为地制造视线分隔，或用增加趣味、转移视线等方法。例如，在狭长舱室入口处做半透的屏风，目的是截断人们的视线，使人不能将整个舱室一望到底。也就是不可能较远地将低矮的天花板收入眼底，转而用“别有洞天”的方法，使人们转几个弯进入室内，并且还可借阻隔物增加趣味与艺术感受。

概括来说，低矮空间的设计，决定于三种因素：①平面布局的因素，②结构因素，③装修技巧。而其中平面布局是最根本的。

2. 狭窄空间的设计

船舶是一种尺度约束较为严格的建筑物，设计者只能在经过性能计算反复论证后的既定尺寸范围内施展技巧。以进厅为例，通常人们一上船，踏进包括舱室梯道在内的进厅，总希望有一种开阔、舒畅的感觉，尽管进厅的实际尺寸与所能容纳的人数是有限的，但应尽量设法使人感觉并不狭窄拥挤，其方法是：

（1）首先从平面布局着手，例如图 6-13、图 6-14 是相同条件下的两间出入口的布置方式，由于储物间与楼梯位置互换，以及商店与广播室位置的互换，就取得了两种不同的效果。图 6-13 的进厅 A 会使人感到入口处狭窄，宽度为 a，入口的感觉尺寸为 $a\times c$（图 6-13 中灰色部分）；而图 6-14 的进厅 B 就显得宽敞，因为人感觉宽度是 b，它利用楼梯栏杆的通透与商店开敞式的大窗口，使人感觉进厅 B 的入口尺寸为 $b\times d$（图 6-14 中灰色部分）。

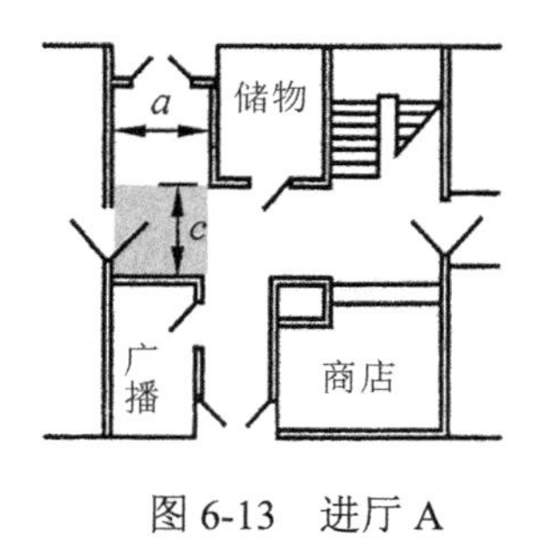

图 6-13　进厅 A

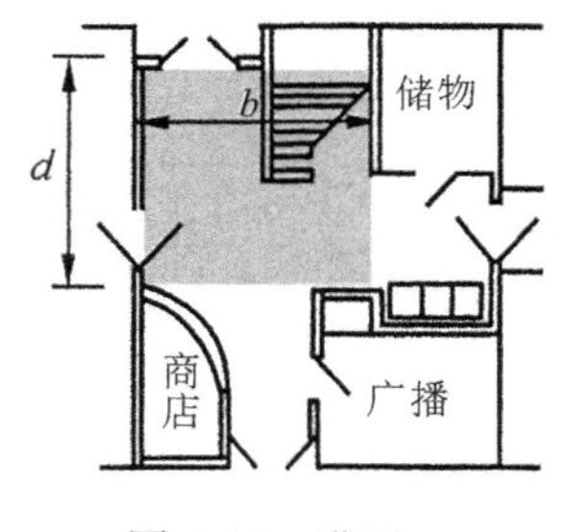

图 6-14　进厅 B

（2）要在面积非常紧凑的船上，获得一间较为宽敞的进厅作为交通枢纽，常常要压缩其他舱室的面积，因此要考虑“合零为整”，将某些通道和灵活性较大的休息处所结合为一体，从而使狭窄的走道变成交通与休息两用的处所，并便利交通与人流疏散。

（3）装饰技巧上可以用通透、反射、灯光虚构等方法来改善观感。如很多船在狭窄的梯口或公共舱室内，有意识地利用镜子反射使视野在感觉上变得宽阔（图 6-10）。利用灯光艺术，可使通道或舱室产生虚构室外空间感，从而增加趣味，产生增宽空间的效果。如利用灯光与绿化，虚构室外空间的图像，使人感到大厅两端并非舷边，而是窗外别有一番天地。

（4）对于宽度较大的船，为尽量借助舷侧自然采光与自然通风的条件，而不得不将房舱分隔成狭长的形状，其布置方法亦是值得探讨的。如图 6-15，利用纵向床铺将狭长形的房间分割成前后两半，靠窗一半活动部位组合成方形，就不会感到过于狭长，但这种布置方法仅限于单层铺。若需设双层铺，不能将双层铺高矗在房间中央造成拥挤的感觉，如将室内的零星空间集中在中部，可安装桌柜，使居室中部感觉开阔（图 6-16）。若将零星空间分散在两端，就使室内显得拥挤。再如 L 形的狭窄房间，将高度较高的衣橱矗立在房间中部，就不如放在角上好。同样放在角上，由于橱门开启方向不同，橱的布置也会不同。因此如何使狭窄的舱室布置得合理、开阔，必须有充分的空间组合概念，包括家具的高低、大小、色彩以及门窗的位置、开启的方向都应予以重视，让使用者得到舒适的感受。

图 6-15　狭窄卧室的布置

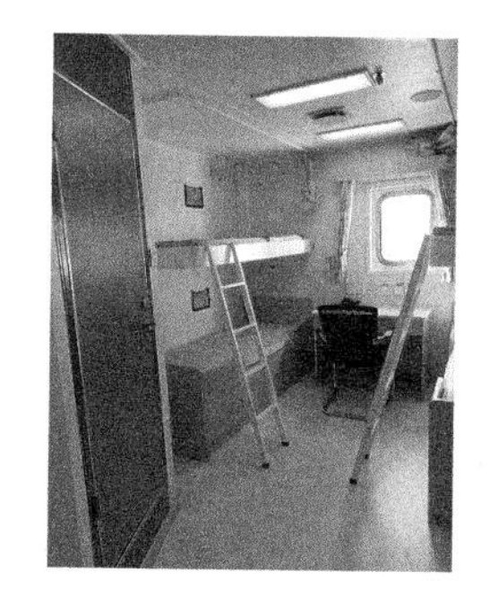

图 6-16　双层铺卧室的布置

3. 弧形围壁舱室的设计

现代船舶为提高建造速度，便利施工安装，在大型船舶舱室的设计方面，尽量采用标准形式。但对处于主甲板以下，接近首、尾部的舱室，仍不免要利用船体线型所构成的空间进行设计。在中小型船上，这类机会更多，因此，不可忽视舱室弧形围壁的特定条件。除平面弧形曲线外，特别是形成上大下小的倒三角形空间的舱室更值得研究。

如主甲板以下，接近水线部位的舱室，利用三角形空间设置床柜，是空间利用的较好方法（图 6-17）。使占地较大的床铺借用了弧形空间，是争取扩大室内面积的好方法。在小船或小艇上，空间更需紧凑，弧形舱壁所构成的空间可以用来设置高铺、柜子、桌面、吊橱等（如图 6-18、图 6-19）。因此设计带弧形舱壁的空间，不论船舶大小，都应在布置时充分考虑空间的实际状态，合理配置家具。

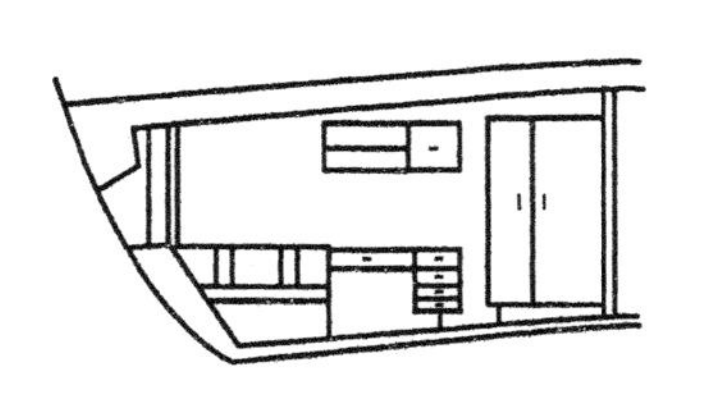

图 6-17　船员舱室

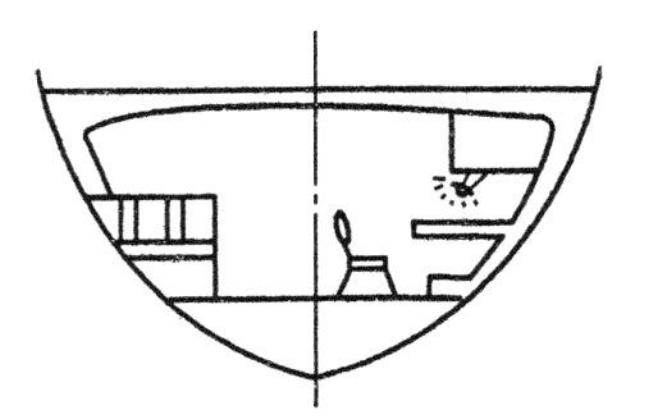

图 6-18　小船舱室

图 6-19　游艇中的弧形家具设计

6.3 照明设计

光辐射引起人的视觉，人才能看清周围的环境，获得信息。良好的光环境能够保证人的视觉舒适性，提高工作效率。

船舶内部的自然采光是极不理想的。主船体由于有水密要求，只能设置透光面积很小而且数量有限的舷窗，白天舱内光线昏暗，必须依靠人工照明来补充；上层建筑可开设较大的窗，但是部分远离舷侧的中部舱室，没有面向外部空间的壁面，无法设窗获得天然光照。船上的人工照明，包括紧急情况下的应急照明，受到船上供电条件的限制，需要合理地设计。

如何从人的视觉特性出发，合理设计光环境，改善船内光环境条件，是改善船舶适居性、提高工作效率的重要方面。

舱室内照明环境分为自然采光与人工照明两种。

6.3.1 自然采光

自然采光的生活舱室，其采光的最低标准是：在晴天，具有正常视力的人可在舱室内任何可自由活动的地方阅读普通报纸。自然采光在室内是借助于窗户来实现（图 6-20）。自然采光的效果取决于窗户的面积、位置、结构等综合条件，主船体舷窗尺度由规范确定，但上层建筑开窗应满足室内窗户面积不得小于全室地坪面积 1/5 的条件。自然采光效果还与室内墙壁反射、天花板反射和舱室形状有关：反射率高，室内明亮；舱室进深大，离窗远自然采光就差。窗的设置和布局与室内采光、通风、舱室布置及船内的外观关系密切。在大、中型船上，还要求公共舱室、居住舱室、办公舱室等人员逗留场所的窗可兼作应急逃生口。上层建筑或甲板室内设窗往往受结构强度限制。

图 6-20 自然采光（见书后彩图）

本节主要从采光的角度讨论窗的设置问题。

1. 窗的类型

船上的窗按其设置部位、形式、结构、材料、功用等分类。按照其设置部位可分为侧窗和甲板窗。侧窗包括舷窗和矩形窗，甲板窗包括甲板采光窗和天窗。

（1）舷窗。指面积不超过 0.16m^2 的圆形或椭圆形开口，有固定式（不能开启）和活动式（能开启）两种；设置在船舶舷侧外板、上层建筑和甲板室外围壁等水密性区域。

（2）矩形窗。设置在船舶干舷甲板以上的上层建筑和甲板室的外围壁上，有固定式（不能开启）和活动式（能开启）两种。

（3）甲板采光窗。这种窗的安装与甲板平面齐平，透光面用棱形玻璃，使甲板下空间接受的是均匀柔和的散射光而不是直照阳光，通常用在公共舱室、通道等顶面采光的舱室。

（4）天窗。这种窗设有可开启的窗盖板，盖上装有圆形或矩形透光玻璃，可采光、可通风。可在机舱棚和货油舱顶上设置。

不同形状和位置的窗户给人以不同的情感气氛。如水平方窗可以使人感到舒展、开阔；垂直方窗可以取得条屏挂幅式的景观和大面积的实面；圆形的水密舷窗，在海船中给人以封闭、稳定、安全感（图 6-21）；大型落地窗在旅游客船中可以获得亲切的感觉以及从舱室向外延伸与室外紧密联系的感觉；前倾的四边形窗给人一种运动感，适于在内河快速客轮和游艇上使用（图 6-22）；透过天窗，可以看到天光云彩和提供时光信息，消除了置身于六面体盒子结构中的窒息感觉。至于在游船的公共舱室中的各种漏窗、花格窗，由于光彩交织、似透非透、虚实对比，投射到舱壁地面上的更是变化多端、生动活泼的光。

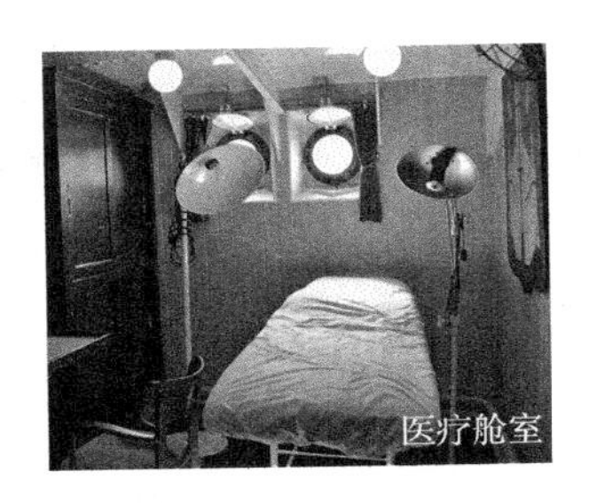

图 6-21 舷窗

图 6-22 前倾四边形窗（见书后彩图）

2. 窗的配备

数量：上层建筑或甲板室设窗往往受结构强度和规范限制。一般船员舱设一扇窗，大多数高级船员起居室设两扇窗。餐厅等公用舱室根据外壁的面积大小设 2～4 扇窗不等，若结构加强可不受限制。界线以下的人员住舱应设采光舷窗，只是数量应减到最少。

规格：对于舷窗，小船一般用 Φ300mm，最小 Φ250mm，大中型船多用 Φ350mm 以上。矩形窗，同样根据肋骨间距大小配以合适的窗，另外需要考虑水密承压要求。在上层建筑内大规格的窗（550mm×600mm、600mm×700mm、800mm×900mm 等）用于要求视野广阔的驾驶室、公共空间等。

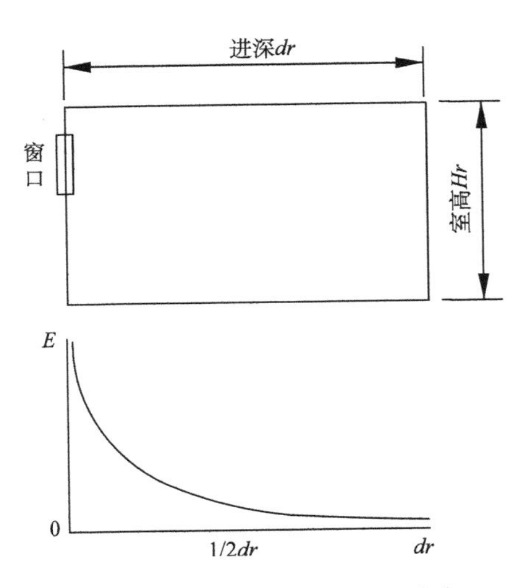

图 6-23 日光照度沿室进深分布

3. 窗的布置

窗的设置和布局对室内采光、舱室布置及船的外观都有极大影响。

1）窗布局应有利于室内较合理而均匀地采光

窗户的采光面积以及窗户的数目应根据室内光照所需而定。天然光照度 E 沿室进深的分布如图 6-23 所示，近窗口处照度高，室中已降低很多，到室进深尽头已极弱。因此，若舱室相邻两壁都是外壁时，同时在两壁上都开窗，并偏离于两壁交角，有利于整个室内照度的均布。虽然两壁开窗能使光分布较为理想，但船上除大厅外，一般舱室较少这样设置，而且相邻两壁都能开窗的舱室也不多。窗仅能一侧布置时，一扇窗最好在室长中部；如在一侧布置两扇窗，两扇窗应适当拉开，使两侧也能有一定光照。

2）窗的设置应配合室内的布置

窗口附近的照度较高，一般总是把需要光照条件好的家具（如写字台）布置在靠窗处。有时室内布置难以变更时，也可适当移动窗的位置照顾部分采光的需要。还需观察全船门窗的设置对外观美的影响，一般而言，各层甲板的窗的大小、高低、形式要统一。从上述功能要求看，窗面积愈大愈好。然而，窗太大，空调的能耗势必增大，特别是航行于热带或严寒地区的船。

3）应审视窗的设置对全船美感的影响

窗必须结合总体外形及舱室主题思想选择。每一层甲板的窗的大小、高低、形式要尽可能统一，窗高连线平行于弧线，窗的间隔分布富有韵律感。人站立时眼睛高度范围1300～1700mm。一般舱室窗的中心线高度可设在1500mm或1650mm处，游览船则要求人处在坐位时也能观赏外景。

6.3.2 人工照明

当舱室不能提供足够的自然采光时，则应提供最低标准的电气（人工）照明（参考第4章）。船舶内部的照明不仅有功能性的照明，还有为渲染气氛和意境的艺术照明。人工照明与自然采光不同，自然光线的光谱中光色是固定的，由红、橙、黄、绿、蓝、紫等色彩组成。人工照明光的冷暖、强弱，光的色相均可以随需要而选取，满足多种照明需要，在室内可以营造出丰富的光照效果。

人工照明设计一方面包括光源、照度及灯光传播形式的确定，另一方面包括灯具、照明装置和照明范围的确定，即灯具的选择与布置。

1. 人工照明设计程序

（1）明确设计目标，即舱室用途、使用对象、舱室概念（气氛意境）。

（2）确定适当照度，即选定照度标准。

（3）确定光线质量，即明确舱室亮度分布比例（最亮面∶工作面∶最暗面为10∶3∶1）及光线的聚散性。

（4）选择光源类型，即依据色彩效果、使用寿命、发光效果、灯泡温度等因素综合考虑。

（5）确定照明方式，即直接、半直接、漫射、间接、半间接照明。

（6）选择灯具，即包括灯具形式、色彩、效率、配光、亮度以及与舱室整体设计的协调。计算平均照度，同时确定灯具数量、容量及布置。

（7）电气设计，即确定配电板分布、网络布线。

（8）综合考虑灯具与空调、音响的结合。

2. 空间照明分类

舱室人工照明按不同功能可分为：舱室照明（一般分明视照明和艺术照明）和应急照明。舱室美学设计主要关注舱室照明。舱室的人工照明设计需要考虑明视照明下室内照度是否充分，视感是否舒适。而艺术照明在船上，特别是客船上已成美化环境的必要手段之一。应急照明涉及船舶遇难的人员安全及逃生问题，与舱室设计中逃生路线、登艇场所等规划密切相关。

1）明视照明

（1）功能。主要是确保室内工作面有足够的照度，以便清晰地识别对象，了解环境；并使室内形成一个亮度适宜、视感舒适的光环境。工作面，对卧室、休息室、通道、梯道等处是指地面，对会议室、餐厅、办公室、游戏室等是指桌面。在全船的机器处所、工作舱室、居住舱室、公共区域、内外走道等可能有人员活动的场所应提供正常照明（图 6-1）。

明视照明包括一般照明和局部照明。以照亮大面积为主的照明称一般照明；仅局限于小范围的特殊照明称局部照明，如海图桌、书桌、镜前、床头等处的专用照明。共同的特点是都以工作面或照明对象的照度为主。有的舱室仅设一般照明，有的舱室兼备两种照明方式（称混合照明方式），视各类舱室用途的需要而定。

（2）设计要求。为达到视觉清晰、视感舒适，照明应满足量和质的要求，即配备一定数量的配光、光效高的灯具，并能得到合理的布局，以求得：

①工作面有足够的照度，且照度稳定而均匀。

②视野范围内亮度差不宜过大，无耀眼的眩光。

③特殊场合，如技术台、桌球台等工作面上还要求无阴影。

④光色宜和，显色逼真。

（3）一般照明设计计算。

①照度：光照强度是指单位面积上所接受可见光的能量，简称照度，单位勒克斯（Lux 或 lx），为物理术语，用于指示光照的强弱和物体表面积被照明程度的量。照度应满足船舶建造规格书的要求和船舶挂旗国当局的规定（如果有规定）。

②光通量法：光通量（luminous flux）指人眼所能感觉到的辐射功率，它等于单位时间内某一波段的辐射能量和该波段的相对视见率的乘积。光通量是指按照国际规定的标准人眼视觉特性评价的辐射通量的导出量，以符号 Φ（或 Φr）表示。光通量的单位是 lm（流明）。光通量法又称流明法。

图 6-24　邮轮酒吧的艺术照明（见书后彩图）

2）艺术照明

艺术照明是利用灯具的选型、光线的强弱、光色的调配、光影的变幻使室内形成一种视感特殊的光环境。艺术照明丰富了室内的装饰效果，给环境增添了美感和气氛（图 6-24）。

（1）功能。

体现装饰效果：壁灯、雕塑落地灯、蜡烛灯等灯具照明作用不大，主要作用在于灯具造型的装饰效果，此外，还可运用投向壁面的光斑光色、投向物体的光影造型来装饰室内空间。

突出室内视觉中心：利用投射光突出室内的大幅壁画、艺术摆设；或利用投射光束作背景衬托展品。

改变空间感：反光顶棚或发光顶棚使顶面明亮，给人以空间增高的感觉，若光色运用恰当还会形成头顶青天之感。同理，利用发光壁有扩大空间感。设置光窗会有与自然相通、引光入室之感。

组织室内虚拟空间（或小区）：在一些多功能厅室可以运用不同照明方式组合成不同功用的小区，如光线柔和的淡雅咖啡座、光束强烈色彩缤纷的表演台、光色和谐而迷人的酒吧等，使大厅功能多而不乱，使各小区各得其所。

渲染室内气氛：将用艺术顶棚和吸顶灯相结合的方式给大厅增添豪华感。五彩旋转灯给舞厅带来变幻、迷离、激情和生气。用淡雅微暖的漫射光或嵌入式暗灯或散落数处的灯会给休息室增添安详、宁静和温暖的感觉。

（2）设计要求。

①注重灯具本身的装饰性及灯具组合的艺术性。

②重视光的投射方向，光束的分布，光影的形成及造型立体感。

③照度选用范围广，某些场合需高照度，有时需要低照度。有时还会利用闪烁的眩光来改变气氛。

④光色运用是艺术照明的一大特色。光色与环境色的配合，强调显色特性，光色可增加空间层次、调节室内气氛、改变心理感受、产生幻觉和创造意境。

设计艺术照明应注意：首先根据舱室的性质和用途考虑艺术照明；结合舱室装修特点；注意室内（四周平面和立面，家具，织物等）用色的基调及光色与物色的协调；选一或两种照明方式为主调（避免繁杂），设计多变的灯光效果。

3）应急照明

当船舶发生事故时，可能导致主电源中断，需使用应急电源供应急设备运转和应急照明。应急照明包括：航行灯、信号灯等；机舱、控制站、消防装备处所的照明；通道、梯道、出入口的照明；公共场所及超过16人居室的照明；停放救生艇、救生筏的场所，登艇甲板、舷外放艇入水处的照明等。应急照明需严格按照相应法规进行设计。

3. 电光源和灯具

1）电光源

人工照明采用的电光源有白炽灯、荧光灯、高压汞灯、高压钠灯等，船舶舱室照明常用的电光源为白炽灯和荧光灯。

（1）白炽灯：白炽灯依靠灯丝加热后的辐射发光，色温在2700～2900K，呈暖色调，显色性较好，船上使用较多，特别是启闭频繁处及应急照明处。反射型白炽灯，在玻壳内表面镀金属形成反射面，能聚光或泛光，常用于室内或露天甲板作投射照明。

（2）荧光灯：荧光灯是气体放电发光的光源。由于其光效比白炽灯高，且寿命也较长，已广泛用作舱室和通道照明。

荧光灯大约有三类：

①冷光型荧光灯（色温 4300K）；

②日光型荧光灯（色温 6500K）；

③暖白光型荧光灯（色温 2900K）。

暖色调的舱室用暖白光型荧光灯或白炽灯较好；冷色调舱室以使用冷光型荧光灯为佳；而要强调视觉清晰时用日光型为宜。

2）舱室灯具

照明灯具是指灯与灯罩的组合。灯罩的作用除保护灯泡、遮挡光源眩光和装饰外，更重要的是控制配光，提高光通利用率。船用灯具的发展趋势为灯具造型现代感、灯具系列标准化、光源高效节能化、灯具功能综合化等。

灯具类型，按安装方式分，有吊灯、吸顶灯、嵌入式灯、壁灯、落地灯、台灯等。其中，船上受层高限制，吊灯较少使用。

（1）吸顶灯：船用荧光吸顶灯，一般为圆形和方形的管灯。机舱、舵机舱等安装机器设备的大型处所，一般选择 2×40W 荧光舱顶灯，纵向间距 3.5m 左右，横向间距根据照度要求而定。应急发电机室、空调器室等小型的机器处所，一般选择 2×20W 荧光舱顶灯。

（2）筒灯：广泛用于客厅、会议室、办公室、卧室、门厅、走廊等。品种很多，有嵌入式、半突式、全突出式。

（3）台灯：置于桌面，既有照明作用，又有装饰作用。台灯一般采用 15W 或 8W 荧光灯，置于各舱室书桌左上角。

（4）壁灯：国外的船用壁灯经多国船级社认可的型式较多，除客房系列灯中的船用壁灯，还有装在舱顶的用于照亮舱壁上绘画等的照壁灯。

（5）床灯：规范中要求船员卧室中每张床铺的床头应装有 1 盏阅读用灯。传统的床灯有可绕水平轴转动的功能和抛物面金属三口反光罩，光源为 7W 或 8W H 管，或 40W 白炽灯。如客舱上铺是壁式翻板床，上铺的床灯可装于床侧面壁上，或在舱顶上装嵌入灯等。

（6）射灯：射灯广泛用于餐厅、舞厅、酒吧、门厅、客厅和卧室，基本的有导轨式、吸入式、嵌入式和固定式几种。导轨式普通射灯可用普通白炽灯泡或反射型灯光。射灯的导轨由导电的轨道和沿着轨道可滑动的插头组成。

（7）标志灯：在船舶的内走道、楼梯口、与公共有关的舱室、安全设施等处应设置标志灯，以指示方向。标志灯光源可用 15W 白炽灯或 12W 荧光灯，指示牌为两层有机玻璃板的刻字和图案，灯壳有嵌入式和吸入式两种。

（8）装饰灯：这类灯具往往形态多样，气氛渲染效果好，多用于豪华客船。

灯具还可按光通量分布的特点分类（如表 6-1 所示），这有助于光环境设计中按照光通量需要来选择灯具。

表 6-1 各类灯具光通量分布特点

灯具类	模式图	光通分配 向上/% 向下/%	特点	用途
直接型	θ	0～10 100～90	光照集中，照度高，光通利用率高。光方向性强 窄配光（张角<20°） 中配光（张角=20°～40°） 宽配光（张角>40°）	（1）适宜作为作业面照明 （2）舱室吸顶灯，宜用宽配光型灯具 （3）窄配光多用于投光灯
半直接型		10～40 90～60	用于大量光下夜间工作面上，少量光向顶面空间漫射，使环境有舒适亮度比。有益于消除空间的低矮压抑感	一般舱室照明
全漫射		40～60 60～40	光通均匀向四周漫射，光通利用率低 透过半透明灯罩，漫射光柔和均匀，改善环境空间感	不宜作工作照明灯（因照度低）
半间接型		60～90 40～10	光通中大部分投向室顶后再反射向下，少量向下散射光，光线柔和而均匀，无刺激性强光，视感舒适。既衬托出室顶结构、装饰，又能体现灯具的优美	用于装饰要求高的大厅等公共场所
间接型		90～100 10～0	全部光集中向上，再由顶反射，形成散射光，光线均匀柔和，但灯具效率低 散射光不产生阴影和眩光，视感极好	用于音乐室、休息室等公共舱室

舱室一般照明多用吸顶灯、嵌入式灯、台灯等。壁灯、台灯、落地灯仅用作局部照明，兼装饰和调节环境气氛的作用；嵌入式暗灯大都结合室顶结构构成艺术照明。

卫生单元内的灯具通常由卫生单元配套，包括 1 个带开关和经隔离变压器供电的剃须刀插座、功率为 18W 的专用镜前灯以及 1 个 20W 的荧光角灯。

应急照明灯具可使用与正常照明相同的灯具，但应急照明灯具上应有红色标记，以区别于正常照明。

3）照明装置

照明装置是将灯与舱室内结构或家具组合的照明方式，光源隐蔽的构件中，所见到的是照度均匀、光线柔和、无眩光和阴影的光带、光环或光面；并将光扩散到室内各处从而保持良好的光环境。

船上常用的照明装置有：反光顶棚、反光柱、反光梁等反光式照明装置，以及发光带、反光槽之类的透光照明装置。

反光顶棚在公共舱室用得较多，灯隐装在四周檐槽内，光照亮整个顶棚再反射到室内，光线淡雅柔和，可形成和谐平静的气氛。室顶大面积亮顶犹如头顶天空射临，自然光感、光环境效果极佳。槽光灯布置合理可以比用单个筒灯效率高，缺点是容易积灰。采用这种照明装置时，注意光的源绝对隐蔽，不可被看见；提高顶棚反光系数；灯布置要避免产生明暗不均的亮斑。

在一些面积大的公共舱室内，往往设有很多支柱，反光柱式照明，既提高了支柱装饰性，又解决了照明装置的安装问题，光环境效果也不差。

反光梁也是一种充分利用结构空间的照明方式。船上由于甲板间高较低，采用大面积发光顶棚是不适宜的。有一定光照要求的环境可采用光带或光片式发光顶棚。如光带式顶棚用于座席客舱，沿着座位间走道顶上装入光带既能照明走道，又能成为醒目的导向标志。光片尤如把光带切断拉开成间断布置或分散组成图案，希望室内各处都散布光照的餐厅、娱乐室等处可采用这种形式。光带或光片式发光顶棚，是将灯隐藏在天花板之内，在天花板平面上装漫射光玻璃或棱镜透光玻璃，或用格栅片。灯槽内设反光材料。

图 6-25 空间照明（见书后彩图）

此外，运用一定数量的吸顶灯，或嵌入暗灯并散布在天花板上，构成闪闪繁星或由中心向四周辐射的光芒或光环，也是一些大厅的照明设计。图 6-25 的邮轮泳池空间照明运用了多种照明装置。

基于船舶的特点，在人工照明的设计中应该注意如下几点：

（1）人工照明应与空间的功能和各种环境的设计相统一、协调。

照明的风格、灯具的选择，要注意需满足舱室功能，比如休息空间需体现静逸、舒适；娱乐的空间应体现活泼、热烈。船舶舱室内对于灯具类型的选用，是有限制条件的，必须要考虑空间环境的要求和尺度以及色彩环境的要求，切忌只追求形式。

（2）运用光的特点，优化照明效果。

运用人工照明的光导作用，使不协调的各类舱室向和谐的气氛转换。利用人工照明表现材料质感，如运用高反光性能材料（镜面、抛光不锈钢和铝合金等）等配合人工照明，一方面可以扩展有限的空间；另一方面光面金属材料对光色的反射作用，可以使室内色彩灿烂夺目。通过阴影大小、明暗差别的处理，可以充分体现出光照环境设计的艺术特征。利用人工照明形成虚拟空间，以增加空间层次、扩大空间感，或在大空间内创造出局部令人感到亲切的光照空间。

6.4 色彩设计

在一个固定的环境中最先闯进我们视觉的是色彩，而最具感染力的也是色彩。室内环境色彩对室内空间感觉度、舒适度、环境气氛、使用效率，对人的心理和生理均有很大影响。舱室内是色彩十分集中的地方，因而舱内色彩的协调将成为室内环境设计的重要组成部分。舱室色彩具有美学和使用双重目标，一方面表现美感效果，另一方面可以提升环境效用。

6.4.1 室内色彩的构成

在舱室环境中,空间内部的所有陈设包含了各种各样的类型与颜色的物品和构件(合称物件)。从色彩设计的角度来看，可将组成室内色彩的物件归结为以下四类：

（1）室内建筑构件，包括地板、天棚、墙壁、柱列、屏罩、门窗、楼梯、走廊等。

（2）室内设备，包括各类家具、机器、设备设施、管（线）路系统等。

（3）室内陈列品，包括各类工艺品、灯具、琴棋书画、器皿、盆景、壁挂等。

（4）室内纺织品，包括地毯、窗帘、帷幔、床品、桌布、靠垫、坐垫等。

这四类色彩物件各自有着不同的形体、尺度、纹饰、材料和质地。在舱室空间可形成不同空间位置、不同面积、不同质地光泽的色彩大汇合。

6.4.2 室内色彩的分类

1. 背景色与物体色

在舱室内存在着各种各样的背景色和物体色以及由这两者组成的组合色，如墙壁、地板、门窗、床、桌椅、沙发、壁灯、壁挂、靠垫等，它们自身所具有的色彩为物体色。

相对门窗、床、桌椅、沙发、壁灯、壁挂而言，墙壁和地板的色彩为背景色。相对靠垫、陈列品而言，沙发和陈列柜的色彩则变为背景色。背景色与物体色常呈现出多重组合，如墙壁—陈列柜—陈列品，地板—地毯—沙发—靠垫，形成多层次的复合背景。如图 6-8 的休闲空间中，天花和墙壁的灰色和蓝色是背景色，沙发和立柱的橙色和绿色就是物体色；在沙发上，沙发的灰色是背景色，靠垫的橙色花纹是物体色。整个空间中多重背景色和物体色通过体量的对比，烘托出活泼的气氛。

2. 主导色、调节色和重点色

在用三色相组合色彩的设计中，室内的色彩一般可分为主导色（或称基调色）、调节色和重点色。

主导色反映室内主题思想，是形成协调色彩的基本组成部分。恰当地运用调节色或重点色，往往能产生鲜明的色彩对比，使色彩统一而又有变化，协调又不单调。

同时正确地调节背景色、物体色，主导色、重点色之间的关系，将有助于突出空间的主从关系、隐显关系，也有助于表现空间的整体感、协调感、深远感。

图 6-26　游船酒廊的色彩
（见书后彩图）

天棚、墙壁、地板是室内的空间界面，通常作为背景色的涂饰面，有时也选作主导色的涂饰面。但不排斥为了强调某个墙面色彩而饰以重点色。当大面积的纺织品和大体量的家具的物体色成为室内的色彩主体时，这些物体色也可作为主导色纳入室内色彩的设计体系。需要注意，主导色要有广泛的适应性，以便于衬托不同色调的物体色或重点色。如图 6-26 的游船酒廊，背景色是沙发地毯的深蓝色，调节色为边框和天花的木色和金黄色，而浅色沙发的米白色是重点色，这些颜色营造出了古典感的优雅氛围。

3. 固有色和条件色

若将室内的建筑构件、设备、陈列品、纺织品等单独置于日光之下，则它们都能反映物体本身的固有色彩，这种色彩称之为固有色。一般说来，这些物件若放置在室内空间时，它们不仅带着本身的固有色，而且受到光照和光的反射的作用，在各种环境色的衬托下，会呈现出复杂的条件色。也就是说，在外部条件影响下，原固有色经变化后所呈现的色彩称为条件色。

因此，室内环境色的协调，既涉及挑选各类物件固有色的问题，又涉及各物件的组合所带来的条件色的问题。选择固有色时，因为室内空间尺度与设计图纸相比，要大许多，所以必须谨慎地考虑色彩的“面积效应”。色彩的“面积效应”是指设计图上的色块一旦放大到实物上，因面积的增大会加强色彩感，看上去彩度、明度都将增强，因此会觉得色彩更鲜艳。这是室内色彩协调中一个不可忽视的问题。

6.4.3　室内色彩的选择

整个内部空间的用色，必须根据舱室的使用功能、所表达的主题思想、人们的生活习惯和整个的环境气氛等加以选择。同时，各个舱室之间的色彩还须作适当调节，色彩的选用必须与舱室内部的布置、家具造型等相互联系，相互配合。总之，各部分色彩的配合要做到协调、实用、美观、使人感觉舒服。

船舶舱室色彩应具备如下特点：

（1）功能性：内装色彩与舱室功能密切相关。

（2）民族性：不同民族有不同的喜好色（图 6-27）。

（3）时代性：不同时代有不同的风格，也有不同的流行色。

依据舱室环境设计实践，给出如下舱室色彩选择建议。

1. 居住舱室

（1）舱室壁面多为明调浅色，较常用的有白色、浅黄、浅绿、浅蓝，亦有用蟹青和淡紫的（图 6-28）。

（2）地面色彩应为耐脏的色彩，而且比舱室壁面用色要深，以形成重心低、有稳定感的效果。在高级舱室内还应考虑选用深色地毯。

（3）天花板色彩一般选用比舱室壁面还要浅的颜色，以便扩大室内的空间感，消除压抑的感觉。考虑到光线的反射作用，常用白色、浅灰或浅黄。

（4）家具的色彩应特别注意要与整个舱室的色调协调。沙发面的色彩不宜与地板的一致，以免显得单调呆板。如在深绿色的地板上配衬绿色的沙发面会显得气氛单调，若改用奶黄色则效果较好。

（5）窗帘的色彩应与壁面色彩协调，一般选用比壁面稍深的颜色，但不宜过深。如淡绿壁面衬以大红窗帘就不适宜。

图 6-27 舱室色彩——民族风情的中庭（见书后彩图）

图 6-28 居住舱室色彩（见书后彩图）

2. 工作舱室

（1）机舱内温度较高、噪声大、采光差，因此舱壁颜色应以清静的冷色为宜，故机舱内用青色系，而机舱棚用白色较好。

（2）驾驶室内壁多采用浅色调，但也有习惯用本色清漆及深褐色的。海图室一般采用暖色系。

（3）无线电室常采用青绿色系，使之有沉静之感。假若无线电室较为窄长，如采用冷色有阴郁之感，这时可改用暖色系统。

图 6-29 娱乐空间色彩（见书后彩图）

3. 公共舱室

（1）俱乐部、娱乐室等要求轻松愉快、热闹活跃，适于用浅暖色（图 6-29）。

（2）阅览室、休息室要求安静雅致，常用浅色色调，如浅蓝、淡黄等明度较高的颜色。

（3）会议室要求庄重大方、宽敞、舒畅，采用中性色壁面为好。

（4）厨房、配餐室、洗室等处，采用青色系较多。

（5）餐厅用色必须能增进食欲。橙色能增进食欲，在空间色彩中使用橙色，与其他色共同形成清爽、新鲜、美观、令人愉快的气氛。

6.5 陈设设计

陈设是舱室内部设计中的一项十分重要的内容。陈设包括家具、灯具、织物、工艺品和日用品等。舱室陈设分为功能性陈设和装饰性陈设：功能性陈设指具有一定实用价值并兼有观赏性的陈设，如家具、灯具、织物等；装饰性陈设指以观赏为主的陈设，如雕塑、字画、工艺品等。舱室陈设能够烘托气氛，创造环境意境；柔化空间，调节环境色彩；创造空间，丰富空间层次；强化环境风格等。

舱室陈设的布置应在满足基本功能要求的前提下，遵循形式美的一般原则，形成良好的环境和意境，给人以美的感受。

6.5.1 家具

家具是一种实用工艺品，它既有使用功能也具备美学功能。

在实用上，家具除了用于工作、学习、休息、睡眠和存放衣物之外，还在空间环境中，起着分隔空间、组织空间、填补空间的作用，达到增加空间层次、扩大空间感觉、形成多功能空间的目的。

在艺术上，家具本身作为一个审美对象，有着优美的艺术造型。精心的家具外形设计与布置，可以陶冶人们的情操，形成舱室特定的气氛与意境；家具还能体现民族文化特征。

在船舶舱室内，家具的配置应遵循以下原则。

（1）家具的选择和布置要与墙壁、地板、天花板、窗户等协调配合，确切地反映船舶风格和舱室的主题思想，比如：豪华富丽、端庄典雅（图 6-26）、奇特新颖（图 6-29）或乡土气息等。

（2）在布置家具时要讲究秩序，考虑人流路线，力求有较多的活动空间。可将室内性质相似、功能相当的家具组织在一起，形成不同的功能角落。规则式的布置有明显的对称轴线，显得严肃端庄，多用于会议室、接待室；不规则的布置无明显的轴线，显得自由、活泼、富于变化，常用于休息室、客舱、游艺室、舞厅等。

（3）在家具造型上，既要考虑新颖变化，还要讲究实用性和经济性。组合家具与多功能的家具能很好地配合船舶的使用需要（如沙发床、壁式床等）。

（4）在尺度上，家具的造型与尺寸应适合人体的体型、生活习惯和不同环境的要求。其外形、结构和尺寸还应配合船舶舱室空间的特点（图6-19）。

6.5.2 织物

室内织物包括窗帘、床上用品、沙发覆面、台布、靠垫、地毯、挂毯等。

织物的艺术感染力首先来自于材料的质感与纹理。毛、麻、棉、丝、人造纤维等不同原材料纺织的织物，其质感有：粗糙、细腻、挺括、柔软；其纹理有曲有直、有正有斜、有凹有凸。织物的多样特征为形成不同的环境气氛创造了条件，如质地粗糙的，不易反光，让人有种亲近感和温暖感；质地细腻的，容易反光，看起来明亮、轻快，有种远离后退感和凉爽感。对于纹理，垂直的条纹可以使空间显高，水平条纹可以使空间显得舒展。

织物的艺术感染力还来自色彩与图案。织物通过不同的工艺处理，如印染、织花、提花、抽纱、绣花等可以形成丰富多彩的色彩与图案，这是增强表现力的有效手段。小型的图案，显得文静、典雅，可扩大空间感；大型的图案，醒目、活泼，给人以强烈的印象，但又缩小了空间感。简洁、明快的几何图案，很容易与现代流行的陈设相协调；而动植物的各种图案，又可以体现某种特定的情感，能反映民族特色和风格。如反映我国民族特色的狮、虎、松、竹、兰、仙鹤、熊猫等动植物的图案，就经常印织在窗帘、挂毯、地毯上。再如图6-26中的沙发色彩和纹样塑造出浓郁的古典欧洲气息。

织物的艺术感染力还来自于款式与布置方式。如窗帘的悬挂方法及开启后的形态，床单与台布、沙发的铺法，地毯与挂毯的装点空间，这些都能塑造空间环境的艺术感染力。不同的款式和不同的布置方法其气氛也不同：可自由活泼、热烈愉快；素静、典雅；庄重、质朴；豪华、富丽。如在某些室内，采用平绒、丝绒等织物做成上下移动的窗帘，地面铺设深色毛料地毯，以锦缎蒙面的沙发陈设，显得庄重、豪华。有的居住舱室内，用浅色墙壁，淡雅的床单上配之色彩较明亮的枕套或被子，就会产生素静、文雅的情调。

6.5.3 工艺品

工艺品无论是实用工艺品（塑料制品、艺术灯具、搪瓷制品）还是装饰工艺品（壁挂、壁画、盆景、刺绣、雕塑、陶瓷）都能美化空间、陶冶情操，是船舶舱室环境设计中不可缺少的一部分。

工艺品在舱室环境中的作用有如下几点：

（1）衬托高潮区，形成景观点。

由于在船舶舱室布局的序列中设置的高潮区往往是人们观赏过程中的视觉焦点，因此，如果在这里布置大型的工艺品，那么它将成为人们观赏的一个重要部位，能够烘托出舱室布局中高潮区的热烈气氛。图6-27的中庭中间的塔式建筑结构，配合灯光与色彩，成了这个空间的焦点。

（2）调整构图，画龙点睛。

为使室内构图完美，当总体的布置原则确定以后，在某些部位适当地点缀一些工艺品，可以丰富立面造型、增加空间层次。比如，淡雅、素静的旅客住舱内，书桌上配置一个造型别致、色彩鲜明的台灯，不仅使室内的色调不致呆板，而且也丰富了整个台面的外形轮廓，形成空间的虚实对比。

（3）体现民族风格和地方特色。

图 6-30　古典剧院风格的陈设设计（见书后彩图）

选择带有不同的民族和地方特色的工艺品来装点空间，赋予环境风格。如书法、国画、盆景、刺绣、瓷器等，是我国的传统文化符号，在舱室内，适当陈列这些工艺品，将会使舱室环境更加富有民族的性格。图 6-30 是某豪华邮轮中的走廊，通过地毯、围壁装饰画、灯具等，塑造出了欧洲古典剧院的富丽场景。

在室内设计中，工艺品的使用要掌握少而精的原则，切忌随意堆砌。以空间用途、主题思想为依据，挑选最能贴切地反映该船舱室空间特点的工艺品。陈设的形式一定要符合形式美中关于统一与变化的原则。

第7章

船用家具设计

家具是人类维持日常生活，从事生产实践和开展社会活动必不可少的物质器具。家具的历史同人类的历史一样悠久，它随着社会的进步而不断发展，反映了不同时代人类的生活和生产力水平，融科学、技术、材料、文化和艺术于一体。家具除了是一种具有实用功能的物品外，更是一种具有丰富文化形态的艺术品。船用家具是舱室内部环境的重要组成部分，它的功能、造型和布置等直接影响着人们的生活和工作。

7.1 家具概述

7.1.1 家具的内涵

几千年来，家具的设计和建筑、雕塑、绘画等造型艺术的形式与风格的发展同步，成为人类文化艺术的一个重要组成部分。

从公元前 4000 多年的古埃及王朝一直到 19 世纪欧洲工业革命前，家具的历史实际上就是木器的历史。经过长时间的发展，东、西方家具的造型和工艺技术不断改进，使家具逐步演变为一种精雕细刻的手工艺品。但这个时期，人们过分追求家具的装饰，削弱了家具作为生活器具所必需的功能。

19 世纪欧洲工业革命后，家具的发展进入了工业化的发展轨道。在现代设计思想的指导下，基于“以人为本”的设计原则，摒弃了奢华的雕饰，提炼了抽象的造型，家具进入了机器生产的时代。机器时代的家具造型千变万化，日趋完美，随着新材料与新工艺不断融入，新的生活与工作方式不断改变着家具的造型、材料与工艺。

随着社会的进步和人类的发展，现代家具的设计几乎涵盖了所有的环境产品、城市设施、家庭空间、公共空间和工业产品。家具的内涵与外延空间不断扩大，功能更加多样，造型千变万化，日趋完美，成为创造和引领人类新的生活与工作方式的物质器具和文化形态（图 7-1）。

图 7-1 造型丰富的现代家具

家具在当代已经被赋予了最宽泛的现代定义，家具一词英文为 furniture、funishing，还有来自于法文的 founiture 和来自于拉丁文的 moblils，皆是指“家具”“设备”“可移动的装置”“陈设品”“服饰品”等含义。

家具不仅具备了功能意义，即家具与建筑室内共同构建人类的生存空间，依附于建筑，家具功能是建筑功能的延伸；家具同时也具备文化意义：家具反映了不同时期不同民族人类的审美观念和审美情趣；也可以从不同方面规范人们的举止礼仪，甚至可以形成特定政治秩序和经济实力的物化特征。

7.1.2 现代家具的特性

1. 家具使用的普遍性

家具使用的普遍性在古代家具中已得到了广泛的验证，在现代社会中家具更是无所不在。家具以其独特的功能贯穿于现代生活的各个方面：工作、学习、教学、科研、交往、旅游以及娱乐、休息等，而且随着社会的发展和科学技术的进步，以及生活方式的变化，家具也处在发展变化之中。

如我国改革开放以来发展出专用家具类型，如宾馆家具、商业家具、现代办公家具，以及民用家具中的音像柜、首饰柜、酒吧、厨房家具、儿童家具等，它们以不同的功能特性，不同的文化语义，不断适应不同使用群体的心理和生理需求。

2. 家具的两重性

家具不仅是一种简单的功能物质产品，而且是一种广为普及的大众艺术，它既要满足某些特定的直接用途，又要满足供人们观赏、使人在接触和使用过程中产生某种审美快感和引发丰富联想的精神需求。它既涉及材料、工艺、设备、化工、电器、纺织等技术领域，又与社会学、行为学、美学、心理学等社会学科以及造型艺术理论密切相关。所以说，家具既是物质产品，又是艺术创作，这便是家具的双重性。

3. 家具的社会性

家具的类型、数量、功能、形式、风格和制作水平，以及社会家具的占有情况，反映了一个国家和地区在某一历史时期的社会生活方式、社会物质文明的水平以及历史文化特征。家具是某一国家或地区在某一历史时期社会生产力发展水平的标志，是某种生活方式的缩影，是某种文化形态的显现，凝聚了丰富而深刻的社会性。

7.1.3　家具的分类

家具造型丰富，功能多样，其常用的分类方法有：

1. 按使用功能进行分类

即按照家具与人体的关系和使用特点进行分类。

1）坐卧类家具

满足人们坐、卧、躺等行为需求，支撑整个人体的家具，细分为坐具、卧具。坐具如椅、凳、沙发等；卧具如床、榻等。

2）桌台类家具

人体倚靠着进行操作的家具，如书桌、餐桌、几案、讲台、立式柜台等。

3）存储类家具

存放物品用的家具，主要指橱柜类家具，如书架、衣橱、展示柜等。

4）其他家具

如屏风、衣帽架等。

2. 按使用场所进行分类

1）民用家具

民用家具指在家庭中使用的家具，又可分为客厅家具、卧室家具、儿童房家具、书房家具、厨房家具等。

2）室内公共环境家具

室内公共环境家具指在特定的室内公共环境中使用的家具，如商业空间展示家具、影剧院家具、医院家具、办公室家具等。

3）户外家具

户外家具指在花园、公园、广场等户外环境中使用的家具。

3. 按使用材料和加工工艺进行分类

1）木质家具

木质家具主要部件由木材或木质人造板材料制成。

2）金属家具

金属家具主要由各种金属材料构成。

3）竹、藤家具

竹、藤家具指使用竹、藤类天然材料制成的家具。

4）塑料家具

塑料家具指使用玻璃纤维或发泡塑料注塑成型的家具。

5）玻璃家具

玻璃家具指以玻璃作为主要材质的家具。

6）石材家具

石材家具指以大理石等天然石材或各种人造石材为主要构件的家具。

4. 按家具结构分类

1）软体家具

软体家具指构成家具的主体部分为帆布、棉布、海绵等弹性材料和软质材料。

2）框式家具

框式家具指以榫眼结合的框架为主体结构的家具。

3）板式家具

板式家具的基本材料是规格化的人造板、金属或塑料的矩形材，这种家具便于包装运输，从家具厂出厂时是一些成形的板块和连接件，在使用地点可以很方便地装配成成品的家具。

4）组合家具

组合家具指由部件或可独立使用的单体组成一件整体的家具。

5）曲木家具

曲木家具指主要部件采用木材或木质人造材料弯曲或模压成型工艺制造的家具。

6）折叠家具

折叠家具指可收展改变形状的家具。

5. 按家具的组成形式分类

1）单体家具

在组合配套家具出现以前，家具往往是作为一件独立的工艺品来设计的，用户可以按照不同的需要和爱好单独选购。

2）配套家具

因生活的需要或环境的特殊要求而自然形成的、相互密切联系的系列家具称为配套家具，如卧室中的床、床头柜、衣橱，办公室中的办公桌、办公椅等。

3）组合家具

组合家具是将家具分解为几个基本单元，这些基本单元可以拼接成不同的形式，甚至可以有不同的使用功能。

7.1.4　家具的风格

在家具发展的过程中，不同的民族、文化、生活习惯、技术和材料，促使家具形成了多元化的风格，主要有：

1. 传统风格家具

传统风格家具主要是工业革命前的古典手工木质家具。东、西方的家具风格有着显著的差别。东方的古典家具如我国的明式家具（图 7-2（a））；西方的古典家如哥特式、巴洛克和洛可可（图 7-2（b））风格等。

(a)

(b)

图 7-2　传统风格家具

2. 现代风格家具

现代风格起源于 1919 年成立的包豪斯学派。这种风格强调突破传统，创新形式，注重产品的功能性，造型简洁，崇尚合理的构成工艺，尊重材料的性能特点，讲究材料自身的质地和色彩的配置效果。多以几何形为主，在材料的选择上，金属、皮革、塑料、合成板等都是常用的材质（图 7-3）。

图 7-3　现代风格家具

3. 后现代风格家具

后现代主义风格强调建筑与室内设计应具有历史的延续性。但又不能拘泥于传统的逻辑思维方式，不断探索和创新造型的新手法，讲究人情味，常在室内设置夸张、变形的形式。这种风格的家具除了实用功能的考虑外，特别强调家具在造型方面的要求（图 7-4）。

4. 自然风格家具

自然风格在美学上推崇“自然学”，认为只有崇尚自然、结合自然，才能使人们在当今高科技、快节奏的社会生活中获得生理和心理的双重感受。自然风格的家具多用木料、织物、藤、竹、石材等天然材料，在制作工艺方面多采用传统手工工艺，突出家具原始、质朴的自然特征（图 7-5）。

图 7-4　后现代风格家具

图 7-5　自然风格家具

7.1.5　家具设计的原则

家具既要包含艺术要素，又应有技术、技能、技艺的要素，家具美是使用价值与审美价值的统一。家具设计是指用图形（或模型）和文字说明等方法，表达家具的造型、功能、尺度与尺寸、色彩、材料和结构的设计方法。家具设计既是一门艺术，又是一门应用科学，家具设计必须满足家具实用功能基础上的产品的审美需要，并研究解决家具生产过程中的技术问题。

家具设计随着社会的进步而不断发展，是艺术性与技术性的统一。

家具设计的原则如下：

（1）使用功能是家具设计的目的。

（2）物质技术条件是家具设计的基础。

（3）艺术造型是家具设计的美学形式。

1. 使用功能

1）舒适

家具必须以正确的尺寸、合理的结构、优良的材料为基础，而后才能产生舒适的效果。凡是与人体活动有关的座椅、床、工作台、餐桌椅和储藏家具等，都要合乎人体工程学的原理，采用适宜的材料和结构，使其有助于节省体力、放松情绪、消除疲劳和增进健康等。

2）便利

家具是否具有便利的特征与重量和结构直接相关。形体轻巧的家具，特别是易于拆装变换的单元组合家具，比较符合便利的原则。相反，粗笨呆板的家具难以移动和陈列，必要时可以安装把手和脚轮。

3）多功能和组合性

家具如果具有多功能或组合的特征，不仅可以减少室内家具的数量，而且可以节省空间。比如用折叠、叠加或成套组合家具的方式来节省空间。

4）耐用和易于维护

家具的长期使用价值，主要决定于材料的品质和结构的坚固程度。耐用的另一个概念是外观形态的长期保值程度。

5）回收利用

就整个生态环境而言，环保的因素在设计中越来越受到重视，这些因素应该在家具设计初期就需要加以考虑。也就是说要渗透到设计、生产、使用乃至报废整个产品的生命周期中去。要考虑的范围包括：是否对环境造成污染，是否有噪声，是否浪费能源和原材料，是否是生态环保型产品，是否可以回收再利用。

2. 物质技术条件

1）新技术的运用

家具的生产方式从机械化生产进一步发展到全自动化生产，家具部件生产的要求进一步发展到标准化、系列化和拆装化。计算机技术在家具行业得到广泛应用，计算机辅助设计全面导入到现代家具设计领域，极大地提高了家具设计的质量，缩短了设计周期，降低了生产成本。

2）材料特性的运用

家具的物质属性决定于生产所用的材料，对材料的运用不但是制作的先决条件，也直接关系到家具设计出来的效果。家具设计用材种类繁多，每一种材料都具有各自的特点，家具设计一方面要选择适合功能要求的材料，另一方面也要使用能符合设计者的艺术构思的材料。

3）结构的运用

结构的选用要根据家具的类别和使用场合来决定，并与材料的属性相协调。如用于公共建筑机械化大批量生产的家具多采用零部件组装组合；木质家具是传统的榫结合；多功能家具则是采用特制部件的灵活组合，以满足功能的需要。

3. 艺术造型

1）艺术特性

（1）造型美表现在家具的外观形态、装饰、色彩等方面。这种美是外在的，很容易为视觉所感受到。

（2）来自家具的结构或因结构而形成的美，即内在结构所体现的功能之美。

2）文化特性

（1）地域性特征：不同地域地貌、自然资源、气候条件，必然产生人的生活习性的差异，并形成不同的家具特性。如少数民族与汉族家具的差异。

（2）时代性特征：在农业社会，家具表现为手工制作。因而家具的风格主要是古典式，有明显的手工痕迹。在工业社会，家具的生产方式为工业批量生产，产品的风格则表现为现代式，具有机械美、技术美。在当代信息社会，家具又转而注重文化语义，因而家具风格呈现了多元的发展趋势。既要现代化，要反映当代人的生活方式，反映当代的技术、材料和经济特点，又要在家具艺术语言上与地域、民族、传统、历史等方面进行同构与兼容。

7.2 船用家具特点

7.2.1 船用家具的特殊性

现代船舶越来越重视船舶舱室设计的质量，家具的种类与造型越来越丰富，特别是豪华旅游客船上的家具（图 7-6），已与陆地家具极为接近。然而船用家具还具备一些特殊性。

图 7-6 船用家具

1. 环境适应性要求

（1）船用家具大部分都要与墙壁或地板进行紧固连接，以防止家具在风浪中发生摇晃，特别是海船中的大件家具，如桌、柜、床等。所以船用家具在设计时要考虑与墙壁或地板相连接的装置或部位。

（2）家具要有防振动与防噪功能。一般船用家具的抽屉都有自锁装置。对于金属家具，如果抽斗等能活动部位没有防振措施，就会发出噪声，影响休息和工作。

（3）部分海船的桌、台、柜的面板四周边缘可能做一个高于面板 10～20mm 的凸缘（台面包线），其目的是当船摇动时防止桌面上的东西翻落下来。柜子的抽斗一般要加上挡条，以防止船摇晃时抽斗自动翻落下来。同理，较大的柜门还可能要加柜门拉条等。

2. 法规要求

船用家具必须满足相关法规和船级社的要求。

1）必须满足布置和尺寸设计规定

船级社以及《海上人命安全公约》和《2006 海事劳工公约》等法规分别对船用家具做了布置和尺寸设计相关的规定。如英国船级社对双层床的设计有要求，《2006 海事劳工公约》对船员舱室中家具的配置、储物空间的大小有规定等，这些要求都必须在设计和布置家具时予以满足。

2）必须满足防火要求

防火的要求是船用家具最重要的特征。对于某些具有特殊要求的船只，或是为了满足规范上所指定的所谓“设有限制失火危险的家具和装备的住室”的舱室家具，要采用不燃材料或阻燃材料来制造。

3. 空间适应性要求

（1）船用家具有时会比陆地上的家具略小，这是为了与舱室较低矮的空间在尺度上相适应。

（2）部分船用家具因与地板或壁板连接，需要去除部分结构。如有些紧固在壁板上的衣柜可以把柜子后面的背板去掉，直接利用壁板作为背板。有的也可以利用天花板，这样顶板就可以不做。

（3）由于船舶内部常有不规则的空间，船用家具常需要配合舱室的空间形态进行设计（图 7-7）。为了充分利用空间，家具往往从填补曲面空间来设计，如弧形的沙发或写字台、翻折床等。还可使用组合式家具、多功能家具等，这些家具占地面积小，功能全。如组合家具不仅可以把大衣柜、书柜、酒柜、电视柜等组合在一起，甚至也能把写字台、梳妆台、床等包含进去。它通常利用室内一个墙面进行放置，占地面积小、功能全面、结构合理、材料成本也比单体家具更为节省。

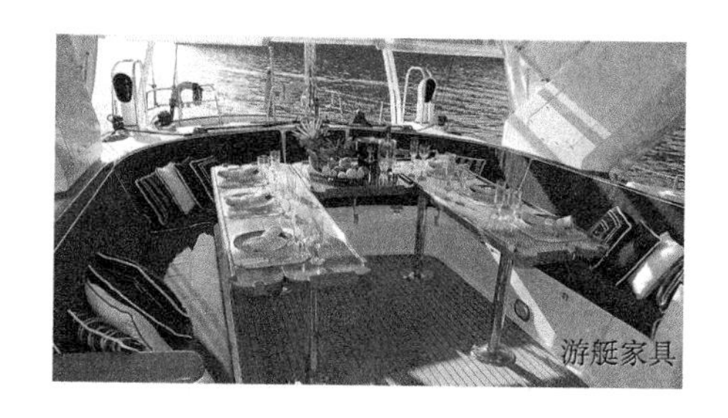

图 7-7 配合空间形态的船用家具

7.2.2 船用家具的分类

船用家具与陆地上的家具一样，拥有复杂的种类，这里根据材料进行分类。

1. 船用木质家具

木质家具具有成型好、装饰性强、纹理自然、制作加工方便、重量轻等特点，特别是木材本身的绝缘性较好，不易导热，软硬适中，适合制作床、台、椅等直接和人的身体相接触的家具。因此在全世界范围内，木材仍然是家具的主要原料。随着对木材资源的开发技术的变革，在人造板技术产生后，板式家具的产生使家具的生产更为便捷，为木材的高效利用提供了条件。板式家具的板材主要有胶合板、塑面板、刨花板、细木工板和空芯板五种。船用木质家具还需满足防火规范的要求。

1）实木家具

实木家具属于高档家具，木纹美丽，表面油漆要求相当高；结构为榫眼结构，制作精细，艺术性比较高，大部分以手工制作为主，这种家具常用在古典风格的房间。用于船舶的实木家具需做防火涂饰。未经防火处理的实木家具只能用于没有防火要求的舱室。

2）板式家具

板式家具是采用刨花板、细木工板等人造板为材料的家具，使用 32mm 系统为基础进行制造，采用金属连接件，组装方便，成型快，搬运拆卸方便。板式家具以几何造型为基础，造型简洁大方。

为符合船用防火的要求，船用人造板家具以人造板为基材，表面使用耐火饰面，有时还会用铝制包边。耐火饰面常用三聚氰胺板或 PVC 膜、镀锌板等，还可以做成多种木纹或彩色图案，成本较低。

2. 船用金属家具

金属家具的主要特点是结构牢固、耐潮、不易燃烧；缺点是相比木质家具，外观纹理和造型美感较差。金属家具有钢质家具、不锈钢家具和铝质家具。

1）钢质家具

钢质家具是用厚度 1～1.5mm 的冷轧钢板，经过剪冲滚轧、装配焊接、涂漆等工艺再配上塑料及五金等零件制作而成。造型可模仿木质家具，轮廓清晰、线条挺括、美观大方。

2）不锈钢家具

不锈钢家具是用不锈钢薄板采用与钢质家具相同的工艺制作而成的家具。不锈钢家具不需要涂装，常见有镜面抛光与砂光两种。这种家具外表光亮，不生锈，易清洁，适宜用在厨房、卫生间、配餐间等经常和水接触的部位，如不锈钢洗槽、不锈钢洗脸盆、不锈钢工作台、不锈钢碗柜等（图 7-8）。

图 7-8　船舶厨房不锈钢家具

3）铝制家具

铝制家具具有防火、防水、耐腐蚀、防虫蛀、重量轻等特点。为美化外观，表面可包覆木皮或 PVC 膜，以达到类似木质家具的视觉效果。

近年来，铝蜂窝板被应用到船用家具中。船用铝蜂窝家具以铝蜂窝为芯材，表面为木材纹理耐火饰面或实木皮，外观效果与人造板家具相似。

3. 其他材料家具

船用家具还有玻璃钢家具或ABS制造的塑料家具，还有藤、布艺、软体家具等。这些家具因其丰富的造型、色彩，以及较轻的重量受到广泛应用。在设计选用时，材料必须满足相应的防火要求；造型设计要考虑人体工程学；用于室外的家具，如露天的长椅等还应关注其材料和涂饰的抗老化性能。

船用家具的设计需要首先考虑其作为家具的使用功能和艺术功能的双重性，还必须满足船用家具的特殊性要求。下面以柜类、椅类、桌、床为例，介绍船用家具的设计。

7.3　船用柜类家具设计

柜类家具是收藏、整理日常生活中的器物、衣物、书籍等物品的家具。根据存放物品的不同，主要有书柜、衣柜、橱柜、电视柜、陈列柜等。

7.3.1　柜类家具设计要素

日常生活用品的存放和整理应根据人体操作活动的可能范围，并结合物品的特性、使用频率、收藏形式及人的行为习惯去考虑，柜类家具的设计就是以此为基础的。

1. 人体工程学因素

1）取放物品与人体动作

物品的储藏整理与人体尺寸（特别是上肢尺寸和活动范围）及使用状态中的体位有着密切关系。由于物品的取放都用手进行，因此上肢尺寸及其活动方式对储藏家具设计具有重要的指导作用。人体所能及的活动范围还可用于确定隔板的高度和合理分配空间。

2）物品的可视性

在确定柜类的深度时，还需要考虑人的视线范围。隔板之间的间距越大，能见度越好，但空间浪费较多。

2. 储物特性

1）储物形式

储物形式必须符合实际需要，以取得柜类合理的结构，同时必须配合视觉美观的原则，由于储藏物品的使用要求不同，可以根据储藏物品的开放程度，将储物形式分为封闭式、开放式和综合式。

（1）封闭式：是将储藏物品处于完全隐置的状态，一般的衣柜就是典型的封闭式储藏家具。它是以柜门为主要屏障，将所有储藏的物品都纳入合理而便利的内部空间。

（2）开放式：将储藏物品完全外露，是兼具展示作用的形式，一般的玻璃窗、壁架即属于典型的开放式储藏形式。

（3）综合式：综合式是将开放式与封闭式并用的形式，兼具两者的特长。在家具的立面可显示出虚实对比，增加室内的变化感。

除上述分类，也可以按照具体物品的存放方式进行分类，如衣物有挂放和叠放，书籍可以有单排竖放、双排竖放和卧放等形式。

2）物品的尺度

在设计各种不同功能的柜类时，必须仔细了解和掌握各类物品的常用基本规格尺寸，以便合理地确定柜类的长、宽、高、深，以及内部的分隔，以提高收藏物品的空间利用率。

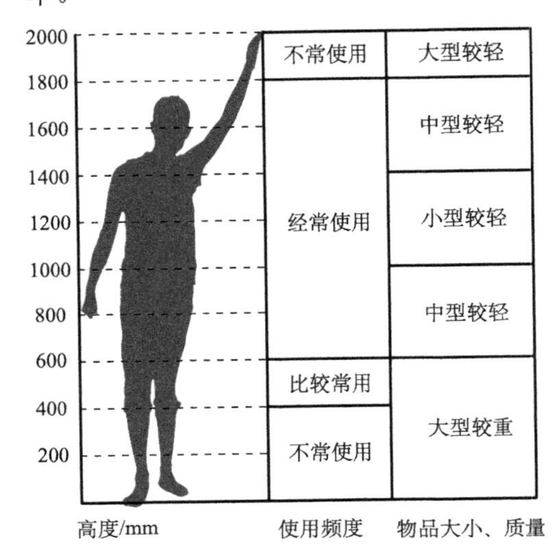

图 7-9 物品储藏高度示意图

3）储物空间的分隔

储物空间的分隔，必须根据其用途来确定，大致可按体积、质量、使用频率，还有人体动作来考虑（图 7-9）。

3. 柜类家具功能部件和尺寸

1）隔板

隔板在柜类家具中应用极为广泛，隔板应用形式灵活，间距可调，可以更为有效地分隔内部空间。隔板的高度是由人寻找和取物的最佳高度决定，隔板间的间距则由物品大小，主要是由其高度加适当的活动空间决定。

2）抽屉

柜类家具中通常设有抽屉，抽屉的宽度和深度由放置物品的尺度来决定，如衣柜的抽屉，按衣服折叠后的尺寸来确定。抽屉不能太深，太深会影响抽屉内部空间的可视性。抽屉高度的设计与其特殊的储藏形式和载荷有关，不但要求抽屉能便于开启，还要求里面的东西要尽收眼底，保证取物方便。

3）门

门的高度关注的不是门本身的尺寸，而是把手位置的确定，以保证可以将门顺利开启。

7.3.2 衣柜

1. 衣柜的功能和形式

衣柜是船舶居住舱室必备的三大家具（床、桌、衣柜）之一。衣柜用于存放衣物，衣物的存放方式有挂放与叠放两种，也可用来存放其他物品，如帽子、鞋子。此外船用衣柜还要储存救生衣，而且要满足拿取方便的需求。船上衣柜门背面还可装上镜子，供穿衣、系领带、整理衣着用。有些法规与船级社对船用衣柜有明确的要求。《2006年海事劳工公约》中规定："舱室家具应包括一个宽敞的衣柜（至少为475L）和空间不小于56L的抽屉等；如果抽屉设在衣柜里面，则衣柜的合计容积至少应为500L；柜内应设搁板，并能够由居住者上锁以确保隐私"。

常见的船用衣柜有单门、双门和三门，如图7-10。单门衣柜和双门衣柜最常见。三门衣柜由于占地面积大，使用较少。

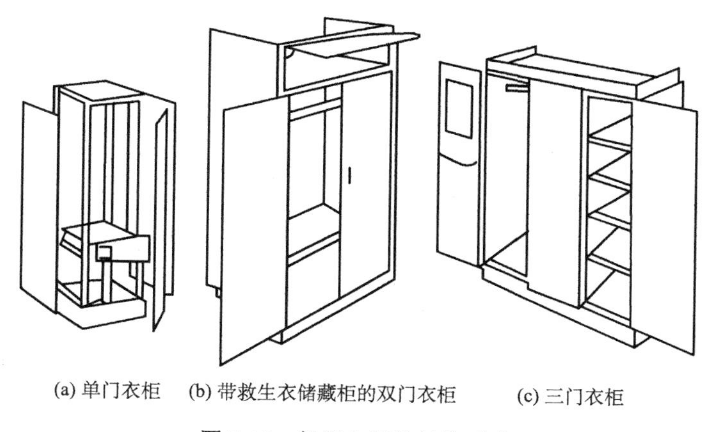

(a) 单门衣柜 (b) 带救生衣储藏柜的双门衣柜 (c) 三门衣柜

图7-10 船用衣柜的结构形式

图7-10（a）为单门衣柜，该柜有两个侧板，一个柜门，一顶及一底，打开柜门，在柜中间偏下有一个抽屉，将柜子内部空间分为上下两部分，上半部较高，可挂放上衣，下半部较小可推放折叠的衣服或其他物品。这种单门柜的宽度为450～600mm，衣柜的高度约1800～1980mm。单门衣柜常用于空间较小的船员舱室。

图7-10（b）为顶部带储藏柜的双门衣柜。该衣柜的尺寸较大，达到天花板的高度，因此在顶部储藏柜上就不装柜顶板了。一般较大的居住舱室净高2100mm，所以柜高可做成2100mm，双门柜的宽度一般为900mm，深度为600mm。顶部储藏柜做成上开式，可用于存放救生衣，柜门上装有衣钩，用来挂住救生衣，只要把门打开，救生衣就随门带出。在下部衣柜内设挂衣棍及搁板。

图7-10（c）为三门衣柜。左边柜内可挂大衣等物，右边柜为单独小柜，里面有较多搁板，便于存放各种物品。门的背面可装镜子。船用衣柜一般都靠墙或靠墙角设置，因此，船用衣柜常做成只有侧板与柜门的三面体，固定墙壁上的墙面就可替代衣柜的背板。三门衣柜用于较大的居住舱室。

2. 船用衣柜的设计要点

1）衣柜的配置

根据舱室大小和乘员需求及需要放置多少物品，考虑设置单门或双门衣柜、是否需要设置顶柜，顶柜的开门方式应为上开式。若房间较小，可设计单列式上下二门柜。同时需要根据相关法规和船东要求来确定。

2）衣柜的位置。

因为衣柜的侧板和顶板可以根据固定结构不设，这样可以节约材料。在墙角或曲面等不规则形状的位置，衣柜亦可配合围壁形状来设计。

7.3.3 床头柜

1. 船用床头柜的功能和形式

床头柜的作用是为睡觉的人存放一些东西。台面上可放台灯、电话、茶杯等物。床头柜可做成小柜式、抽屉式、悬挂式等。图 7-11 是常见的船用床头柜的几种形式。

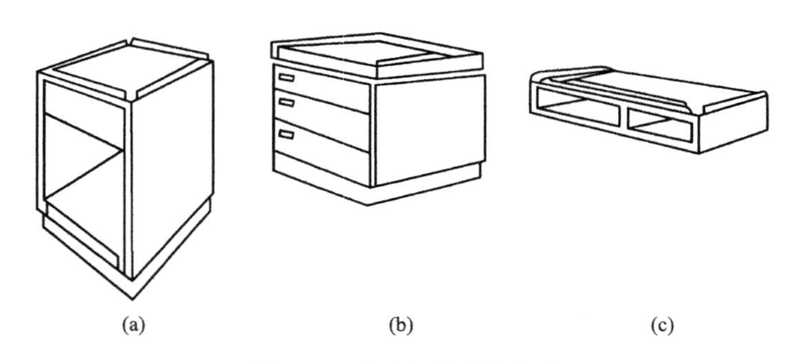

图 7-11　床头柜的基本形式

图 7-11（a）是小柜式床头柜，该柜上部带有一个抽屉，下面为敞开的或带门的储物柜。如果是敞开型小柜，需要在底板上口加一根横向阻挡条，防止物品因风浪颠簸而掉出。

图 7-11（b）是抽屉式床头柜，抽屉通常设有 3～4 个，无锁或仅上面一个抽屉带锁，台面可能有凸缘。

图 7-11（c）为悬挂式床头柜，它的特点是床头柜不着地，被固定在靠床头的墙壁上，高度可与床的高度配合。

2. 外形尺寸

床头柜一般宽 400～600mm，深度 350～450mm，高度 500～700mm，尺寸具体选择需要结合使用人群的身体尺寸，并考虑与床尺寸的配合。

7.3.4　书柜

书柜是存放书的柜。柜内可设有搁板、挡杆，柜门常采用玻璃，平时将柜门关上可保持柜内清洁，也可起到展示作用（图 7-12）。书柜的设计尺寸除了层高和深度应符合各类书籍的尺寸外，还需按人体的动作尺度来考虑。书柜的深度通常为 300mm，隔板的间距最小应为 220mm，考虑较大的书，隔板间距应为 300～350mm。书柜的宽度受到存书量、整体造型的影响，单体宽度通常为 800～1200mm。

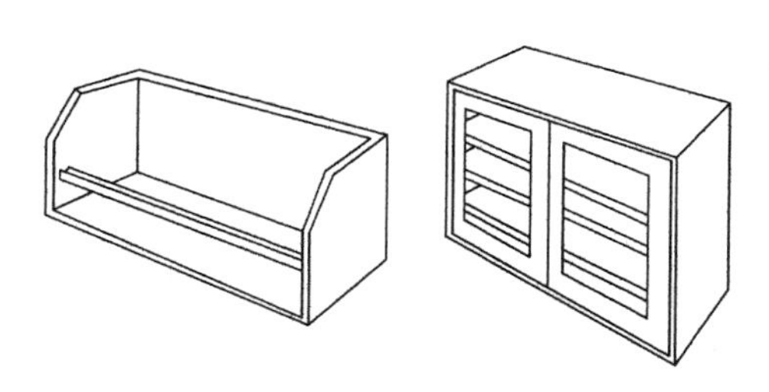

图 7-12　书架和书柜

船用书柜常用于办公室、图书室等，除常见的直立式，还可有悬挂式，下部在悬空一段距离后可以布置写字台或其他柜子。

中小型船舶在办公室或起居室内往往用书架代替书柜，这种书架有底板、侧板和后板，但没有顶和面，正面有一根挡杆，用来防止书从书架上翻落。船用书架长度 500～1000mm，常用的高度为 350mm，深度为 320mm。

7.4　船用椅类家具设计

椅是与人体接触最为紧密的家具种类之一。座椅最基本的功能是提供人体坐的支撑。设计优良的座椅应从功能尺寸、造型、材质等各方面满足人体的行为、生理和心理对稳定性、安全性和舒适性的需求，从而提高人工作或休息时的效率。椅类家具使用非常广泛，有办公椅、休息椅和多功能椅三大类。根据不同的使用环境，又分为办公椅、沙发、休闲椅、餐椅、躺椅、剧院椅等种类（图 7-13）。椅和桌往往配合起来使用，因此椅的设计常需要考虑与桌的配合。

图 7-13　多种形态的椅

椅的基本构造包括座面、靠背、扶手、底座（常见的是椅腿）等。

7.4.1　椅类家具设计要素

1. 人体工程学因素

1）人体坐姿

（1）人体的构造特征：正常姿势下，从侧面观察成年人脊柱的自然弯曲弧形呈“S”

状。颈椎支撑头部，胸椎与肋骨构成胸腔，腰椎、骶骨和椎间盘承担着人体坐姿的主要负荷。其中，颈椎、腰椎部位活动最为频繁。

（2）坐姿与体压分布：坐姿比站姿更利于血液循环，有利于保持身体稳定。缺点是限制了人体的活动范围，长期维持坐姿会影响人的健康。人在坐姿时，重量作用于座椅面的压力分布，称为坐姿体压分布。人体在坐姿，人体重量的70%由约25cm^{2}的骨盆下部的坐骨周围部位来支撑。腰部背部的压力分布应是肩胛骨和腰椎两个部位最高。

2）人体支撑

根据人体坐姿和体压分布特征，座椅的设计应充分考虑座面对臀部、靠背对背部的支撑，必要时还应考虑头部支撑、肘部支撑、膝部支撑和足部支撑等（图7-14）。

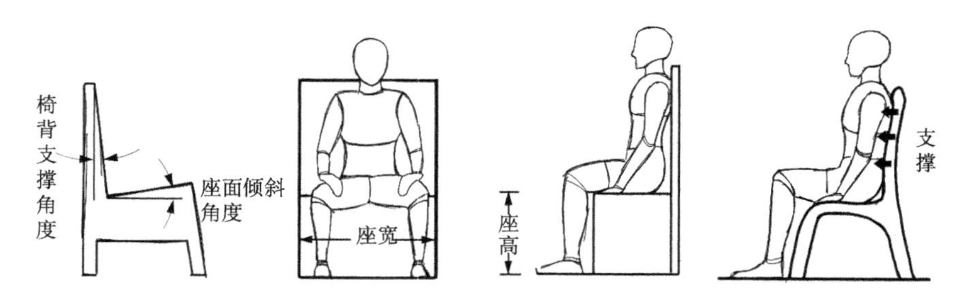

图7-14　座椅设计要素（绘图：王麒）

3）人体疲劳

（1）座面设计：人体工程学研究表明坐高为400mm时，人体疲劳感最强，稍高或稍低于这个数值，舒适度会增大。同时，座面高度也是影响腿部疲劳的主要因素。正确的座深应使靠背有效地支撑腰椎部位，座面前沿与膝窝保持一定间隙。不同座椅座面倾角有很大差异。休息椅座面倾角较大，座面倾角与靠背倾角构成近于平躺的休息姿势有利于身心松弛。工作椅座面倾角不宜过大，一般以3°为宜，

（2）靠背设计：当脊柱曲度处于自然状态时，压力适当地分布于各椎间盘上，人体舒适度最佳，这要求座椅的靠背与座面的夹角在95°～115°之间。靠背的高度需要根据使用场合，取值范围46～61cm，靠背宽35～48cm。

（3）扶手设计：扶手高度应与人体坐骨结节点到自然屈臂平放时两肘下点的垂直距离相适应，不宜过高或过低。扶手的间距应合理选择，否则会引起疲劳。

（4）座椅垫性：垫性就是起到支撑作用的与人体接触的垫层的特性，如反弹性、软硬度等。这与坐垫、扶手、靠背支撑的效果有关。不同的支撑部位对垫层的要求也不同。

2. 椅类家具材料

1）座椅材料

（1）木材：木材是家具中最常用的材料，其天然的纹理、柔和的色彩、细腻的质感

使人倍感温暖亲切。

（2）竹材：竹材外形光滑，可以大角度弯曲，有天然的形态和色泽，给人清雅、淳朴之感。

（3）藤材：可以漂白或染色，藤条或藤皮的编织更具可塑性。

（4）金属：金属材料可塑性好，可任意弯曲或一次成型，常用于椅腿或扶手。椅类家具中常用的金属有不锈钢、铸铜、铸铁等。

（5）塑料：塑料具有极强的可塑性，给人以轻便、时尚、新颖的感觉，还具有强度高、耐腐蚀的特点。

（6）纺织物：椅类家具中常用的纺织物包括：棉、麻、丝、毛等天然纤维材料以及涤纶、腈纶等化学材料。

（7）皮革：皮革是软体家具中常用的面层材料，有柔韧、透气、厚重的感觉。

2）沙发材料

沙发是最舒服的椅类产品。沙发的坐垫和靠垫有多种填充材料，常见的有弹簧垫、海绵垫、流体垫等。

7.4.2　船用椅

船用椅的种类很多，按照它是否带有扶手来分可分为靠背椅和扶手椅两种，按照坐垫及靠背的材质可分为硬质、半软及全软三种。一般靠背椅的座宽为 380～450mm，座深 350～420mm，前座高约 440mm，靠背总高 800～900mm；扶手椅的尺寸稍大些，扶手内宽不小于 480mm，座深 420～460mm，前座高约 440mm，扶手高 180～230mm，靠背高 850～900mm。

7.4.3　船用沙发

沙发可供人坐或卧，高级的沙发面料用真牛皮或羊皮，普通用呢料与沙发布、人造革等。

常见的船用沙发如图 7-15 所示。图 7-15（a）为普通船用长沙发，既可接待来客也可用于休息，因此有的船上长沙发还配一个圆截面长靠垫，作为枕头使用。图 7-15（b）为单人沙发，常用于高级客房或高级船员办公室以及公共场所等处。图 7-15（c）为“L”型转角沙发，常用于高级船员起居室或公共场所的墙壁拐角处。图 7-15（d）为“C”型转角沙发，比“L”形转角沙发能坐更多的人，且便于人员相互交谈，适于用在公共空间。

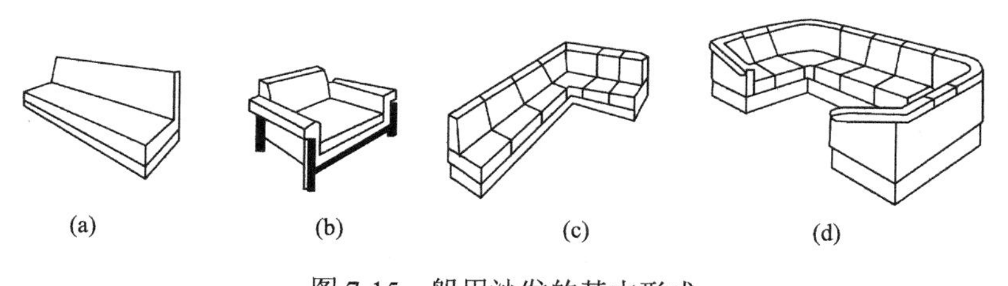

图 7-15　船用沙发的基本形式

7.5 船用桌类家具设计

桌类家具可供人们凭倚、伏案工作，同时有的家具也可以摆放和存储物品。桌类家具主要有办公桌、餐桌、会议桌等。

7.5.1 桌类家具设计要素

1. 桌类家具与人的关系

1）人-桌界面

在使用家具的过程中，人的知觉、思维、动作和情绪等都会因与桌类家具相互“接触”而发生各种关系，我们将这种关系称为界面关系，而把与人的知觉、思维、动作和情绪等相“接触”的部分称为人-桌界面，包括信息性界面、工具性界面和环境性界面等。如利用书桌学习时，人眼、书本和桌面形成一个可视化的信息性界面，而同时桌面与人的上肢相互接触，形成一个触觉界面。人、桌、物之间的信息交换都是通过人-桌界面实现的。因此，桌类家具的设计必须以人为设计依据。

2）桌类家具与人体尺度及活动范围

依据人的姿势特征以及人-桌界面关系，可将人体的操作活动空间划分为不同的区域，即工作区域。工作区域是桌类家具功能尺寸设计的主要依据，主要包括平面工作区域、垂直面工作区域和立体面工作区域。平面工作区域是桌台类家具幅面设计的主要依据，垂直工作区域是确定桌台类家具的高度及垂直方向上各功能部件的尺寸依据。

3）桌类家具材料与触觉舒适性

材料是构成桌类家具的物质基础，也是形成其外观和质地的决定性因素。桌类家具直接与人体接触，触觉的舒适与否与材料性质及微观组织构造有密切关系。

（1）材料表面的冷暖感。

冷暖感与材料的导热性密切相关。导热系数小的材料，其触觉特性呈温暖感，导热系数大的材料，触觉呈冷凉感。如玻璃、金属等呈冷凉感，皮毛、塑料等呈温暖感，木质材料比较温和。

冷暖感还与材料的微观构造及表面材料的厚度有密切关系。一般，表面光滑的材料比表面粗糙的材料感觉略凉。

涂饰也可能改变材料表面的导热性质，如玻璃、塑料、金属等材料，但木材经过表面涂饰，并不会影响木材表面的冷暖感。因此，木材纹理在船用家具中使用非常广泛，人造板、铝蜂窝家具使用木纹贴面，能达到和实木家具一样的温和感。

（2）材料表面的温湿特性与触觉舒适性。

材料的温湿特性是指材料通过吸湿性及解吸性作用，直接影响材料周围环境湿度的特性。人在使用桌类家具的过程中，与桌面相接触，桌面材料应选择调湿性能较好的材料，这些材料能使人-桌界面形成良好的温湿微环境，从而有利于人体的新陈代谢，增强人体的触觉舒适性。有研究表明，木材、人造板、石棉板、硅酸钙板调湿性能优良。玻璃、橡胶、金属、聚乙烯薄膜调湿性能差，因此不适合用于桌面。

4）桌类家具材料的色泽与视觉舒适性

桌面不宜选择光泽度太高材料，以免产生眩光。如木材可以吸收对人眼有害的紫外线光波，并且反射率很小，可以降低人眼的疲劳。

2. 桌类家具功能部件和尺寸

1）桌面

（1）桌面高度：在进行桌面高度设计时，应以提高工作效率和使操作者保持正确姿势，减少疲劳为原则。桌面高度与肘高有关。坐姿使用的桌类家具，一般高度恒定，为使工作面适合于不同的操作者的肘高，主要通过调节座面高度，使肘部与工作面之间保持适宜距离等方式调节。

桌面高度还与桌类家具的用途有关。桌面高度是否合适，还取决于另外两个因素：椅面和桌面的高度差和桌下的容腿空间（图 7-16）。高度差影响人的腰部姿势，容腿空间决定腿是否舒适。

根据国家标准，桌子高度范围 680～760mm，同时规定桌椅高度差 250～320mm，一般选 300mm。

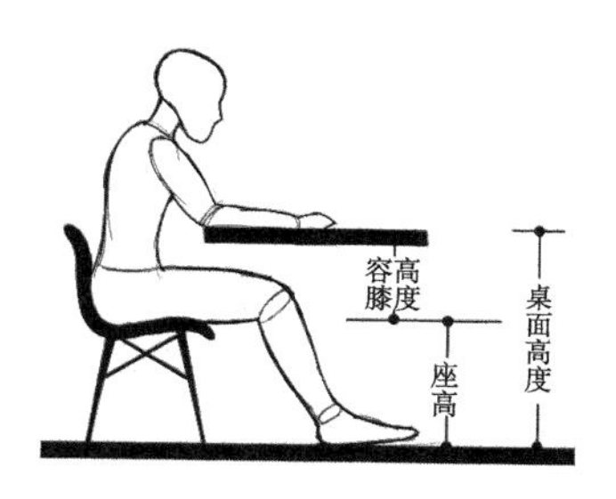

图 7-16　桌的高度设计（绘图：王麒）

（2）桌面幅面：桌面的幅面是根据人手活动的范围、人眼的视野及桌上需要放置的物品和放置方式来确定的，桌面最小宽度应在 500～600mm 之间。国家标准中，双柜办公桌宽为 1200～1400mm，深 600～1200mm；单柜及单层办公桌宽为 900～1500mm，深为 500～750mm。

（3）桌面倾角：通常意义上，桌面都是水平的，用于就餐、阅读和写作等。但对阅读、书写等作业，从人性化的角度考虑，应采用倾斜桌面，当桌面的倾斜度在 12°～24°时，与水平桌面相比，使用者的躯干移动次数明显减少，疲劳程度降低，不舒适感减轻。因此对于长期伏案工作的人，可使用倾斜桌面。

2）容膝空间

容膝高度如图 7-16。当桌面与座面之间的距离过小时，腿部活动受到限制，大腿受压。根据国家标准，为了满足人体下肢活动的需要，桌下空间深度应不小于 600mm，宽度应不小于 520mm。

7.5.2 船用办公桌

《2006 海事劳工公约》要求，每间卧室应备有一张桌子或书桌，可以是固定式的、折叠式的或可滑动式的，并按需要配备舒适的座位。因此一般船员和旅客舱室都设置办公桌，它既为船员学习提供方便，也可以起到置物桌的作用。

1. 船用办公桌的形式

图 7-17 是办公桌的四种形式：无柜、单柜、双柜和“L”型。

（1）无柜办公桌只有一张桌面，台面下可能带抽屉，不带柜，它靠侧板或腿支撑，也可能直接悬挂在墙面上。

（2）单柜办公桌就是在办公桌面的下方仅一边有抽屉柜或隔板柜，另一边没有柜而只有侧板或桌腿从台面直到地面。

（3）双柜办公桌是在桌下方左右两边都有柜，柜内可放置抽屉，也可以是隔板柜；或是一边是抽屉柜，一边是隔板柜。

（4）“L”型办公桌，台面的另一端固定到墙壁上，办公桌最左端是内藏式文件柜，常用在大型船的船长办公室或较大空间的办公室。

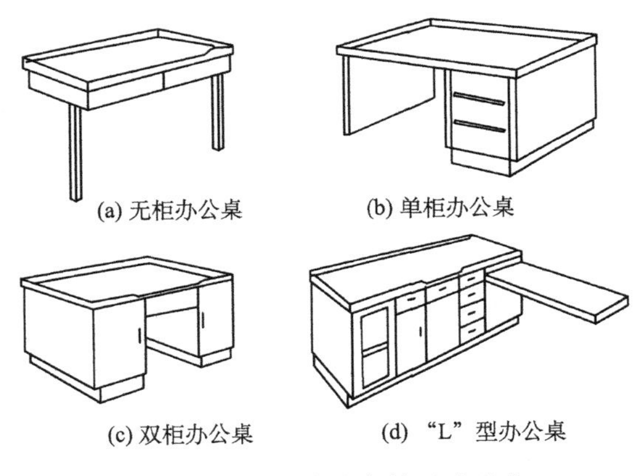

图 7-17 船用办公桌的四种形式

2. 外形尺寸的确定

图 7-17 是船用办公桌的基本形式，实际设计中，可根据船舶空间和舱室风格进行造型设计，如桌面可设计为非标准几何形。

办公桌的尺寸中，桌下的抽屉往往很受限，需要考虑容膝空间以及抽屉底板和座面的高度差范围。桌高取最小尺寸时，抽屉高度就会小，有时甚至取消这个抽屉，将抽屉设置在桌体两侧的柜内。

3. 布置要求

船用办公桌的布置和尺寸的选择以及是否需要配备柜需根据舱室空间大小和使用需要考虑。

办公桌通常在舱室中靠墙布置，因此考虑到固定和人的使用空间需要，如果在房间的左面墙角布置单柜办公桌，柜最好在桌左侧，否则人坐在写字台偏左一方由于靠墙角太近，会出现使用空间不够的问题。

7.5.3　船用餐桌

餐桌是船上餐厅的主要家具之一。方桌和圆桌是常见的餐桌形式。方桌按人数有 2 人桌、4 人桌、6 人桌等。圆桌常见的为 6 人桌、8 人桌，10 人桌，圆桌应以人均占桌宽来确定桌面的直径，其最小直径应保证人均占桌宽至少在 500～600mm。常见圆桌人数和尺寸见图 7-18。

7.5.4　船用会议桌

会议桌的尺寸没有严格的标准，主要根据参加会议的人数、规模、以及会议室的空间尺寸确定。一般人均占有桌面的宽度 600mm 为宜。会议桌的设计也需要考虑与椅的配合（图 7-19）。

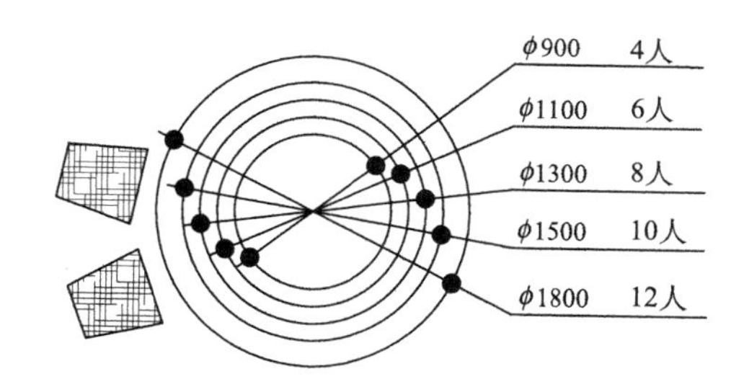

图 7-18　圆桌人数及尺寸（单位：mm）

图 7-19　会议桌椅

7.6　船用床设计

床是供人们睡觉的家具。它影响到人的睡眠质量、人的健康和精神状态。床根据宽度可分为单人床、双人床；根据使用人群和场所，还有婴儿床、沙发床、双层床（上下铺）、组合式床（组合办公桌、床头柜、茶几等）、医疗床等。使用环境和人群对床有不同的尺寸和色彩等要求。

7.6.1 床设计要素

1. 床垫

长期对人卧姿和体压分布的研究表明，床垫对睡眠时人体的支撑有重要意义。床垫材料的缓冲性和振动特性决定床垫是否具备良好的支撑性和舒适度。常见的床垫种类有：弹簧床垫、棕榈床垫、乳胶床垫、水床垫、气床垫等。好的床垫在结构上，应依人体各部位重量分布及脊柱正常曲线来设计。

床垫的尺寸设计，不仅要关注人体尺寸，也要关注人的睡眠行为，以及人非睡眠状态时活动的自由与便利性。考虑到人体需要翻身，床垫的宽度一般为2.5～3倍的肩宽，双人床要大些，一般为1500～2000mm。床垫的长度也由人体尺寸确定，国家标准规定，单人床床面最长为2100mm，双人床最长为2120mm。

2. 床高与层高

床高指床面距地面的垂直高度。由于使用环境和使用者的不同，床的高度会有很大差异，如医疗床具就有很多种类。除了特殊用途的床，床高可略低于坐高。

层高主要体现在双层床设计，或者车船卧铺，还有组合式床家具的设置中，往往侧重于充分利用空间。层高应保证上下铺使用者在就寝和起床时有足够的动作空间。按国家标准，底床铺离地面高度 400mm，双层床的层间高不小于 980mm。在列车和船舶的双层床铺应用时，尺寸可能小于陆地家具标准，铺间高应不小于 750mm。

3. 床梯

床梯是双层床或者高架床特有的构件，是供上下人的工具，应考虑安全和活动的便利性。在床梯设计中主要是确定床梯的内宽，踏脚和床梯立杆的尺寸及形状。床梯的内宽由人脚的尺寸及脚的活动空间确定，一般取300mm。立杆应根据人手部尺寸确定其形状和直径。确定床梯高度时，要特别注意第一个踏脚高度，应取距地面 500mm 左右，而每个踏脚也应根据人体尺度设定。

4. 护栏及挡板

护栏及挡板被广泛用于高架床、双层床、婴儿床的设计，其主要作用是防止人在休息时从床上掉下来，可设在床的中部、前部，宽度约600～700mm。

7.6.2 船用床

1. 船用床的功能和要求

船用床除了能让人睡觉休息之外，船员床铺还可兼有储藏柜的功能。船用床大多与墙壁或地板固定，上层床铺底下大量的空间适合用来放置办公桌和柜等。船用床的设计需要依据法规和船级社要求进行设计。

如《2006 海事劳工规范》要求为每个船员提供床铺，每个床铺的内部面积至少为198cm×80cm；分层设置的床铺，不得超过两层；如果床铺靠船侧摆放，若床铺上方有舷窗，则仅可设置单层床铺；设置双层床铺的下铺时，距地板的距离应不小于于30cm；上铺应设在位于下铺床板距卧室顶部甲板梁下端中间的位置； 床架及挡板（如果有的话）应质地坚硬而光滑，不易腐蚀和隐藏害虫；如床架为管状材料，应将它们完全封闭，不留孔穴，以免害虫进入；每张床铺应配备带有缓冲底板的舒服床垫或包括弹簧底板或弹簧床绷在内的复合缓冲床垫，不得使用易于隐藏害虫的充填材料等。

2. 船用床的结构形式

1）船用床结构

传统船用床的构造大致可分为四个部分，见图 7-20。

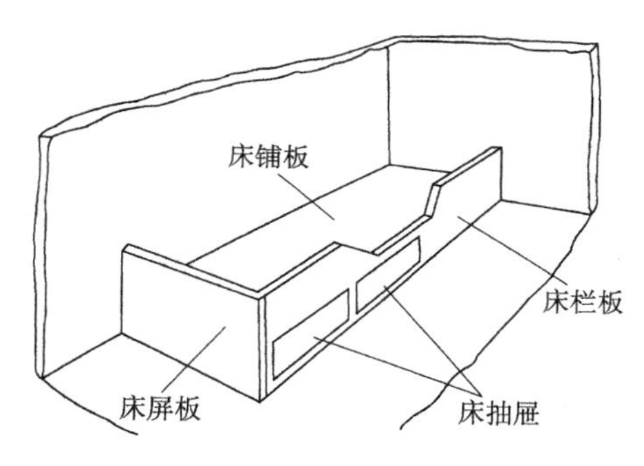

图 7-20　普通船用床的组成

（1）床栏板：是床的侧板，放在舱室中间的床需要设置双面床栏板，而一侧靠墙的床只需要单块床栏板。床栏板与床铺板长度方向贴合，用以支撑床铺板并承受床铺板上的载荷。此外，当船只在摇动时，床栏板能防止睡在床上的人从床上滚下来，因此在床栏板的两端或一端做成局部升高式。

（2）床屏板：这是床的两头端板，如果床的一头靠墙壁，则可能只设一块屏板，如果该床正好设置在具有和床长度相同的两堵墙的中间，那么该床就可以做成没有屏板的结构。床屏板的作用是和床栏板结合在一起组成一个床的框架，并且可以防止床上的衣、被、枕头从床上掉下来，另外双层床的床屏板，还能起到屏风的作用。

（3）床铺板：是置在床栏板上（和墙上）用来承受床垫、人员重量的，床铺板把木床分为上下两个部分，上部是睡觉和休息部位，下部则是储物空间，可用来设置桌或柜。

（4）床抽屉：部分船用床下部设置抽屉，如果床较高也可设置移门将床铺下方做成一个面积较大的柜。

2）船用床的形式

船用床的种类和形式较多。传统造型的重点主要在床栏板部分，因为床栏板的体量较大，也是人在舱室内视觉感受的正面部分，这与陆用床以床头屏板为造型的重点是有所不同的。但现代船舶特别是客船中，也使用不带床栏板的床。图 7-21 是各种造型的传统船用床的结构形式。

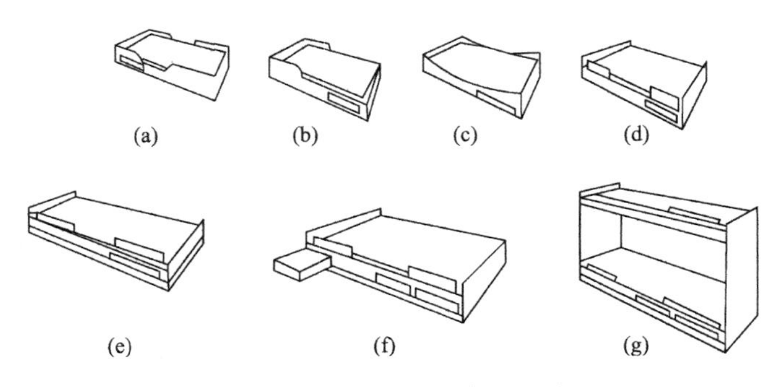

图 7-21　各种形式的船用木床

图 7-21（a）为两端折角升高栏板式床。两端床屏板高度一样，床栏板可以两侧都有或仅一侧有，抽屉位于床栏板下方一端。

图 7-21（b）是一端折角升高栏板式床，升高栏板的一端为床的枕头部位，这种床的两端屏板是一高一低的。这种床的床沿坐人比较舒服，造型接近陆用床。

图 7-21（c）为弧形床栏板式床。床栏板的上口线型呈圆弧线，两端较中间高。

图 7-21（d）为加装防护板式床，床栏板比床垫低或齐平，在床栏板两端加装两块防护木板，床栏板与防护板可以仅单边有（另一边靠墙）或双边均有。

图 7-21（e）为加装防护管式床，床的两端加装两根弯曲的管子，用来代替防护板。

图 7-21（f）为一边带床头柜式床，床头柜被连在床栏板上，可以是单边带床头柜或是双边带床头柜。

图 7-21（a）～（f）的单人床内型宽度 700～1200mm，内型长度 1920～2000mm。床垫高度比床栏板上口线（较低的部分，不是指升高部分）约高出 50mm，床栏板上口线距地板高度 425mm。床栏板折角升高或防护板的高度约为 200mm。

图 7-21（g）为双层床，双层床的床屏可以做到上层铺床栏防护板的高度，也可以直接做到天花板的高度，双层床的下铺做两只抽屉供上、下铺两人使用。双层床为了不使上层铺高度太低，下层床栏板上口线的高度较单层床稍低，约为 380mm，下层床栏板的上口到上层床铺床栏板的下口间距约 780 mm。

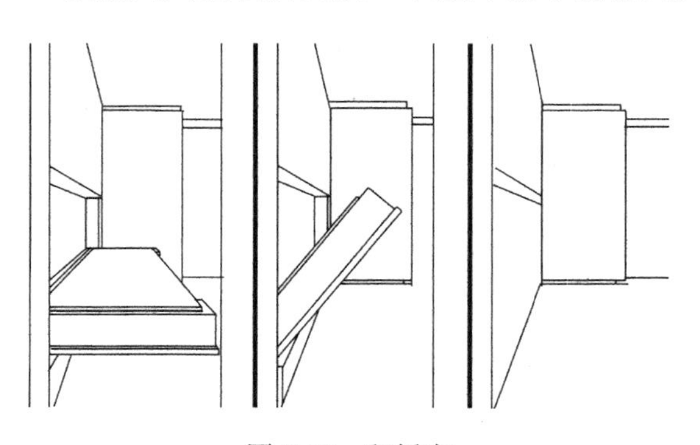
图 7-22　翻折床

图 7-22 是一种翻折床，这种床不用时可翻折收入墙壁中，节约空间，在现代船舶舱室应用广泛。如果布置在舱室上层，下层可设床或柜；布置在下层时，可当作长沙发和床铺。

3. 船用床的布置

要根据舱室空间大小，明确选择床的式样和尺寸；还需根据舱室布置图明确床的安装位置，是哪一边靠墙，是一侧还是两侧靠墙，这样可以确定床屏板与床栏板的数量。再根据床头柜的位置来决定床抽屉的安装位置，床抽屉应该装在与床头柜相对应的位置，以便抽屉可以顺利地抽出来。

第8章

船舶舱室绝缘设计

舱室绝缘主要解决绝热、防火阻焰、减振降噪等问题。舱室绝缘设计与绝缘材料及其结构形式密切相关。

绝热——通过隔热材料，隔绝各种热源对舱室的侵袭，冬季要防止室内热能损失，夏季要防暑保温，维持适宜的室内温度。

防火阻焰——利用耐火的绝热材料构成防火分隔，阻止火焰蔓延，保障人身安全。

减振降噪——利用吸声隔振材料，降低结构振动和噪声；隔绝和吸收空气噪声，保持宁静的室内环境。

8.1 绝缘材料特点与类型

8.1.1 绝缘材料的特点

针对不同的绝缘（绝热、防火阻焰、减振降噪）要求，对绝缘材料提出不同的要求，再根据不同要求选用合适的绝缘材料。另外作为船用的绝缘材料还应有其基本性能的要求。

1）基本性能要求

①容重轻（密度小）；②导热率低；③吸湿率低；④有一定的强度；⑤耐腐蚀性。

2）特殊要求

①隔热——导热率低；②耐火——不燃或难燃，产烟释毒少；③防噪——吸声系数和隔声值高；④抗振、减振。

8.1.2 绝缘材料的类型

绝缘材料主要分类方法有两种：

（1）按属性分为：有机材料、无机材料，如图 8-1 所示。

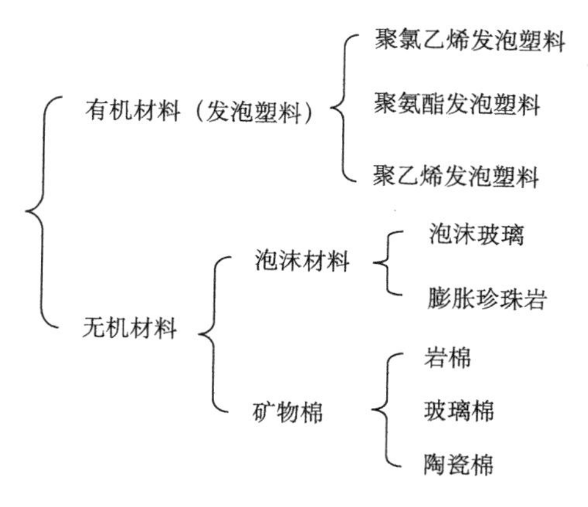

图 8-1　绝缘材料的类型

（2）按绝缘材料的形状、形态和构造分为：微孔状、气泡状和纤维状。

1. 有机发泡塑料

发泡塑料是以各种树脂为基料，加入定量发泡剂、催化剂、稳定剂等辅助原料经加热发泡制成的轻质隔热、隔声材料。发泡塑料质量轻，导热率低、吸声率高，曾广泛用于舱室、冷库的绝热，但在高温时会分解或释放有毒气体，所以逐渐为无机绝缘材料取代，现仅在船用冷库中采用发泡塑料作为绝缘材料。

（1）聚氯乙烯发泡塑料。以聚氯乙烯树脂为原料，加入适量发泡剂、稳定剂后，经捏合球磨、模塑发泡制成，其质量轻，导热率低、不吸水、能自熄，隔热、隔声、防振和耐油耐酸碱性能良好。

（2）聚氨酯发泡塑料。以聚醚树脂为基料，与适量的甲苯、催化剂和稳定剂等经混合搅拌发泡制成的一种多孔型绝缘材料。具有质量轻，柔软、弹性好、导热率低等优点，同时透气、吸尘、吸油、吸水性能俱佳。

（3）聚乙烯发泡塑料。以聚乙烯树脂为原料，加入适量发泡剂、稳定剂后制成的一种具有独立气泡结构的绝缘材料。具有不吸水、能自熄的优点。导热率小、不受潮湿和温度变化的影响，工程中较多作为保温用绝缘材料。

2. 无机泡沫材料

（1）泡沫玻璃。采用玻璃边角料及碎片，渗入珍珠岩或其他硅质材料，再放入模具中经高温发泡后成型的一种轻质、高强度、导热率低的绝缘材料，其密度通常为 $180kg/m^3$。

（2）膨胀珍珠岩。以珍珠岩为原料，经过粉碎、颗粒分级、预热、高温熔烧等工序制成，具有质轻、防火、隔声、隔热等优异性能，同时无毒无味。

3. 无机矿物棉

矿物棉制品安全使用温度较高，岩棉和玻璃棉是目前使用最广泛的隔声隔热材料，硅酸铝纤维制品是防火隔热的首选绝缘材料之一。

1）岩棉

岩棉是以玄武岩等天然岩石为原料，加入粘接剂和防潮剂等，经高温熔融后，采用喷吹或其他工艺制成的纤维，制品包括棉毡、板和带等。

岩棉是良好的保温、隔热、隔声和防火材料，在船上应用广泛。通常制成岩棉板，外包玻璃纤维布或面覆薄钢板的复合岩棉板。

2）玻璃棉

玻璃棉是将熔化拉丝的玻璃用火焰喷吹成纤维状物，再喷加防潮剂和酚醛树脂的粘接剂等，制成软性棉毯（容重 30～40kg/m^3）或硬性棉板（容重 40～60kg/m^3）等。

玻璃纤维制品导热系数低、吸声性能好，具有良好的保温、隔热、隔声、化学稳定性、耐热性以及不燃性等特点，在船上主要用作保温、隔热及隔声使用。

在重量控制严格的军用船舶上，超细玻璃棉因其容重特别低而一直被用作舱室的主要隔热材料；还可作为浮动地板的底层隔振材料。但是，玻璃棉不耐高温，抗火焰穿透能力较差，所以不能作为防火绝缘材料（A 级舱壁或甲板不允许使用它来隔热）。

3）硅酸铝纤维（陶瓷棉）

陶瓷棉是以天然礁石为原料，精选加工、高温熔融后经超声速气流拉丝，加入适量粘接剂和防潮剂，压制成的软毯或半硬板等。陶瓷棉有干法和湿法两种加工工艺。用湿法生产的陶瓷棉含渣率低，纤维短，密度较大，抗弯能力较差，故湿法只能用于平面敷设。干法制品密度小，纤维长，产量高，性能优良，在密度相同时，其抗拉强度是湿法制品的 2～3 倍，导热系数亦比湿法制品低。

陶瓷棉耐高温达 1000℃以上，其耐火性优于岩棉，因此常用于防火绝缘材料（主要作为防火分隔中的隔热材料），是 A 级防火结构中优良的隔热材料。

陶瓷棉制品具有质轻、不燃、防潮、导热率低、吸声性好、耐化学腐蚀等优点，在船上主要作为防火绝缘（仅用干法生产的）、保温、隔热使用。

表 8-1 列出了船舶常用的绝缘材料性能参数。

表 8-1　常用绝缘材料主要物理性能

参数及单位	岩棉	超细玻璃棉	硅酸铝（陶瓷棉）	聚氨酯泡塑
容重/(kg/m^3)	80～140	20～50	130～200	＜60
纤维平均直径/μm	＜7	＜3	＜5	

续表

参数及单位	岩棉	超细玻璃棉	硅酸铝（陶瓷棉）	聚氨酯泡塑
热导率/[W/(m·K)]	<0.041 常温	0.00326 常温	<0.93 39℃	<0.025
憎水率/%	>98		>98	
吸湿率/%	<5	<0.5	<5	
耐火（耐火温度/℃）	不燃（750℃）	不燃（750℃）	不燃（1750℃）	可燃（离火自熄）

8.2 舱室绝热

为保持舱室温度适宜，除采用通风、空调设备（需要消耗能量）外，还可利用隔热材料（或结构）隔绝室外寒暑侵袭，且隔绝材料（绝热）是节约能源的好措施。

8.2.1 影响舱室热环境的因素

1. 船舶的外部热源

影响船舶的外部热源主要是太阳。太阳辐射能可转换成热能，该热能通过外围壁和暴露甲板传入舱室，是影响舱室热环境的重要因素。

1）太阳辐射热的传递方式

主要通过直接日照和大气辐射两种形式传递，其特点见表8-2。

表8-2 直接日照和大气辐射的热辐射量及特点

传热形式	辐射期间	受热面	热辐射量/(W/m²)	热辐射特点
直接日照	白昼、晴天	日照面	0～977	早晚低，午后一时最高 夏日高，冬季低 晴天高，多云时低 热带高，寒带低
大气辐射	阴天或雨天	一切与大气接触面	116～175	

2）太阳热辐射对船舶的影响

（1）船舶舱室结构材料为钢或铝质，吸热量大，传热快，所以一切受日照的围壁和甲板都应采取绝热措施。暴露甲板主要受正午日照的影响，接受热较多，而围壁的日照与太阳照射角度有关。实测表明：甲板温度上升8～12℃时，围壁温度上升仅2～5℃。

（2）与陆地相比，海洋白昼吸热量大，夜间散发热亦多，所以海上气温是白天低于大陆，夜间却要高些。加上海洋空气潮湿，金属围壁内侧易出现结露现象。

（3）航速和风速可以加速船舶散热，故停航时舱室温度比航行时高。

2. 船舶的内部热源

（1）机舱是船舶内部最大的热源，舱内温度往往高达 35～40℃，除部分热量散失在大气或海水中，其余热量通过甲板和机舱棚围壁传入上层建筑居住区。所以机舱顶上甲板和机舱棚周围最好不要邻接居住舱，且充分绝缘。

（2）各种舱柜的温度也是一种热源或负热源，如表 8-3 所列。

表 8-3　舱柜热源

舱柜名称	柜内温度/℃	热源性质	对邻室影响
日用燃油柜（柴油或滑油）	60（加热）	热源	升温
清油柜（柴油）	40（加热）	热源	升温
清油柜（滑油）	50（加热）	热源	升温
蒸馏水柜	35～38	热源	升温
清水柜		负热源	降温、结露
冷藏舱	2～5 或-5～15	负热源	降温、结露

（3）厨房也是船内一大热源（室温可达 30℃以上），厨房不能邻接居住舱，即使与餐厅间也最好设配餐室使之隔开。

（4）其他：电热器、灯具及人都是热源。

8.2.2　舱室的传热

1. 舱室传热的过程

当舱壁一侧的热量为 Q_0 时，其部分（Q_R）被壁反射，另一部分（Q_A）被壁吸收，剩余部分热量（Q_D）透过壁到达另一侧，t 为壁厚，如图 8-2 所示。壁传热的表达式：

$$Q_0=Q_R+Q_A+Q_D。$$

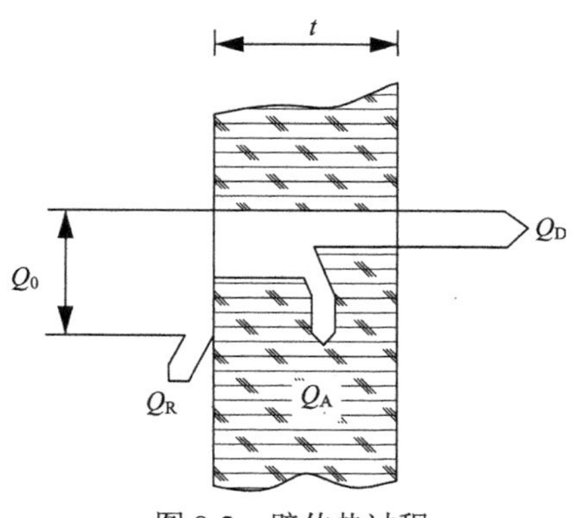

图 8-2　壁传热过程

2. 热能传播形式

热能是通过分子运动或辐射的形式传播的，其主要有传导、对流和辐射三种基本传递方式。在固体内以分子热振形式传热，在流体内的传热往往还伴有热对流。不同介质（如固体与空气）间传热形式为辐射。

1）传导及热导率

传导是指同一介质内部的传热，其特点是热流从高温处流向低温处，流动方向垂直于等温面。热传导是固体中热传递的主要方式。

热导率，也称导热系数，是指在稳定传热条件下，单位厚度的材料，当其两侧表面温度差为 1K 时，在单位时间内通过单位面积传递的热量，单位为瓦特/（米·开尔文）[W/(m·K)]。热导率是反映材料导热性能的参数，不同材料的导热率不同，即使是同一材料，导热率还与温度有关。

2）对流

对流是指流体部分之间发生的相对位移，是冷热流体相互掺混所引起的热量传递方式。就引起流动的原因，对流换热可分为自然对流与强制对流。

在舱室传热中，既有自然对流又有强制对流。例如外界空气通过钢壁传热，如果船在航行中看成是强制对流，船在静止状态则成为自然对流，但此时如果空气流动较大（风速较大），则还是强制对流。

3）热辐射及热辐射系数

（1）热辐射是物体内部的热能通过物体表面向外部空间释放的过程。当物体与周围环境处于热平衡状态时，辐射换热为零，此时，辐射与吸收仍在不停进行，只是相互抵消。辐射换热可以在真空中进行，而导热和对流却不会在真空中发生。

（2）热辐射的特点是：物体表面，单位面积单位时间内辐射的热能 q($\mathrm{W/m^2}$)与物体温度 T（K）的四次方成正比，即 $q=C(T_\mathrm{K}/100)^4$，C 为热辐射系数[$\mathrm{W/(m^2 \cdot K^4)}$]。不同的材料热辐射系数也不同。

8.2.3 防结露绝缘

1. 结露现象

当室内温度较高而外界温度又很低时（如冬季室内有暖气），外界环境吸收了船舶舱室内的热量而使舱室外壁的内表面温度 T_s≤饱和湿空气温度 T_R0（相对湿度 RH=100%），壁表面就会出现露珠（结露），刚出现露珠时的温度称为露点温度。内外温差愈大，愈易结露，要避免结露，必须使 $T_\mathrm{s}>T_\mathrm{R0}$。

2. 结露的影响

①使壁表面潮湿，室内积水；②导致壁表面敷设的绝缘材料含水率提高，绝热性能降低。

3. 防结露范围和措施

1）防结露范围

暴露舱壁和甲板、邻接水柜、冷库壁内侧、水管、风管的外侧。

2）防结露措施

（1）足够厚度的绝缘。凡是暴露在大气中的钢壁、甲板、邻接水柜、冷库壁内侧和空调风管外侧均要包覆足够厚的绝缘材料。

（2）绝缘敷设方式合理。例如，当壁板敷设绝缘材料而防挠材裸露时，防挠材处成为“热桥”流失热能引起结露，故防挠材也应有绝缘。

（3）为防绝缘材料受结露吸潮而影响绝热性能，绝缘材料应外包玻璃布或涂防水树脂。

（4）在外壁根部，舱内甲板上设置拦水扁钢。

通过理论计算和实船验证，一般航线在冬季室内有暖气时，暴露壁板、甲板的隔热绝缘（采用岩棉或超细玻璃棉）厚度选取 50mm 已足够防止结露。

8.2.4 舱室隔热设计

1. 船舶常用的隔热措施

（1）隔绝热源（含负热源），即舱壁和甲板的隔热。

多种材料组合的隔热壁中，单层钢板壁阻热极差，钢壁上敷设隔热材料——玻璃棉效果最好，空气层也有一定的隔热效果。

（2）舱室区划布置时，使居住舱室与正、负热源舱室和舱柜分离。

（3）避免居住舱室直接受日晒。

（4）洒水散热降温（夏日油船暴露甲板上采用）。

（5）利用涂料反射作用降低壁吸热。

2. 舱室隔热设计依据

1）舱室适宜的温度

船舶舱室适宜的温度应在人体生理适宜温度基础上视舱室类别、季节、航线不同而异，还应考虑到通风、空调等不同情况。表 8-4 列出了各类舱室的冬季和夏季舒适温度。

表 8-4 各类舱室的舒适温度 （单位：℃）

季节	舱室				
	住室、办公室、浴室	病房、医务室	影剧院、餐厅、娱乐室	厨房、洗涤室	一般范围
冬季	23～24	22～23	20～22	19	20～24
夏季	25～26	24～25	23～24	19	23～26

2）各国法规对居住舱室隔热要求

为保证船舶居住环境的舒适和安全，国际航行海船规范（MSA）、国际劳工组织（ILO）

以及各国法规对船舶居住区隔热都作了相应的规定，归纳如下：

（1）居住区周围的外围壁及露天甲板作适当绝缘（住舱和餐厅外壁要求充分绝缘）。

（2）机舱（包括机舱棚）、厨房等热源舱与居住舱和通道间有绝缘隔热。

（3）应避免高温蒸汽管、排气管在住舱或通道内通过，当不可避免时，应有绝缘保护。

（4）航行于热带的船舶，船员舱顶的露天甲板要求绝热（除钢甲板下表面有绝热外，甲板暴露的外表面还应有防热措施，如可以用天幕、铺木地板或等效的甲板敷料等）。

3. 舱室隔热设计要点

1）确定隔热绝缘（绝热）范围

隔热绝缘的任务就是防热、防寒、防结露。凡暴露壁（甲板）的舱室、与船内冷热源相邻的壁（甲板）应有绝热措施。

2）选用绝缘材料

绝热措施通常是利用质量轻（以减少空船重量）、导热差（热导率小）的材料构成隔热壁阻止热透过。固体材料热导率正比于材料容重 γ；纤维材料热导率反比于材料容重 γ。所以岩棉、玻璃棉等纤维材料具有绝热好、质轻、不燃等特点，是良好的绝热材料。

3）绝缘厚度的确定

视航区气候、室内通风、空调设施的要求、船舶规范限制、舱室部位、绝缘材料等而定。通过设计实践和船舶实测，居住区隔热厚度推荐值见表 8-5（如果同时还有防火要求时，因防火绝缘的要求高于普通隔热要求，此时隔热绝缘可不计）。

表 8-5　隔热绝缘厚度推荐值　（单位：mm）

		单纯通风	仅供暖气	仅供冷风	冷暖空调
一般航线	露天壁	0	50	—	50
	露天甲板	50	50	—	50
	防挠材	0	25	—	25
热带航线	露天壁	0	25	25	25
	露天甲板	50	50	50	50
	防挠材	0	25	0	25

注：1. 一般航线主要指温带、寒带海域，但南极、北极、北欧除外；

2. 热带航线是指温带以南，指波斯湾、印度洋、东南亚、澳大利亚、非洲、中美洲。

3. 绝缘厚度：（1）一般情况下，暴露壁 25mm，暴露甲板 50mm；（2）仅有通风的舱室，内外温差小，壁绝缘可免；（3）一般航线冬季有暖气需防结露，增厚壁绝缘为 50mm；（4）有暖气舱室的防挠材绝缘 25mm，防结露需要。（表中隔热材料按玻璃棉计）

4）避免“热桥”

与暴露壁（或甲板）连接的甲板（或钢壁）受传热影响范围约向内延伸 300mm，故该区域亦应有绝缘；隔热壁上的防挠材也应敷设绝缘材料。

8.3 防火绝缘

8.3.1 船舶防火的基本要求

《国际海上人命安全公约》（简称 SOLAS 公约）对船舶防火有三条重要措施：

1）探火

要防火首先要及时探知失火地点，通过布控感烟式或感温式自动报警探头，能及时并明确发生火灾的舱室或地点，从而可以采取有效措施进行灭火。

2）耐火分隔

在船舶结构上设置具有一定能力的防止火灾蔓延的耐火分隔即隔墙（舱壁或衬板）与甲板，这样在船上万一失火，可以使火灾局限于某一舱室或某区域，并保证通道与梯道安全畅通，以便在失火时保证船上人员有一定时间安全撤离。船舶防火分隔分为 H 级、A 级、B 级、C 级四类，每一类又分为不同等级（如 A 级分为 A-60、A-30、A-15 和 A-0 四个等级），其具体技术特征及差异见表 8-6。

表 8-6 不同防火分隔的技术特征及差异

<table>
<tr><td colspan="4">项目/ 指标 / 级别</td><td colspan="2">H 级分隔</td><td colspan="2">A 级分隔</td><td colspan="2">B 级分隔</td><td>C 级分隔</td></tr>
<tr><td rowspan="6">标准耐火试验</td><td rowspan="3">防止烟及火焰通过</td><td colspan="2">时间间隔/h</td><td colspan="2">2</td><td colspan="2">1</td><td colspan="2">0.5</td><td rowspan="3">—</td></tr>
<tr><td rowspan="2">结束时</td><td>火焰</td><td colspan="2">能防止通过</td><td colspan="2">能防止通过</td><td colspan="2">能防止通过</td></tr>
<tr><td>烟</td><td colspan="2">能防止通过</td><td colspan="2">能防止通过</td><td colspan="2">—</td></tr>
<tr><td rowspan="3">耐火分隔的隔热值</td><td colspan="2">分隔级别</td><td>H-120
H-60
H-30</td><td>H-0</td><td>A-60
A-30
A-15</td><td>A-0</td><td>B-15</td><td>B-0</td><td rowspan="3">—</td></tr>
<tr><td colspan="2">背火面平均温度</td><td>温升不大于140℃</td><td rowspan="2">温升未有要求</td><td>温升不大于140℃</td><td rowspan="2">温升未有要求</td><td>温升不大于140℃</td><td rowspan="2">温升未有要求</td></tr>
<tr><td colspan="2">任何接头在内的任何一点温度</td><td>温升不大于180℃</td><td>温升不大于180℃</td><td>温升不大于225℃</td></tr>
<tr><td colspan="4">材料</td><td colspan="2">钢或其他等效材料和不燃材料</td><td colspan="2">钢或其他等效材料和不燃材料</td><td colspan="2">认可的不燃材料</td><td>认可的不燃材料</td></tr>
<tr><td colspan="4">结构加强</td><td colspan="2">适当的防挠加强</td><td colspan="2">适当的防挠加强</td><td colspan="2">—</td><td>—</td></tr>
<tr><td colspan="4">耐火分隔结构</td><td colspan="2">H 级舱壁
H 级甲板
H 级门窗</td><td colspan="2">A 级舱壁
A 级甲板
A 级门窗</td><td colspan="2">B 级舱壁
B 级天花板
B 级衬板
B 级门窗</td><td>C 级舱壁
C 级门窗</td></tr>
<tr><td colspan="4">结构型式的认可</td><td colspan="2">船检部门认可</td><td colspan="2">船检部门认可</td><td colspan="2">船检部门认可</td><td>—</td></tr>
</table>

3）灭火

用水或其他物理和化学的方法消灭火灾。

8.3.2　防火绝缘的结构形式（耐火分隔）

防火绝缘一般指在船体钢质结构舱壁或钢质甲板下表面敷设一层耐火的绝缘材料（甲板上表面敷设的绝缘材料称甲板敷料），从而使舱壁或甲板达到SOLAS公约所要求的防火等级。防火绝缘的结构形式众多，它是随着绝缘材料的类型、型号（容重）和所在位置的不同（舱壁还是甲板、向火面还是背火面等）而采用不同的结构（A-60、H-120和H-60级等）形式的。每一种绝缘结构的典型形式都是防火绝缘结构的实样，通过“标准耐火试验”，由船级社确认后才能应用在实船上。随着绝缘材料的不断发展，防火绝缘的典型结构也将会不断地变化与发展。

8.3.3　防火绝缘的设计

1）防火绝缘的敷设范围

防火绝缘在船体结构上的敷设范围应按照SOLAS公约的有关规定，在设计防火绝缘布置前：

（1）应先按照SOLAS公约确定全船防火分隔图（此图明确防火分隔舱壁与防火分隔甲板的防火等级及范围）。

（2）明确哪部分防火甲板分隔是由防火的甲板敷料来承担，以及哪些舱壁（主要是B级防火分隔舱壁）是由非船体钢结构的防火内装结构材料来承担的。

（3）确定防火绝缘的敷设范围。通常，H-0和A-0级的防火分隔可以用钢板或钢甲板单独完成，无需另加绝缘；H-120、H-60、H-30、A-60、A-30、A-15需要敷设防火绝缘材料；而B级的防火分隔，都可以用独立的内装防火板（如复合岩棉板）来担任。

2）保证防火的舱壁、甲板端点防火结构的完整性

敷设防火绝缘到舱壁或甲板末端时（从防火级别高的向防火级别低的过渡时），需要至少延伸450mm（图8-3）作为防火绝缘延伸的节点。

3）防火绝缘的外表覆盖

带有衬板的舱壁及甲板，其绝缘外表无需任何覆盖，但为了使绝缘材料能紧贴钢板，在绝缘外表也可以加一层钢丝网。在没有衬板的舱壁及甲板，绝缘材料表面通常都要进行包覆：①当绝缘表面暴露在有油和水蒸气的环境（如机舱），为防止油气的侵入而影响绝缘性能，通常可在绝缘外表包覆一层铝箔玻璃丝布作为油气阻挡层；②当暴露的绝缘表面容易被碰撞损坏时，可以在绝缘外表包一层0.4～0.7mm厚的镀锌薄钢板。

防火绝缘的固定通常是用碰钉压垫圈或盖帽（见图8-4）。

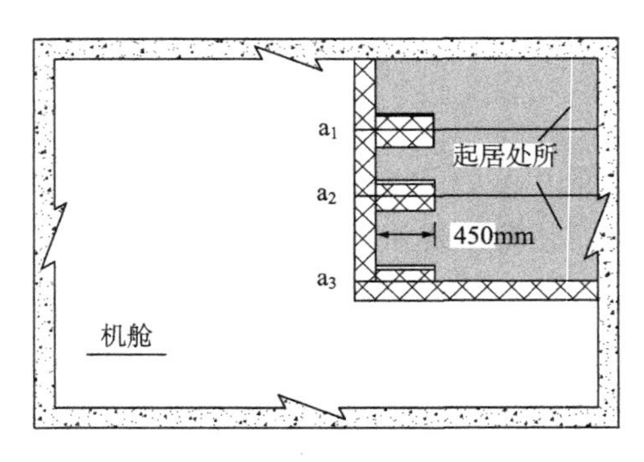

图 8-3 绝缘材料的延伸

图 8-4 舱壁和甲板上敷设绝缘

8.4 隔声绝缘

8.4.1 声音的基本特质

1. *声音与噪声*

1）基本概念

声音是由物体（固体、液体、气体）的振动引起的，它使周围空气压力发生周期性的起伏变化，这种交变的压力，在空气中以疏密波的形式向外传播，人耳接收后，便引起了听觉。通常杂乱无节奏的声音称为噪声，噪声影响人们工作、生活和休息，必须采取各种措施对噪声加以控制和预防。

2）声音的强弱

声音的高低由**频率**（空气介质每秒振动的次数）决定，以赫（Hz）表示。人耳可闻声的频率为 20～20000Hz，最敏感的频率为 1000Hz。

声强 I（瓦特/米 ^{2}，W/m^2）指声音的强弱，用单位面积上通过的声能量表示。

声压 P（帕，Pa）指单位面积上所承受的声音压力。在声学上把人耳在 1000Hz 刚能听到的一个极小的声压 2×10^{-5}N/m^2 称为听域声压（基准声压 P_0，对应的声强作为基准声强 $I_0=10^{-12}$W/m^2），人耳听觉的声压范围是 2×10^{-5}（听域）～20Pa（痛域）。

声压级 L_p（dB）是指声压与基准声压 P_0 之比，其常用对数的 20 倍称为声压级（$L_p=20\lg(P/P_0)$）。

2. *声音的传播*

声音的传播实质是声能量的传播，是通过空气振动和固体振动的形式传播的。

（1）声音在空气中的传播速度（声速）随温度而变化（常温下声速 340m/s）。

（2）不同的介质中声速亦不同，钢材、玻璃传声快（是空气中的声速的 15 倍），而橡胶传声慢。

声音的传播途径如下：

（1）声源发出的声音，通过空气压力波向四周传声，称为空气声或空气噪声。例如：船舶在露天进风口处和舱室送风口处传出的通风机噪声。

（2）声源发出的声音，通过结构等固体振动的形式，再传播给空气而形成空气声波，称一次固体声。例如：柴油机的高频振动，通过机座、船体结构可传至远处居住区使该处舱壁、甲板振动，从而引起舱内空气波动而产生噪声。

（3）声源发出的声音（即声能）激起空气声波，空气压力波激发固体振动，最后又能换成空气声波，这称为二次固体声。例如：机舱内机器产生的噪声，激起机舱棚四壁振动，壁振动时向邻室辐射的噪声。

一次固体声和二次固体声统称固体声或结构噪声。

8.4.2 船舶的噪声

1. 船舶噪声源

（1）船舶主机、辅机的噪声。这是船上最主要的噪声，并随转速增加而增强。包含动力噪声和动力传动部分噪声（由传动轴、轴承、齿轮等造成）。这类噪声通常采用隔声和吸声的方法解决。

（2）辅助机械设备的噪声。主要由船上各类电机、泵、通风机及各种管道、甲板机械等造成。这类设备常与船舶居住起居处所交错在一起，影响较大，应采用隔声和吸声的方法加以控制。

（3）螺旋桨和舵的噪声。这类噪声级别较小，影响范围只限于船尾部分，对于尾机型船影响较大，特别在引起船体结构共振时会产生较严重的结构噪声，通常居住舱室最好远离艉部。

（4）居住区内主要噪声源有：通风空调设备、电梯、厨房机械等。

（5）波浪冲击及船体振动形成的噪声。通常噪声级别不大，在一般航行时船中部噪声略大，并随传递高度增加而渐减，到上层建筑顶层的开敞空间又有所增强。

2. 船舶噪声的特点

（1）声功率大，噪声源众多，声源密集。船舶的主机功率较大，船上除主机外还有大量产生噪声的辅机、甲板机械等，且有相当数量的机器集中在机舱内。

（2）在船上，结构噪声壁的空气噪声更显著。船体结构大多采用钢质或铝质等金属材料制造，金属材料易传播固体声。

（3）船上空间紧凑，受布置的限制，有些居住区往往不得不设在机舱、艉部等噪声源附近，因而如何削弱或隔绝噪声的不利影响，保持居住环境的安静，保障人员舒适是极其重要的课题。

（4）削弱结构噪声是解决船舶噪声的关键。但是解决结构噪声比解决空气噪声要困难得多。

3. 船舶舱室噪声评价标准

噪声评价标准规定某处所或区域的噪声级上限或范围，以保障船员和旅客的健康、正常的工作和生活，就是以人为对象来考虑的。如：在机舱内要保证机舱人员的听力和健康；驾驶室、报务员室要确保信号传令的清晰；生活舱室要以创造安静环境，提高舒适度为前提。

国际海事组织（IMO）于 2012 年 11 月 30 日以 MSC.337（91）决议通过《船上噪声等级规则》，该规则要求船舶上不同的噪声等级限值见表 8-7。

表 8-7　不同处所的噪声级限值（dB（A））规定

舱室和处所的名称	船舶尺度	
	1600～10000 总吨	≥10000 总吨
1. 工作处所		
机器处所	110	110
机器控制室	75	75
并非机器处所组成部分的工作间	85	85
未规定的工作处所（其他工作区域）	85	85
2. 驾驶处所		
驾驶室和海图室	65	65
瞭望位置，包括驾驶室两翼和窗口	70	70
无线电室（无线电设备工作，但不产生声响信号）	60	60
雷达室	65	65
3. 居住处所		
居住舱室和医务室	60	55
餐厅	65	60
娱乐室	65	60
露天娱乐区域（外部娱乐区域）	75	75
办公室	65	60
4. 服务处所		
厨房（食物加工设备不工作）	75	75
备膳室和配膳间	75	75
5. 日常无人处所	90	90

国际海协和北欧的挪威、丹麦和瑞典国家在船舶防噪标准中对各类舱室之间的隔壁（或甲板）的隔声值（壁的隔声值愈高则其隔声性能愈好）也提出了具体要求，船舶舱室可采用测试数据满足“隔声值”要求的各种分隔结构。

8.4.3 舱室防噪声设计

1. 舱室噪声

舱室噪声由三部分构成：

（1）舱室围壁振动时辐射的噪声。这部分噪声为结构噪声，是由一次固体声（由声源的振动经过船体结构传到舱壁而直接产生的）和二次固体声（噪声作用在声源舱室的周围结构上在船体结构中产生的振动噪声）组成。

（2）直接由布置在舱室内部的声源辐射出来的噪声。这部分噪声主要是空气声。

（3）由相邻舱室通过隔舱壁透射过来的噪声。这部分噪声主要也是空气声。

了解舱室噪声的类型，结合防噪措施，在船舶舱室设计时可以相应采取措施，以降低噪声的影响，见表 8-8 所示。

表 8-8 不同噪声的相应对策和措施

<table>
<tr><th colspan="2">噪声性质</th><th>对策</th><th>措施</th></tr>
<tr><td rowspan="2">空气噪声</td><td>声源室</td><td>吸声——提高吸声率</td><td rowspan="2">（1）质轻多孔吸声材料
（2）结构：吸高频声——纤维多孔吸声
吸低频声——孔洞共鸣
（3）区划布置时远离噪声源</td></tr>
<tr><td>受音室</td><td>隔声——隔绝噪声
①提高隔声值
②消除缝漏</td></tr>
<tr><td rowspan="3">结构噪声</td><td>一次结构噪声
（远处由结构传来）</td><td>削弱——提高传声损失
切断——避免“声桥”</td><td rowspan="3">（1）切断传声途径
（2）设内损耗高的壁
（3）提高结构（甲板和舱壁）刚性
增加板厚、改变结构（防挠材）尺寸、提高甲板面密度（如甲板敷料）
（4）弹性地板，吸收冲击能量
如地毯、带孔橡胶垫、甲板敷料</td></tr>
<tr><td>二次结构噪声
（空气诱发结构振动）</td><td>减振
①避免共振
②避免重合效应</td></tr>
<tr><td>冲击噪声
（棒击声、脚步声）</td><td>吸声——吸收冲击声
隔声——避免激发高频振动</td></tr>
</table>

2. 吸声和隔声

1）吸声

（1）各类吸声材料的吸声特点。表 8-9 列出各种不同吸声材料的适用范围和影响因素，可根据不同场合和要求进行选用。

表 8-9 吸声材料特点

<table>
<tr><th>序号</th><th>吸声材料类型</th><th>常用材料</th><th>适用范围</th><th colspan="2">影响因素</th></tr>
<tr><td rowspan="3">1</td><td rowspan="3">纤维棉状</td><td>玻璃棉</td><td rowspan="8">吸收高频噪声
$f>1\text{k}$（Hz）</td><td colspan="2" rowspan="8">（1）材料厚度 t
t 增大，吸声频率 f 大
（2）材料密度 λ
λ 小（孔多而密），吸声率高
（3）材料表面蓬松，吸声效果好
（4）背面空气层厚度</td></tr>
<tr><td>岩棉</td></tr>
<tr><td>陶瓷棉</td></tr>
<tr><td rowspan="3">2</td><td rowspan="3">织物、毛皮</td><td>纺织品</td></tr>
<tr><td>毛皮</td></tr>
<tr><td>毛毯</td></tr>
<tr><td rowspan="2">3</td><td rowspan="2">多孔发泡材</td><td>发泡树脂（连续气泡）</td></tr>
<tr><td>木屑纤维板</td></tr>
<tr><td rowspan="3">4</td><td rowspan="3">钻孔硬板</td><td>钻孔胶合板</td><td rowspan="3">吸收中频噪声
$\text{k}/4<f<1\text{k}$（Hz）</td><td rowspan="3">（1）厚度
（2）孔径
（3）开孔率
（4）背面空气层厚度
（5）背部材料吸声率</td><td rowspan="3">影响
频率 f 范围</td></tr>
<tr><td>钻孔石棉水泥板</td></tr>
<tr><td>钻孔金属板</td></tr>
<tr><td rowspan="4">5</td><td rowspan="4">膜状材料</td><td>乙烯膜状</td><td rowspan="4">吸收中、低频噪声
$\text{k}/8<f<\text{k}/2$（Hz）</td><td colspan="2" rowspan="4">（1）膜厚
（2）膜面积</td></tr>
<tr><td>皮革</td></tr>
<tr><td>金属箔</td></tr>
<tr><td>发泡树脂（独立封闭气泡）</td></tr>
</table>

注：表中 k 表示 1000

（2）吸声系数 α。代表材料吸收的声能与入射声能的比值。所有材料的 α 介于 0～1 之间，也就是不可能全部反射，也不可能全部吸收，通常吸声系数＞0.2 的材料才被认为是吸声材料（＜0.2 的材料是反射材料），平均吸声系数是频率为 125Hz、250Hz、1000Hz、2000Hz、4000Hz 的吸声系数的算术平均值。

船舶室内环境中常见的吸声材料吸声系数见表 8-10。

表 8-10 常用纤维质吸声材料的吸声系数

序号	材料名称	厚度/cm	容重/（kg/m^3）	各频率下的吸声系数/Hz					
				125	250	500	1000	2000	4000
1	超细玻璃棉	5	12	0.06	0.16	0.68	0.98	0.93	0.90
		5	15	0.05	0.24	0.72	0.92	0.90	0.98
		5	24	0.10	0.30	0.85	0.85	0.85	0.85
		5	20	0.10	0.35	0.85	0.85	0.86	0.86
		10	20	0.25	0.60	0.85	0.87	0.87	0.85
		15	20	0.50	0.80	0.85	0.85	0.86	0.80
		6	23	0.08	0.87	0.80	0.87	0.82	0.86
		8	21	0.12	0.94	0.67	0.79	0.88	0.95

续表

序号	材料名称	厚度 /cm	容重 /kg/m³	各频率下的吸声系数/Hz					
				125	250	500	1000	2000	4000
2	矿渣棉	6	240	0.25	0.55	0.78	0.75	0.87	0.91
		8	150	0.30	0.64	0.93	0.78	0.93	0.94
		8	240	0.35	0.65	0.65	0.75	0.88	0.92
		8	300	0.35	0.43	0.55	0.67	0.78	0.92
3	防水玻璃棉	10	20	0.25	0.94	0.93	0.90	0.96	
4	熟玻璃丝	5	80	0.06	0.08	0.18	0.44	0.72	0.82
		5	130	0.10	0.12	0.31	0.76	0.85	0.99
		9	100	0.18	0.44	0.89	0.98	0.98	0.99
		4	200	0.13	0.20	0.53	0.98	0.84	0.80
		6	200	0.25	0.35	0.82	0.99	0.89	0.82
		9	200	0.30	0.54	0.94	0.89	0.86	0.84
5	硅酸铝纤维毡	3	150	0.17	0.24	0.30	0.40	0.46	0.60
6	岩棉板	2.5	150	0.04	0.10	0.32	0.65	0.95	0.95
		5	80	0.08	0.22	0.60	0.93	0.98	0.99
		5	150	0.11	0.33	0.73	0.90	0.89	0.96
		10	80	0.35	0.64	0.89	0.90	0.96	0.98

岩棉吸声系数在“中频”时最高，吸声效果最好，而且在“中频”时不同厚度、不同容重的岩棉吸声系数很接近，相同厚度、不同容重的岩棉吸声系数也很接近，所以考虑到船上实际情况及施工、舱室布置等综合因素，也考虑到经济性的因素，推荐船上所用的岩棉材料厚度如表8-11所示。

表8-11 船用岩棉材料厚度推荐表

场所（位置）	施工要求		备注
	位置	绝缘材料厚/mm	
面对办公室、业务室、公共卫生间的住房	壁	25	—
面对机舱、升降机室的住房、公用室	壁	25	—
床与床邻接	壁	25	—
公用室等住室	天花	50	—
通风机室、冷冻机室、空调机室上面的住室	甲板下	50	—
通风机室	壁、天花、地板	50 扶强材或横梁25	噪声源、非露天部位进行隔音处理
集控室	壁、天花、地板	75	地板建议用浮动地板

吸声减噪的主要原理是通过在室内平顶或墙面的吸声处理（加装吸声材料），以减少壁面反射声，增加室内总吸收声量，提高室内平均吸声系数，达到减低室内噪声的目的。

当噪声源放置在室内时，在任意接收点，除了听到直接来自声源的直达声外，还可以听到房间壁面（墙面、天花板和地面）多次反射而形成的混响声。由于混响声与直达声叠加的结果，使室内声级比室外的声级有所提高，其提高量与室内壁面的吸声性能有关。

2）隔声

隔声结构应用在机器的隔声罩、隔声屏、通风道、控制台、舱室围壁、甲板和隔舱壁上。双层结构中，面板是通过声桥（能通过声音的结构）或隔声声桥（阻碍声音通过的结构）同船体结构连接的。声桥可以是固定面板在船体上的零件（销或螺栓）、木条等；隔声声桥是对声桥采用隔声措施后的连接件。

目前，船上居住舱室普遍使用的一种“复合岩棉板”，是由两块薄钢板，中间填充岩棉所组成。钢板与岩棉相胶合，钢板之间连接非常紧密。这种板可看成一块单层墙。

船舶室内环境中部分结构的参考隔声量见表 8-12。

表 8-12　部分结构的参考隔声量

结构种类	平均隔声量/dB	倍频程中心频率/Hz					
		125	250	500	1000	2000	4000
0.7mm 贴塑钢板+50mm 岩棉+0.7mm 贴塑钢板	27	16	23	24	29	39	37
2mm 铝板+70mm 超细玻璃棉+2mm 铝板	37	19	27	40	42	48	53
1mm 钢板+80mm 超细玻璃棉+1mm 钢板	48	28	42	50	57	58	60
1.5mm 钢板+80mm 超细玻璃棉+1.5mm 钢板	51	31	43	52	59	62	63

3. *居住舱室减噪结构*

直接与船体结构相连的甲板和舱壁会在居住舱室中辐射出结构噪声，为了降低噪声辐射，这些壁面可敷设内衬层（衬板），衬层可以采用复合岩棉板（壁板、天花板）和浮动地板、为了降低传递到衬层的噪声，衬板和天花板应与船体结构弹性连接。

（1）墙壁和天花板。为达到好的隔声值可采用其中间填有矿棉的双层结构，减噪衬层与结构相接触，即降低它的效能，在必须接触的地方应尽可能采用弹性连接以降低结构的直接传递，弹性吊装也可降低衬层辐射噪声的能力。

（2）浮动地板。在钢制甲板上覆盖由膨胀材料构成的弹性垫，浮动地板放在这一弹性垫（作为底垫）上面。地板本身必须是刚性的，而底垫则由弹性材料（如矿棉）填充。

（3）生活水管。舱室的生活和卫生系统的供水管、排水管若设计布置得不合理，在管路中流动的水会产生噪声，在设计时，管路系统应有弹性支撑（即采用衬有橡胶的管道支架）。

（4）通风系统。在考虑船上各个部位的噪声级时，各种通风系统的噪声也至关重要。在设计和布置时应注意以下几点：①在甲板上的进风口和通风口的出口上装设消声器；②弹性安装通风机和空调装置；③通风机与通风管道柔性连接；④通风机室敷设吸声材料；⑤主通风管道的布置应避免急转弯和直角分支；⑥空气通过通风格栅的速度要低；⑦准确安装抽风装置及其管道，抽风装置应低噪声。

（5）机舱天棚。机舱天棚内的机械噪声比较大，最理想的情况是不通过居住舱室，即机舱天棚与居住舱室的距离尽可能远。如果布置设计时不能将天棚与居住舱室分开，必要时天棚壁面不与人员生活区直接接触。若通过居住舱室，则其尺寸应尽可能减小，以减少接触表面；相应的天棚与居住舱室相邻的壁上应敷设减噪衬层和布置隔声区。在很多情况下，将储藏室、盥洗室等布置在天棚周围作为噪声隔离区。

8.5　舱室绝缘布置设计

舱室绝缘布置图汇集全船舱室的防火、隔热与隔声绝缘（除冷库绝缘及管道保温绝缘）的全部内容，是船舶内装设计中非常重要的一项工作，关乎船上人员居住安全和环境舒适性。

设计舱室绝缘布置图具体步骤和依据：

（1）船舶规范有关防火等级的要求。在设计舱室绝缘布置图之前应该先按照SOLAS公约的规定，确定全船结构防火区域划分图，图上必须明确船上不同舱壁和甲板具有的防火等级，然后舱室绝缘布置图设计时必须配置相应等级的防火绝缘。

（2）选择确定的防火绝缘材料生产厂及相应等级的绝缘材料。因为不同绝缘材料厂生产的绝缘材料具有不同防火结构形式与防火等级，舱室绝缘布置设计师必须选定本船入级船级社认可的绝缘材料生产厂的绝缘材料与节点结构形式。

（3）全船舱室布置图与有关的钢结构图。有了这些图纸就可以针对一侧暴露的钢质甲板与围壁进行适当的隔热绝缘，同时也可以明确哪些舱壁及甲板需要考虑隔音绝缘。

（4）船舶航线及合同规格书中，由于热带航线与寒带航线对隔热绝缘的要求不同，以及合同规格书中船东对绝缘要求高低的不同，在设计舱室绝缘布置图时也应认真对待。

（5）甲板敷料布置设计，应与舱室绝缘设计同时考虑。如同样要求A-60级甲板防火分隔，可以用甲板反面（下表面）敷设绝缘的方法来解决，也可以甲板下表面不做绝缘而在甲板上表面做防火型甲板敷料来解决，选用前者还是后者，主要视哪种做法施工更加方便、合理。

（6）舱室衬板常用的有胶合板、硅酸钙板和复合岩棉板等多种形式，由于不同材料的衬板具有不同的绝缘性能，因此在考虑舱室绝缘布置设计时应结合衬板材料进行设计。

第9章

舱室门窗设计

船舶门窗是船舶舱室出入口和采光通风口的关闭装置。本章所述的船舶舱室门窗主要是指上层建筑的门窗，包含居住舱室、公共活动舱室和工作舱室等。《国际载重线公约》、SOLAS 公约和相关法规对船用舱室门窗都有详细的要求，舱室门窗设计时必须严格执行。

9.1 舱室门设计

9.1.1 舱室门的种类与特点

1. 舱室门的种类、特点及用途

舱室门是船舶内部相连通所必不可少的通行设施，有着连通和分隔区域、安全逃生、通风和防火等功能，同时通过对舱室门的造型和色彩设计，对美化船舶舱室起到画龙点睛的重要作用。

舱室门种类繁多，特点各异，用途广泛（表 9-1）。

表 9-1 舱室门分类

品种	分类	特点	用途
钢质门	船用风雨密钢质门	结构合理、刚度和密封性能好	用于海船上层建筑的出入口
	船用钢质非水密门	重量轻、结构合理	用于各类船舶的储藏室、工作间等
	快速开闭门	使用方便、操纵灵活、可快速关闭	用于需风雨密的场合
	钢质栅栏门	开闭灵活、开口大、便于快速疏散旅客和货物	用于长江客轮和货轮
	钢丝网门	结构简单、关闭时内外视线相通	用于船舶工作舱室，如电工间、车床间、备件间、储藏室等

续表

品种	分类	特点	用途
钢质门	钢质驾驶室移门	开启方便、风雨密	用于船舶驾驶室通向外部的走道
	钢质隔音阻气门	具有结构合理、气密隔音效果好等	用于船舶机舱围壁和控制室等
防火门	分为A级、B级防火门	防火性能好	用于船舶防火区域梯道、隔壁、机舱围壁及居住舱室出入口
玻璃钢门	玻璃钢舱室空腹门	具有结构合理、外观美观、耐腐蚀等优点	用于无防火要求的舱室出入口处
木门	舱室木门	重量轻、施工方便、美观、灵活	用于无防火要求的内走道、储藏室、浴厕所、报务员室及空调机室和餐厅等处的门
折叠门	常用铝合金、复合材料或PVC塑料制成	豪华、美观、轻型灵活、分隔方便、可富于艺术造型	用于船舶的娱乐、休闲场所以及高级船员餐厅的内部分隔
冷库门	①不锈钢冷库门 ②玻璃钢冷库门		用于船上鱼库、肉库、蔬菜库及缓冲室等

2. 规范对船用门的基本要求

国际载重线公约和法规等都对船用舱室门提出了很多具体要求：上层建筑风雨密，即在任何风浪情况下，水都不得透入船内。主要包括：

1）封闭的上层建筑端壁上的所有出入口

（1）应装设钢质或其他相关材料的门，永久地和牢固地装在端壁上，并应有加强筋加强，使整个结构与完整的端壁具有同等的强度，并在关闭时保持风雨密。保证风雨密的装置应包括衬垫和夹扣装置或其他相当的装置，并应永久装固于端壁或门上。

（2）门槛高度，应高出甲板至少38mm。

2）在“B”级分隔上的开口

“B”级分隔的门及门框以及它们的制牢装置，除在这些门的下部可以允许设置通风开口外，还应提供尽可能等效于此分隔耐火性能的关闭方法。如果这种通风开口是开在门上或门下时，则一个或几个这种开口的总净面积不得超过0.05m^2。如这种开口是开在门上，则此开口应设有不燃材料制成的栅格。这些门应是由不燃性材料制成。

9.1.2 舱室门的设计

1. 各类门在船舶舱室中的应用

船舶是一个能在海上移动的建筑。根据不同航行区域要求，需要设置不同功能的舱室门，各类门在船舶的舱室区域分布中，要做到布局合理，行动方便、互不干扰。

1）钢质风雨密门

分为A、B、C、D四个等级，各种级别主要差别在于门板的厚度及其加强筋的数量和尺寸等，其适用的部位见表9-2。

表 9-2　各种级别风雨密钢质门适用部位

级别	适用部位
A	干舷甲板上的第一层上层建筑前端壁【由尾垂线向前（0.1～0.7）*L* 范围】
B	干舷甲板上的第二层上层建筑前端壁【由尾垂线向前（0.1～0.7）*L* 范围】和第一层上层建筑后端壁及侧壁
C	干舷甲板上的第三层上层建筑前端壁【由尾垂线向前（0.2～0.6）*L* 范围】和第二层上层建筑后端壁及侧壁
D	干舷甲板上的第四层上层建筑以上的舱壁和第三层上层建筑后端壁及侧壁

注：1. *L* 为船长；2. 表中上层建筑包括甲板室

2）防火门

按照 SOLAS 公约的要求，所有门的阻火性能尽可能与它们所装配处分隔的阻火性能等效：如在“A”级分隔上的门及门框应为钢质结构即“A 级”防火门；装载“B”级分隔上的门应是用不燃材料制成的“B”级防火门。表 9-3 为“A”、“B”级防火门的耐火级别及门框形式。防火门（图 9-1）适用于各类船舶防火区域的走道、梯道、隔壁、机舱围壁及居住舱室公共场所及服务处所。普通单扇防火门的结构见图 9-2。

表 9-3　“A”、“B”级防火门的耐火级别及门框形式

<table>
<tr><th>型式</th><th>耐火等级</th><th>门框型式</th><th>开启方向</th></tr>
<tr><td rowspan="4">A 级</td><td>A-0</td><td rowspan="6">A 级：一层钢围壁
B 级：一层衬板
一层钢围壁
C 级：二层衬板</td><td rowspan="6">YN——右内开
YW——右外开
ZN——左内开
ZW——左外开</td></tr>
<tr><td>A-15</td></tr>
<tr><td>A-30</td></tr>
<tr><td>A-60</td></tr>
<tr><td rowspan="2">B 级</td><td>B-0</td></tr>
<tr><td>B-15</td></tr>
</table>

(a) 双扇防火门

(b) 单扇带舷窗防火门

图 9-1　常见的防火门

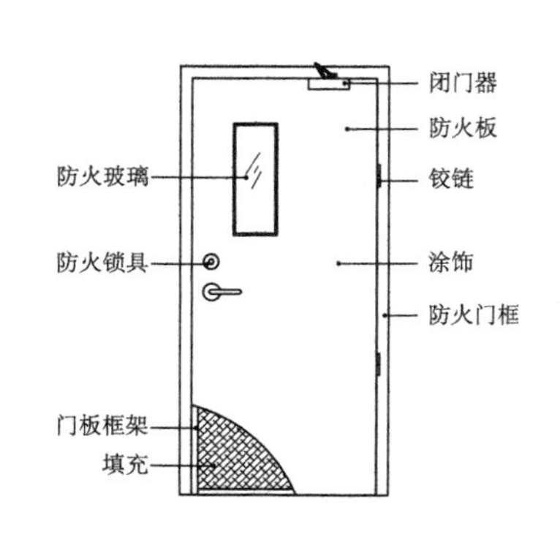

图 9-2　普通单扇防火门结构

3）玻璃钢门

普通的玻璃钢由于加入了阻燃剂，成为阻燃材料，经过试验由主管机关认可，可以制成不同形式的门。玻璃钢门由于表面平整、外观美观、重量轻、隔热性能好、耐潮湿、安装方便等优点，被广泛用于船舶舱室各种相关的部位。

4）玻璃门

用玻璃做门叶制成的门，称为玻璃门，常用于装饰性场合，如餐厅、舞厅、会议室等，玻璃门一般是不防火的。

5）木门

这类门在海船上已不多见了，主要用于国内内河船只或不受国际公约约束的船（例如军舰）的舱室门。

2. 舱室门的规范要求

（1）所有出入口的门宽度与通道或扶梯的宽度相适应。在任何情况下旅客居住舱室门的宽度不应小于 0.6m。如果居住舱室的外围壁上设有经验船部门认可的窗口，在紧急情况时可由该窗口直接通向通道，则该舱室的门上可免设应急逃口。餐厅及公共舱室门的宽度不应小于 0.8m。

（2）在围壁处所内的客舱门应向内开，但乘客较多的客舱、餐厅及其他公共舱室的门应向外开或设置可两面开启的活动门。所有通向露天甲板的出入口的门，一律向外开。

（3）所有居住舱室及公共舱室，不准设置滑动门。

（4）休息室、娱乐室和阅览室的门应向外开。

（5）公共厕所的门应向内开启。若公共厕所内设多个大便器时，应用隔板将大便器分隔，并应安装带插销的门。

9.1.3 舱室门的附件

1. 门钩的种类

一般不同舱室门选用不同的门钩。船用门钩按舱室门的不同选用的材质也不相同，如舱室外门，一般是钢质门配置，材质为钢质；舱室内的防火门一般配置材质为铜镀铬或铜抛光的门钩。

2. 门锁

1）门锁的种类与选择

由于船用门的用途各不相同，配合这些门的不同用途和要求，门锁的种类也五花八门，大致有钢门锁、挂锁、防火门锁、冷库门锁、驾驶室移门钩锁、浴厕门锁、弹簧门锁七种门锁可供选择。由于要适应海上的工作环境，船用门锁有如下特殊要求：①高温情况下正常工作，②防腐能力强，③材料均要选用耐高温的不锈钢或特殊合金材料制造，④结构要求精致、开启要灵活、保密性强、经久耐用。船用门锁的种类及应用范围见表 9-4。

表 9-4　船用门锁的种类及应用范围

种类	应用范围
钢门锁	钢质非水密门、木质门
挂锁	钢质门
镶锁	客舱、公共舱、工作舱、船员舱室的门
复锁	普通船员舱、客舱、工作舱、厨房等左、右式门
大蟹钳锁	驾驶室、餐厅俱乐部、小卖部等移门
有/无人锁	浴厕
大钩锁	驾驶甲板、客厅、餐厅等拉门或移门

2）门锁的主钥匙及其配置

凡锁头装置的船用门锁，有多种组合钥匙型式，可以充分发挥船用门锁的功能，以达到使用方便、管理简化的目的。通常有两种形式：①一匙一锁式（一种钥匙专属一具锁），②总钥匙式（一把总钥匙用于开启该系统中各个锁，同时各锁仍有其专属钥匙）。

3. 闭门器

1）闭门器的种类和规格

闭门器是一种用来自动关闭房门的装置，有液压式与弹簧式两种，海船通常使用液压式的。闭门器的规格分为：65kg 以下、85kg 以下、100kg 以下、120kg 以下 4 种，根据门的重量去选用不同的闭门器。

2）闭门器的选用

SOLAS 公约对起居处所、服务处所及控制站内与升降机围壁的保护规定中明确：

（1）仅穿过一层甲板的梯道，应至少在一个水平面上用至少为“B-0”级分隔及自闭门保护。

（2）穿过多于一层甲板的梯道，应至少用“A-0”级分隔环围，并在所有水平面上用自闭门保护。

（3）所有门的阻火性能应尽可能与其所装配处的阻火性能等效，在“A”级分隔上的门及门框应为钢质结构，装在“B”级分隔上的门应用不燃材料制成。

（4）装设在 A 类机器处所限界面舱壁上的门应适当气密和能够自闭。

（5）舱室内走道通向梯道的门，闭门器一般选用 65kg 以下。内走道通向机舱的门，闭门器一般选用 85kg 以下。

4. 定门器

定门器的功能与闭门器完全相反，它使门保持在开的位置上。定门器有背钩式、磁性式、电磁式等数种。货船使用的定门器通常是背钩式的，磁性定门器在海船上几乎不用。电磁式定门器又可叫做顶门释放装置，它是利用电磁的吸引力，使门保持常开的状态，用在通常情况下需要常开而一旦发生情况时又可自动关闭的门，如在海船客轮的内走道防火门，一般就要装电磁式定门器。平常旅客过往通道门保持常开的位置，一旦发生火警，由驾驶室遥控切断电源，使电磁式定门器失去磁性，这样门在闭门器的作用下就会自动关闭。

9.2　舱室窗设计

9.2.1　船用窗

1. 窗的功能

窗的设置主要用来采光，有时兼备眺望、自然通风的功能。在大中型船上，还要求公共舱室、居住舱室等场所的窗可作为应急逃生口。设在干舷甲板以下船壳及封闭上层建筑内的舷窗还应保证水密和结构坚固。

2. 窗的类型

船用窗按其设置部位、形式、结构、材料、功用等有多种分类。按照设置部位，可分为侧窗和甲板窗（见第 6 章）。按照形式，可分为：

1）舷窗

指面积不超过 0.16m^2 的圆形（图 9-3）或椭圆形开口。水密区域里的窗，设有防暴盖，这样窗在风暴天气时无法保持采光。舷窗规格按透光玻璃直径（Φ-mm）表示，通常有 Φ200、Φ300、Φ350、Φ400 几种，根据船的大小（肋距）选用。兼作逃生口的舷窗必须 $\Phi>350$。

图 9-3　舷窗

图 9-4　船用窗——矩形

2）船用窗

有呈方形的开孔，在其每个角隅具有一个与方窗尺度相适应的圆弧过渡（图 9-4），以及面积超过 $0.16m^2$ 的圆形或椭圆形开口。船用窗可用于有风雨密要求的上层建筑、甲板、天窗、机舱、厨房或小船舱室顶等。

3. 舷窗和船用窗的分类

（1）系列：舷窗和船用窗可分为一般系列（N）、耐火系列（P）、电加温系列（H）。

（2）类型：舷窗分为重型（A）、中型（B）、轻型（C）；船用窗分为重型（E）和轻型（F）。

（3）结构形式：舷窗和船用窗按开启形式分为可开式和固定式；按安装形式分为焊接式和螺栓式。

舷窗的适用范围见表 9-5。

表 9-5 舷窗适用范围

<table>
<tr><th rowspan="2">系列</th><th rowspan="2">型式</th><th rowspan="2">公称尺寸*
D/mm</th><th colspan="2">开启方式</th><th rowspan="2">安装
方式</th><th rowspan="2">风暴盖开启
固定方式</th><th rowspan="2">适用范围</th></tr>
<tr><th>开式</th><th>闭式</th></tr>
<tr><td rowspan="3">一般（N）
耐火（P）</td><td>重型</td><td>200
250
300
350
400</td><td rowspan="2">左开式（L）
右开式（R）
共铰式（S）</td><td rowspan="3">固定式（N）</td><td rowspan="2">螺栓安装（B）</td><td>挂钩式（G）</td><td>海船舱壁甲板或干舷甲板以下，满载水线以上允许舷侧开口部位，且要求水密和气密的处所</td></tr>
<tr><td>中型</td><td rowspan="2">200
250
300
350
400
450</td><td>棘爪式（J）</td><td>客船舱壁甲板或干舷甲板以上的舷边或上层建筑的端部
非客船干舷甲板上第一层上层建筑两侧和端部</td></tr>
<tr><td>轻型</td><td>开式（LR）</td><td>焊接安装（W）</td><td>—</td><td>客船舱壁甲板或干舷甲板以上第一层和以上各层上层建筑侧面和后端部
非客船干舷甲板以上第一层上层建筑以上围壁侧面和后端部</td></tr>
</table>

* 公称尺寸指舷窗透光部分的尺寸

9.2.2 窗斗

窗斗（window box），是整个窗的一个组成部分，与舱室衬板有密切联系。

窗斗的形状与窗的造型有关。如图 9-5、图 9-6 为模仿陆地上房间，从舱室里面看上去像方形的窗，为此衬板和绝缘上开了一个矩形孔。窗斗就是遮住了这些切口表面，并与窗连接的装置，能起装饰等作用。

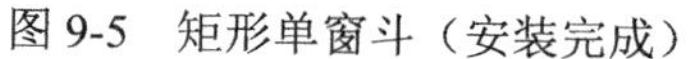

图 9-5　矩形单窗斗（安装完成）

图 9-6　矩形双窗斗——白色部分（施工中）

1. 窗斗的类型

（1）按材料分有木质、钢质、玻璃钢。

（2）按窗斗与窗的配合情况可分为单窗斗（图 9-5）和双窗斗（图 9-6）。

（3）按其结构形式可分为单式窗斗和复式窗斗。单式窗斗仅有一层钢质外围壁，复式窗斗的钢质外围壁上另作内衬板。

单式玻璃钢窗斗结构简单，整体是 2.5mm 厚的乳白色玻璃钢窗斗。窗斗的内孔尺寸与窗的法兰边大小一致，窗斗的外口大小应保证固定窗盖的上、下、左、右蝶形螺帽能自由地活动。窗斗外口的法兰边安 8 只螺钉，使整个窗斗固定到衬板上。衬板上的开孔则是根据窗的中心位置及窗斗的外口尺寸来定，窗斗下边有一条凹槽即是积水槽。

复式结构的钢质窗斗是用 0.7mm 厚的镀锌钢板制成，表面为白色烘漆，内外二层窗斗。外层与窗的凸缘相连接，外层背面粘贴厚 8mm、密度 $300kg/m^3$ 的岩棉作吸音材料。内层窗斗套在外层窗斗内侧，间距可以伸缩移动，便于当衬板与外围壁间距变动时进行调节。这种窗斗构造较复杂，但装饰效果较好，价格也较贵，因此适用于对舱室要求较高的船舶。

2. 窗斗的作用

（1）修饰衬板。外围壁上开窗而该围壁又有衬板时，则位于窗口部分的衬板必须挖成一个孔，这样就暴露了衬板与外围壁之间的构架和绝缘材料，从外面来看窗、窗斗、衬板组成了完整的整体（图 9-5）。

（2）窗斗能收集从玻璃上落下的冷凝水。如果船在冬季或者内外温差很大的地区航行，由于室内温度高于室外，室内空气中的水蒸气遇到玻璃界面，就凝结成小水滴并逐渐增大，然后落到窗斗下的积水槽内，有的积水槽内放置一块吸水海绵，有的用一根细管子将积水直接排到室外。

（3）能维护舱壁耐火完整性，并改善窗部位的隔热、隔声效果。

第10章

舱室模块化单元

现代造船中，单元模块的设计是生产设计的重要内容，是产品设计的重要方向。单元模块技术的应用，能够提升及完善船舶舾装技术水平，积极推行平行制造的建造策略，从而提高造船的效率，以及造船企业的竞争能力。

在船舶舱室内装工作中，通过模块化的设计和施工，可以有效减少现场工序，提高内装施工效率，大幅缩短工期。大型客滚船和豪华邮轮的内装建造，从最初的材料现场加工，到后来的分部件预制现场安装，发展到现在，模块化设计和制作的舱室模块已普遍应用。

舱室模块化设计对于提升船舶建造水平具有相当重要的意义。

10.1 舱室内装模块化

10.1.1 船舶模块化建造技术

1. 模块

模块是可组合成系统的、具有某种特定功能和接口的典型的通用独立单元。

模块化则是基于功能分析和系统分解，用标准化的功能单元（模块）通过组合方式构建具有特定功能的系统的过程。模块化一般综合采用了简化、统一、通用化、系列化、组合化等多种标准化措施。模块化技术发展的根本动力来源于需求的日益多样化和生产效率不匹配之间的矛盾。

2. 船舶模块化建造

造船工业属于典型的小批量、多品种的订货生产（MTO）和定制生产（ETO）模式，在传统的生产模式下效率很低。模块化造船始于二战时期，美国提出了船舶模块化设计和建造的方案。随着该技术的实践和积累，其后被广泛运用于日本、德国、英国、法国、芬兰、丹麦等众多国家。

模块化造船技术是指将船舶结构、设备和系统按功能或层次体系分解成若干有接口关系的相对独立单元，再按照标准化、通用化、系列化、组合化的设计和生产原则以不同的方式排列和组合成完整船舶的造船方法。模块化造船的中心思想是最大限度地提高中间产品的成品化程度。这里的中间产品是指综合性的壳舾涂一体化的大模块，包括分段、分段组合体、预舾装件（或舾装小模块）。

目前，船舶建造中已将设备、管路、电路、铁舾件及其他舾装件等综合性布置相对密集的局部区域规划成单元模块来进行预制。

模块化造船有如下优点：

（1）模块化设计通过有限规格的平台和功能模块间的灵活组合，能很好地满足多种任务需求。与传统独立的船舶研制模式相比，具有更强的技术继承性，成果共享和复用的程度也更高。这在提高产品的成熟度、降低技术风险的同时，也可以扩大生产规模。

（2）模块化设计可以缩短船舶的设计和建造周期，主要体现在两个方面：一是船舶系列设计时，由于系列中有很多通用的模块，使设计工作量大为减少；二是经模块化设计之后，可全部用已有的模块或增加少量专用模块来满足要求。模块化船舶是按模块组织生产的，而有限的模块中零部件的胎架、工艺流程等都是定型的，所以制造周期必然缩短。

（3）有利于提高研制质量。在模块化船舶中，模块是相对独立的单元，由专门单位负责设计，专业生产，还可以对模块进行试验研究，有利于提高模块质量，进而提高船舶的质量。

（4）便于维修与改装，提高船舶可用性。由于船舶由相对独立的模块组成，因此可以对损坏的模块单独进行维护和修理，必要时可更换整个模块。

10.1.2 舱室内装模块化的发展

船舶舱室内部产品构件众多，包含壁板、绝缘材料、天花、地面、卫生间、家具、布艺、装饰品等。传统的船舶舱室内装产品单一模块化（如内装板、防火门窗由专业工厂制造），现场切割、安装的模式，导致在船舶总装时，建造体系及流程复杂，所涉及的产品设计、物资配套、设备落后。

进入21世纪，随着欧洲大型豪华客船、客滚船、海上豪华邮轮的兴起，其载客数多，居住舱室数量多、装修豪华、建造质量要求高，传统的内装设计建造模式已很难满足。内装模块化技术最早在芬兰的Kvaerner Masa-Yards、意大利的Fincantieri Yards等船厂邮轮舱室单元的建造中大规模应用。

内装模块化技术是指内装产品模块的分解和组合，也包括设计，所有的模块均应在专业工厂预制，所有的模块构件应该既是一个结构单元又是一个产品单元，可以组成一个完整的舱室单元。相对于传统的现场定位、切割、组装的现场安装方式，内装模块化技术实现了标准单元生产流程化、模块化，安装工艺智能化，大大减少了船舶总装现场的焊接及切割工序，节约材料，减少环境污染，保证船舶内装质量和施工安全，降低劳动力成本。

目前世界主要的内装供应商 Piikkio Works、R&M、Parmarine、Inexa TNF 等，已具备向全球众多的豪华邮轮提供大批量预制模块化舱室单元的能力。我国也有少数大型船企和内装配套产商可制造内装模块化单元。

10.1.3 内装模块化的技术特点

1. 标准化设计

标准化设计是指在船舶内装的产品构件及其连接形式应采用标准化、系列化的设计方法，其中主要包括尺寸的标准化，规格系列的标准化，工艺节点、连接节点和接口的标准化。

2. 模数化设计

模数，就是选定的尺寸单位，作为尺度协调中的增值单位。内装的基本模数是指模数的基本尺寸单位，内装部件的模数化尺寸，通常是 50mm 或 100mm 的倍数。模数协调是按照确定的模数设计内装和产品的尺寸。

模数化能够实现设计、建造各个环节和各个专业的互相协调；对内装各部位尺寸进行分割、确定集成化产品、预制构件的尺寸和边界条件；有利于内装产品、构件的定位和安装，协调内装产品与功能空间之间的尺寸关系。利用这种方法不但可以避免设计过程与建造过程的脱节，还可以在产品的维修和再利用的过程中起到良好的作用。

3. 多专业协同合作

在内装模块化技术中，不仅需要模块化设计思维，设计中还应将结构、机电、管系等方面进行模块化纳入考虑范围，减少各阶段间的信息遗漏，更有效解决现场作业的困难，提高管理的质量和效率。

但是内装模块化技术也存在一定局限性。内装模块化技术适合船舶舱室数量多的船型。“相同的舱室体系单元、同样技术参数、结构构造，任意的拼接组合”的内装模式，从某种程度上可能会限制内装设计的个性化和多样化。

10.1.4 内装模块化的应用

1. 船舶卫生单元

船舶卫生单元（marine wet unit）是最早运用在船舶上的模块化内装产品。卫生单元的尺寸及配置相对单一，标准化程度高，散件、五金件、卫浴等都可以在设备厂内预制安装，解决了此类散装配件现场安装的工序烦琐的问题，提高内装建造的效率。

2. 预制舱室单元

在卫生单元发展成熟的基础上，PMCU（prefabricated modular cabin unit，预制模块化舱室单元）技术是将整个舱室作为一个单元进行设计和制造，有效地解决了传统舱室建造方法的一些问题，使得造船效率和质量大为提高，满足了大型豪华旅游船上乘客船员居住舱室数量巨大、装饰规格高和采用传统现场制造方法难以满足的交货周期和品质的要求。

10.2 船舶卫生单元

10.2.1 船舶卫生系统

船舶卫生系统是各类船舶供人们洗漱、淋浴、排便必不可少的设施；是维护个人卫生，事关健康的重要场所；是居住舱室不可缺少的组成部分。

船舶卫生舱室根据用途主要分为：公用卫生舱室、单人卫生舱室、专用卫生舱室。

公用卫生舱室：主要是供普通船员、一般舱室旅客、舰船士兵等使用，有厕所间、盥洗室、淋浴室等。在船舶设计中，公用卫生舱室的划分和设置是以船舶类型、舰船总吨位、船上人员类别而确定的。

单人卫生舱室：主要是供中高级船员、中高等客舱旅客、舰船官员使用的集浴、厕、盥洗为一体的舱室。

专用卫生舱室：主要是指医疗、病室配套的舱室，以及为全体船员、舰船官兵、旅客等提供洗衣、烘衣、熨衣的舱室。

10.2.2 船舶卫生单元的基本形式

传统的卫生系统在船上进行安装，由于涉及船体、泥瓦工、锯工、电工、木工、镀金等多车间、多工种，因此会出现管理复杂、施工困难、质量难以控制、工耗多、周期长的问题。

船舶卫生单元是具有必要的卫生设备，可以整体安装或部分预制的单元舱室，是集浴室、厕所、盥洗室为一体的组合，是船舶卫生系统的重要组成部分（图 10-1）。通常由配套厂按图纸施工并按技术要求进行制造，运抵船厂直接吊装于船上进行定位安装，接通水源、电源就能使用。船舶卫生单元的特点是整体性强、封闭性好、安装方便，有利于组织文明生产、节省原材料、改善内装质量、提高内装水平和预舾装率，大大缩短了造船周期。

（a）外观

（b）内部

图 10-1　船舶卫生单元

1. 分类

1）按使用特征分

可分为盆浴型、淋浴型和其他型三大类：

（1）盆浴型（B）：具有浴缸设施，是服务个人的卫生单元。

（2）淋浴型（S）：无浴缸，是具有淋浴设施的卫生单元。

（3）其他型（X）：是具有特殊需求的卫生单元。

2）按管路检修区域形状分

检修区是用于安装各种管系、电缆敷设，并在船舶营运中管系、电缆、阀件故障检修的区域，可通过卫生单元的围壁上的检修门进入。检修区可分为三角形、矩形和梯形三种型式（图 10-2）。

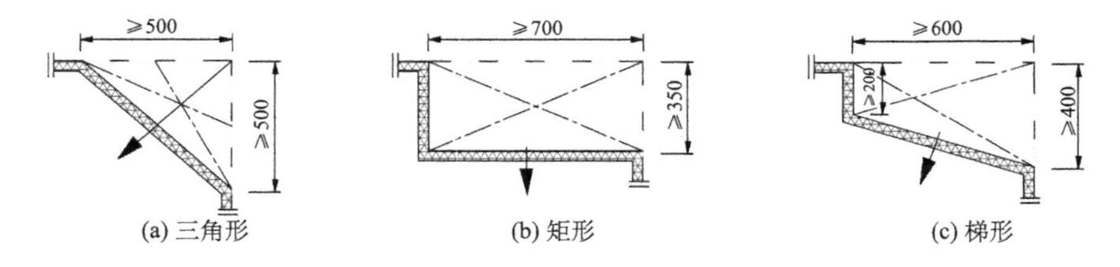

图 10-2　卫生单元管路检修区（单位：mm）

2. 结构

卫生单元的结构部分包括：底盘、围壁、天花板和单元门，内部也通常分为厕所区、盥洗区和洗浴区，包含多种卫生设备。

（1）图 10-3 是盆浴型卫生单元的几种基本形式（灰色为检修区），浴室使用的是浴缸。其中图 10-3（a）的检修区形状为三角形，图 10-3（b）的检修区为矩形，图 10-3（c）的检修区形状为梯形。

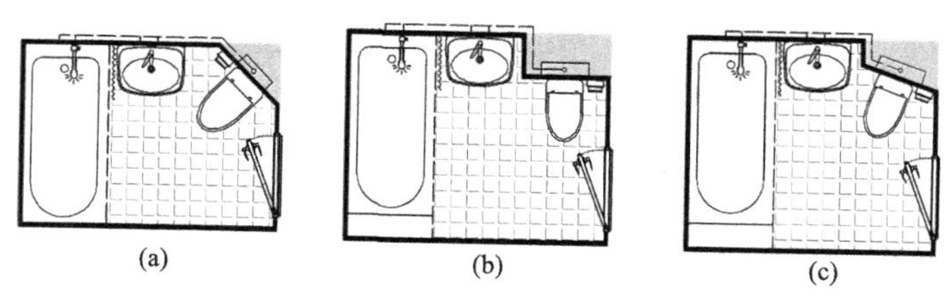

图 10-3　盆浴型卫生单元的基本形式

（2）图 10-4 是淋浴型卫生单元的几种基本形式（灰色为检修区），浴室是淋浴房。其中图 10-4（a）的检修区形状为三角形，图 10-4（b）的检修区为矩形，图 10-4（c）的检修区形状为梯形。

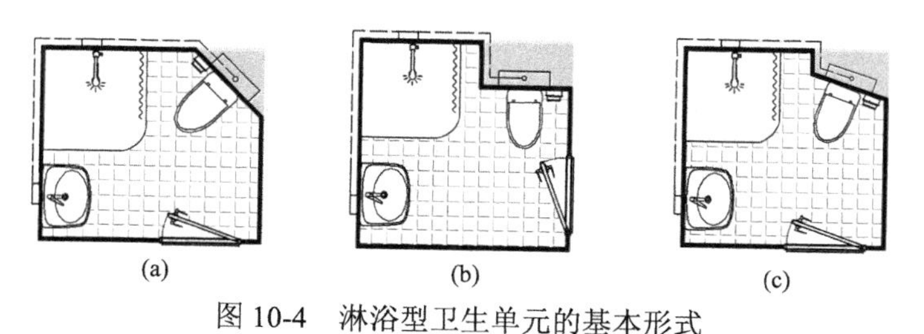

图 10-4　淋浴型卫生单元的基本形式

（3）图 10-5 是其他型卫生单元两室合用的几种基本形式，卫生单元有两扇门，表示可装设于两个舱室之间，可共用（灰色为检修区）。其中图 10-5（a）的检修区形状为三角形，图 10-5（b）的检修区为矩形，图 10-5（c）的检修区形状为梯形。

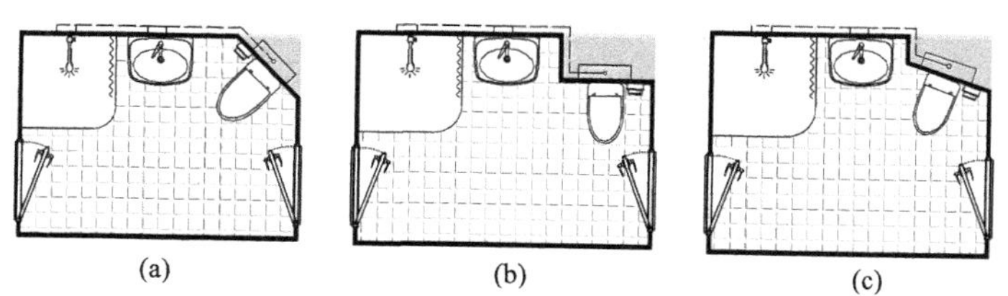

图 10-5　其他型卫生单元的基本形式

图 10-3、图 10-4 和图 10-5 中的各种卫生单元均可旋转 90°、180°、270°，镜像后置使用，但需调整地面地漏的布置。卫生单元的门都是向内开的，也可以向外开。卫生单元内地漏布置在靠船尾或舷侧的位置。

3. 尺寸

卫生单元的空间需要容纳洗漱、厕所和浴室的功能设备，根据标准 CB/T 3723—2014《船用卫生单元》，卫生单元基本尺寸见表 10-1。

表 10-1　卫生单元的基本尺寸　（单位：mm）

项目	盆浴型	淋浴型
长	1960	1560
宽	1560	1460
高	2200	2200

注：卫生单元外形尺寸不包括可拆卸的吊环螺栓、门框凸缘和冷热水管路
使用布置设计时有冷热水管路一面加 100mm，无冷热水管路一面加 50mm 布置空间

4. 五金件和洁具

卫生单元内基本设备和五金见表 10-2。

表 10-2　卫生单元内基本设备及五金

序号	名称	数量	备注
1	浴缸	1	浴缸型卫生单元用
2	浴缸落水	1	浴缸型卫生单元用
3	带淋浴龙头的浴缸水嘴	1	浴缸型卫生单元用
4	移动式淋浴龙头	1	淋浴型卫生单元用
5	洗脸盆	1	—
6	洗脸盆水嘴	1	—
7	洗脸盆落水管	1	—
8	肥皂盒	2	—
9	牙刷杯架	1	—
10	镜面箱	1	船用型，附有剃须刀插座，电源电压满足 220V 和 110V 两种功能
11	坐便器	1	—
12	坐便器盖	1	—
13	马桶刷和杯	1	—
14	冲洗阀	1	仅用于无水箱的卫生单元
14a	水箱	1	与冲洗阀二选一
15	卫生纸架	1	—
16	防浪扶手	2	坐便器旁、浴区各 1
17	衣帽钩	2	—
18	浴帘轨	1	—
19	浴帘	1	—
20	抽风口	1	—
21	接线盒	1	按 CB 3413—1992 规定选取
22	晾衣绳	1	—

续表

序号	名称	数量	备注
23	报警装置	1	—
24	电源插座、电气开关	按要求	防溅型
25	水封式地漏	1～2	—

5. 材料

（1）卫生单元均应采用 GB 712—2011 规定的 Q235A 的钢质框架或其他强度相当的框架。卫生单元所用钢材表面应进行除锈防腐处理，处理等级应达到 GB/T 8923.1—2011 的 Sa 2.5 级或 St 3。

（2）卫生单元的底盘通常采用 GB/T 3280—2007 规定的 Q235A 的厚度不小于 3mm 的钢板或 06Cr19Ni10 的不锈钢板，亦可采用相同强度的铝合金板或玻璃钢制作。

（3）壁板、天花板的材料依据 CB/T 3723—2014《船用卫生单元》标准，应采用表 10-3 中的材料。

表 10-3 壁板和天花板的材料

选用材料	满足标准
复合岩棉板	GB/T 23913.1—2009 GB/T 23913.2—2009 GB/T 23913.3—2009
纤维增强塑料用液体不饱和聚酯树脂（玻璃钢）	GB 8237—2005
铝蜂窝复合板	—

10.2.3 船舶卫生单元设计

1. 总体设计要求

卫生单元设计要符合规则规范、管路、电器、通风各个专业的要求。设计时首先根据船舶类型、船舶总吨位、船上人员的类别、船舶相关规范、船舶规格书以及船东要求来划分和设定卫生间的位置和数量，再根据船舶规格书和船东要求来确定每个卫生间内具体的设备和五金件，如确定是盆浴型还是淋浴型，还有其他设备等。

在总体设计时，需考虑卫生单元的式样及尺寸，在保证使用需求及功能的情况下，尽可能减少卫生单元整体造型的不同。运用模数化、标准化的设计手法，对卫生单元外形尺寸进行设计。各产品诸如坐便器、淋浴、浴缸、洗脸盆等式样尽可能依据标准化模式进行尺寸设计和材料选配。

2. 结构设计

卫生单元的框架应有足够的强度和刚度，在搬运过程中不应产生永久变形或造成卫生单元内部结构、设备的损坏；卫生单元的底盘深度不小于75mm，必须水密。

卫生单元所用材料应满足相关标准要求。卫生单元地面应具有防滑、耐磨的特性，常用瓷砖（可加敷料）、环氧地面、彩塑地面等。

卫生单元的后方应留有维修空间，维修空间有三角形（推荐尺寸等边直角三角形500mm×500mm）、长方形（推荐尺寸 350mm×700mm）、梯形（推荐尺寸直角边梯形（200mm+400mm）×600mm）三种。在维修空间后方的舾装板上应设检修门或可拆板。需要注意的是有些卫生单元的维修空间后方是钢板，没办法设检修门或可拆板时，应在卫生单元内马桶的上方的舾装板上设检修孔。

3. 功能尺寸设计

在设计卫生单元时要充分考虑人的活动空间。

- 卫生单元淋浴区宽度应不小于700mm
- 浴缸单元内的浴缸标准尺寸应不小于1200mm×700mm
- 卫生单元的内净高应不小于1950mm
- 卫生单元门通孔宽度应不小于600mm
- 卫生单元坐便器前走道宽度应不小于550mm
- 卫生单元底盘的深度应不小于75mm
- 卫生单元洗面盆的高度一般不小于750mm
- 骨材、各种管子和其他舾装件应不妨碍坐便器、洗脸盆等器具的使用等

4. 管路及通风部分

管路部分有进水和排水两个系统。进水系统有冷、热两路进水管，通常为内径不小于12mm的紫铜管，单元外部热水管路应有绝缘包扎，进水管应能承受0.4MPa的工作压力；排水系统通常有两个地漏，一个在淋浴区，一个在盥洗区，地漏应为水封式，设置在疏水最佳位置或地面向地漏倾斜，两个地漏和洗面盆的废水由一根水管排出，水管应向下倾斜，其接口通常为橡胶软管，通过不锈钢管夹与船上的水管连接。

通常在马桶的上方有一个布风器安装在壁板上，布风器的尾部通常会带有一段通风管，这个通风管和船上的风管连接，注意两个风管的规格要一致。

5. 电器部分

卫生单元一般设有棚顶灯和镜前灯两个灯。镜前灯上带有给剃须刀充电的插座，一般开关布置在门外侧，灯具应符合国际电工委员会（IEC）推荐的IP44等级防护的要求，

电源插座和电气开关必须为防爆型；有些卫生单元里配有扬声器，扬声器由单独的电路连接到外部的接线盒上；有些卫生单元还会有地加热系统，地加热系统的温控开关通常设计在门的附近。

10.2.4 船舶卫生单元安装

整体卫生单元在船上安装时，通常作为大型设备进舱计划。因此在船体或上层建筑分段合拢之前必须吊装上船。安装定位时需要精确找到定位位置及确定尺寸，保证肋位及其他尺寸位置的一致性，还要避免上下管系接口的误差。

卫生单元还可能作为舱室单元的一个部件，先安装到舱室单元中，再将舱室单元整体安装到船上。

10.3 船舶舱室单元

10.3.1 舱室单元的特点

1. 舱室单元的概念

PMCU（prefabricated modular cabin unit，预制模块舱室单元）是应客船发展的需要而开发的新的船舶内装模式。预制舱室单元是一个完全模块化、完整的居住系统，主要由卫生单元、壁板、天花板、防火门、家具、照明、通风和电气等组成（图 10-6、图 10-7），在陆地上独立进行施工作业，安装各种设备、附件，并预留了水、风、电接口，然后整体吊装上船，安装即可通水通风通电。

图 10-6 舱室单元外观

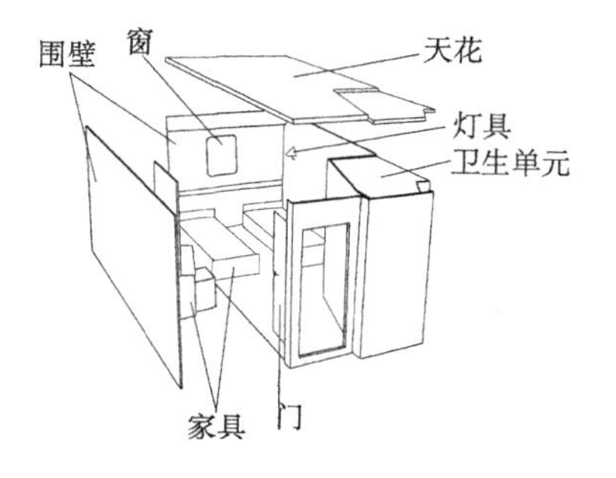

图 10-7 舱室单元组成（绘图：王麒）

舱室单元目前主要应用于豪华邮轮、客滚船和海洋平台，舱室总数大、品种多，具有大规模定制（mass customization，MC）产品的特征，即通过产品结构和制造流程的重构，运用现代化的信息技术、新材料技术、柔性制造技术等一系列高新技术，把产品的定制生产问题全部或者部分转化为批量生产，以大规模生产的成本和速度，为单个客户或小批量多品种市场定制任意数量的产品。

2. 预制舱室单元的技术优势

传统的舱室建造方法是由多种作业协作完成的，主要包括舱室壁板和天花板的安装、地板的敷设、系统管路和电缆的连接、壁板和天花板上灯具及其附件的安装、家具的安装定位等。传统的方法建造周期长、工作量大、容易造成材料浪费，船上施工环境比较恶劣、影响施工质量。传统方法建造的舱室个性化要求比较高，基本是一船一舱的设计思路，不利于批量生产和减少生产成本。

相比于传统的舱室建造方法，舱室单元有如下技术优势：

1）快速安装，节约成本

豪华客滚船的舱室数大约 300 间，大型邮轮舱室房间的数量都达到了 1000 间以上，最大的海洋绿洲级别的邮轮已达到 2700 间。要在短时间内完成建造并交付使用如此数量的舱室，利用传统的建造方法时间长、成本高。预制模块化舱室单元减少了船上的工种交叉作业，提高了生产效率；减少了舱室材料在船上的安装时间，同时也减少了在船坞及码头的材料总调运数量，大大缩短了舾装周期，减少现场工作量的同时，可明显降低舱室的安装成本。

2）制造质量可控、产品质量高

预制模块化舱室单元采用标准化制造，制造质量可控。各房间独立存在，而且其所采用的连接形式避免了舱壁及天花板与船体结构的刚性连接，房间的隔音效果比传统舱室要好。

3）易于控制重量

预制模块化舱室单元构件全部标准化，有利于精准确定舱室重量，进行有效调节。

4）弹性设计

做成预制模块化舱室单元的房型种类少、单房型房间数量多，有利于标准化的推进及流水线式生产，也方便日后改进设计、维修与改装、更换相关零部件，必要时还可更换整个模块。

3. 舱室单元的局限性

尽管预制模块化舱室单元技术比传统舱室建造工艺有较明显的技术优势，但也存在一些局限性。

1）适用于舱室数量多的船型，生产启动有一定的条件限制

如果整体舱室数量太少，预制模块化舱室单元的整体优势将不明显，须有大量标准舱室的船型才适用。如一艘常规豪华邮轮和一座海工平台的舱室总数量分别约为普通船型的 35 倍左右和 4 倍左右（散货船以定员 30 人为例），建造豪华邮轮、海工平台中使用舱室单元有更大的优势。

2）受结构特征影响

舱室结构中的立柱位置规则性及数量对预制模块化舱室单元这种制作技术的采用有

很大的影响；如果结构不规则，将无法进舱，就无法采用预制模块化舱室单元。另外，因预制模块化舱室单元安装的需要，舱室顶部与船厂的风管、电气线路、灯具、布风器的安装都需要足够的安装空间，这对结构的层高要求比一般情况要高出近 500 mm。

3）受舱室特征影响

面积太大及外形比较特殊的舱室无法做成预制模块化舱室单元，还需采用传统工艺制造。比如驾驶室，还有一些大型的套房、公共活动区域等。

10.3.2 舱室单元的设计

1. 总体思路

（1）通常预制模块化舱室单元的数量占比越多，舱室区域的整体安装质量就越高。在设计前期就确定好预制模块化舱室单元的比例和数量。这还需要充分考虑船舶结构和建造的技术特点。

（2）在前期的设计阶段，舱室单元运用模数化设计有利于产品的标准化。

（3）设计过程中，需要根据全船和区域的防火要求，确定预制模块化舱室防火分隔的选用形式。

（4）客船的重量控制十分重要，舱室重量的控制是内装的关键。设计时舱室主材如壁板、天花板、卫生单元及家具等须选用轻质材料。

（5）在前期设计，就需要考虑预制模块化舱室单元的吊装运输方案。

2. 系统设计

舱室单元的设计，主要包括以下方面：围壁系统、天花板系统、卫生单元系统、防火门、水路、电力系统和家具内饰等（图 10-8）。

（1）围壁系统：为符合整体吊装及重量轻的要求，壁板厚度及结构必须优化。可以选用单面钢板式的岩棉板（正面贴塑钢板+岩棉+反面铝箔）来取代传统的双面钢板式岩棉板（正面贴塑钢板+岩棉+反面镀锌钢板），可以减少钢板用量，减轻自身净重。

（2）天花板系统：通常天花板的厚度比壁板要薄。

（3）卫生单元系统：采用标准化的卫生单元型式和配置。

（4）防火门：通常采用标准独立围壁的防火门。

（5）电力系统：包括顶灯、床头灯、外接电源等。舱室电缆的布置需考虑好，如电缆紧贴舱壁走，前期做舱室布置设计时就将其考虑在其中，以防空间不足导致舱室无法安装到位。

（6）家具内饰：床、桌子、椅子、橱柜、窗帘、地毯等，选配时需要考虑美学、人体工程学、防火性能、重量等要素。如舱室内的家具常选择铝蜂窝家具，比传统的木质家具约轻 1/3。

（7）检修区：检修区的空间考虑，如两个舱室单元靠在一起共用一个检修区，应共用一个电气接线箱，以便节省材料及重量。

（8）管路连接：与预制模块化舱室单元连接的管路需设计柔性连接，以防安装误差导致接口无法匹配。

10.3.3 舱室单元的制造

舱室单元的制造通常最先安装卫生单元，再安装墙体、门、天花，再安装各种家具和电气设备等（图 10-8）。施工中优良的工作环境能够确保舱室单元制作精度、质量的优质和稳定，提高舱室制作的效率和品质。

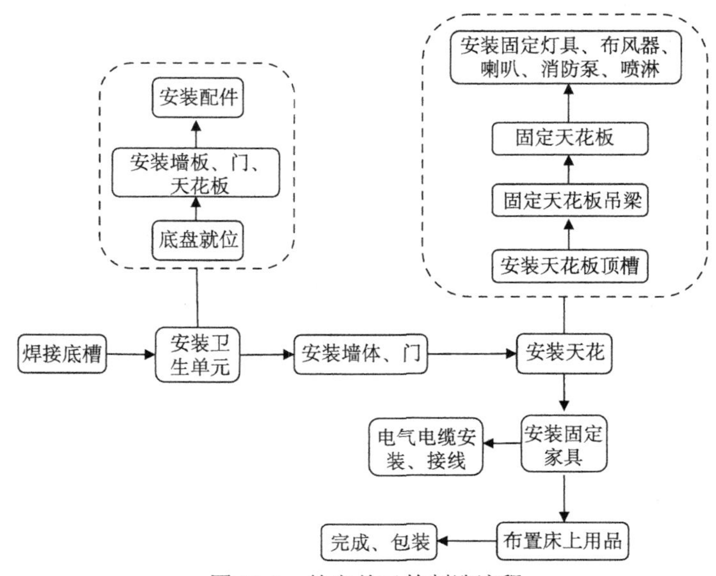

图 10-8 舱室单元的制造流程

10.3.4 舱室单元的安装

舱室单元采用整体吊装，然后安装到船上（图 10-9）。在安装前，需满足如下条件：

（1）进舱路径及进舱顺序在策划早期应预先制定好。

（2）船体的结构安装精度需控制好，避免因变形过大导致净高或净宽不足而致舱室无法进舱。

（3）前期设计结构及立柱布置如果不合理，将导致预制模块化舱室单元无法进舱。当舱室进舱路径受到舱壁及立柱的影响时，须设定进舱临时开孔及临时立柱。此临时开孔及临时立柱既不能影响整

图 10-9 舱室单元吊装上船

体结构强度，又要保证预制模块化舱室单元的顺利通过。

（4）与舱室单元对接的水、电、风管等须先行全部安装到位，这样预制模块化舱室单元吊装到位、舱室放进结构孔内后就能直接连接；否则整个进度将受影响，甚至可能造成大量返工。

造船业的发展，从最初的由船厂制造所有零部件，然后拼装成完整船舶，到如今的造船厂、分承包商、设备供应商社会化协作完成。在这样的职能转变中，船舶设计的能力、生产力和生产效率得到了很大的提高。预制模块化舱室单元技术有效地解决了传统舱室建造方法的一些问题，使得造船效率和质量大为提高，满足了乘客及船员居住房舱数量巨大、装饰规格高和采用传统现场制造方法难以满足的交货周期和品质的要求。

第 11 章

计算机辅助船舶美学设计

在船舶美学设计过程中，设计效果图是设计师表达设计意图和思想以及与船东、建造单位交流的主要语言。恰当的表现形式和优秀的表现效果是设计得以实现的必要条件。效果图在展现设计逻辑的同时，也给人们提供审美的意识，它承载着理性的严密与感性的奔放。而随着计算机技术的迅速发展，计算机软件成为船舶美学设计的有力工具。

本章将概要阐述使用计算机辅助船舶美学设计的技术优势、计算机效果图的特点、相关软件和设计流程等内容。

11.1 计算机辅助船舶美学设计的技术优势

计算机辅助船舶设计软件的开发与研究，为计算机辅助船舶美学设计创造了可行条件。计算机辅助船舶美学设计已受到广大船舶设计人员的重视和青睐，计算机绘制的效果图使用在各种设计方案的竞标、汇报以及广告中，成为船舶设计师展现自己作品、吸引船东、获取设计项目的重要手段（图 11-1）。计算机专家系统和视觉 AR 技术的发展更会使船舶美学设计有一个新的飞跃。

(a) 餐厅(绘制：张婷)

(b) 卧室(绘制：蒋咏秋)

图 11-1 计算机绘制的船舶效果图（见书后彩图）

相比传统的美学设计方法，计算机辅助船舶美学设计有如下的技术优势：

（1）利用计算机信息储存、逻辑判断等功能，可建立各类船型、舱室要素资料数据库；利用计算机图像处理的显示和编辑等功能，可开发舱室设计交互系统；通过人机对话，可产生系列方案，以便比较分析、优选和修改，进而得到满意的舱室造型与色彩方案。

（2）利用计算机人工智能方法，可探索建立船舶艺术设计的专家系统，将艺术设计的经验方法和思维过程编入程序，以便根据用户需求自行设计出令人满意的作品，并通过计算机彩色喷绘系统，获得与艺术家手工绘制同样效果的效果图。

（3）通过与 AR 系统的接口，可以呈现出虚拟现实的视觉效果，增强感官的美学刺激。

（4）通过与其他工艺软件的接口，可实现内装施工设计、工程预算等工作。

11.2 计算机辅助船舶美学设计效果图

计算机辅助船舶美学设计的结果通过效果图来体现。船舶效果图是设计师展示其作品的设计意图、空间环境、色彩效果与材料质感的一种重要手段。它根据设计师的构思，利用准确的透视制图和高超的绘画技巧，可将三维空间转换成具有立体感的三维画面。设计效果图除了艺术性的要求外，还应具有仿真性、表现性、个性化的特点。计算机效果图的制作不同于传统的手绘效果图。虽然目前的计算机效果图部分仍然需要手工操作，但它与普通的手绘效果图在绘制所用的介质以及绘制过程上存在着很大的差别。

11.2.1 计算机效果图的应用

根据绘制目的和最终效果的不同，计算机效果图主要用于以下几个方面。

1. 表达设计意图

设计人员充分利用计算机效果图所具有的直观、透视方便、用色宽广、修改快捷等特点，在计算机中进行设计意图的构思。这类计算机图类似于平常船舶设计中的构思草图，往往比较简单和概念化，以追求大的空间效果和设计者的主观感受为主。

2. 研究船舶造型

设计人员通过计算机中建立的模型，从各个角度推敲方案中的船型、比例、尺度等各方面的效果而不重视细节的表面，这类效果图实际上是船舶模型的研究结果，辅助设计者进行设计。在绘制过程中，追求船舶造型的抽象表达，一般不作过多的后期处理。

3. 模拟实际效果

这类计算机效果图主要用以反映船舶的实际效果，比较真实、全面地反映船舶本身的造型、空间、光影、色彩、材质、细部等各个环节的特色，是目前计算机效果图的主流。创作者除了需要建立精确的模型外，还要在灯光、材料的设计布置以及船舶周围环境模拟等方面进行深入刻画，同时还需要大量的后期处理。

4. 表现艺术效果

这类效果图往往超越船舶的真实性，追求各种特殊的艺术风格，以体现创作者自身的喜好。

11.2.2 计算机效果图的特点

与传统手绘效果图相比，计算机效果具有独特的魅力和优越性。主要表现在以下几个方面：

（1）传统手绘效果图是运用画法几何的方法透视，完全依靠人的感觉，要求制作者具有较高的绘画水平和空间想象能力。因此空间的透视往往直接受到绘画者个人的主观局限，不能做到完全准确，偏差、变形很难避免，甚至会出现明显的失真。而计算机效果图的透视由计算机通过科学计算得到，各构件的尺度、远近关系都以数据形式定义得十分精确，没有学过几何画法的人也可以轻松得到场景的透视图。

（2）在计算机中场景模型允许以各种透视角观看，可以方便地修改和替换材料、材质，提供同一场景的多种影像效果，有利于设计人员对方案进行推敲和修改。此外，计算机效果图还可以方便地进行不同比例的修改、保存和输出，彻底改变了传统手绘效果图一次性使用的弊端。

（3）计算机效果图的色彩、材料质感、配景等比较真实精细，具有准确性和科学性。计算机对场景中的所有要素都采用数字化参数的描述方式，使得环境模型、材质、灯光、透视等的绘制和编辑变得容易控制。另外，计算机所特有的精确计算能力和绘图技法，使得船舶及舱室不仅透视关系正确，各部件的关系也被描述得十分精确，而且计算机通过复杂的光照模拟技术使舱室内的材料质感、物品、人物、光影、色彩和环境空间都能得到较为真实的表达，有些配置甚至可以使用真实照片，通过计算机融入到效果图中，以体现计算机效果图的真实性和准确性。

（4）由于计算机效果图是一种高度数字化的信息，因此它可以在不同地方的显示器中显示，可以打印成彩色图像，可以保存到磁盘中，也可以通过网络、无线电波等方式进行传输。这样不仅便于交流，也满足现代设计方式的需要。计算机绘图采用数字媒介，这节省了大量的绘图工具和绘图空间，同时使用键盘和鼠标代替了画笔，也使制作过程变得整洁、轻松起来。例如，在传统手工绘图中通过颜料混合很难调出的颜色，在计算机中可以很容易地调出来。这是因为计算机在真实彩色模式显示时，能提供1600多万种不同的颜色，大大超过了人眼所能分辨和人脑所能想象的颜色种类，而且每种颜色都有固定的参数描述，随时可以选择使用，真正做到了所见即所得，避免了创作者选色的随机性。

11.2.3 计算机效果图与手绘图的区别与联系

虽然计算机效果图具有如此众多的优越性，但它在某些方面并不能完全取代手绘效果图，这是因为计算机是通过数字化的方法来描述场景的，因此它对设计作品的表达、气氛、艺术效果、气氛渲染等方面要逊色于传统手工绘画。手工绘画善于表现设计者的主观感受和艺术效果，富有人情味。相比之下计算机效果图往往显得有些呆板、生硬，这固然与计算机这种绘图工具有关，更重要的原因是软件创作者手绘效果图的修养薄弱，缺乏手绘效果图的训练。

随着计算机软件的不断改进，计算机效果图常常可以达到手绘效果图能够达到的许多效果，但是手绘效果图仍有许多特色是计算机效果图很难模拟的。例如，不同颜料和纸张之间相互作用产生的特殊效果，创作过程产生的偶然效果以及创作者带有个性的笔触和随意的发挥等。另一方面，计算机效果图也有许多特色是手绘效果图所难达到的。例如，计算机效果图可以逼真地再现材料的色彩、纹理，营造逼真的环境，并能通过计算机运算来进行各种复杂的后期加工，产生特殊的效果等。不同的创作工具和不同的创作过程应当得到不同的作品。这既体现了艺术创作的真实性，也反映了创作工具与作品之间的相关性。

并不是只要掌握了计算机软件的使用技巧，就可以使用计算机画出非常好的效果图。事实上虽然计算机效果图有很多的优越性，但也不可能完全取代手绘效果图，应该正确地看待两者之间的关系。

第一，计算机效果图制作需要创作者具有一定的手绘功底。计算机效果图的好坏与创作者的美学修养有着密切的关系，而这种修养必须通过一定的手绘效果图的训练才能得到提升。

在计算机中进行创作，实际上只是一种模拟创作。例如在3D Studio MAX中建立的场景都是对某种假定环境的模拟，这些模拟包括：设置灯光的数量、位置、色彩、强度、范围以模拟阳光、室内光源、反光和空气感；设置材料的特性来模拟材料的质感和色彩；设置环境光模拟环境色彩等。模拟的目的是为了最终渲染时达到某种假设的效果，换句话说，创作者需要事先对渲染图的最终效果有一个正确的认识，才可能进行正确的模拟。如果创作者以前没有经过一定的手绘效果图的训练，对如何表现船舶本身缺乏良好的认识，那么在进行计算机效果图创作时，就不可能对最后的渲染图效果有一个正确的认识，因而也就不可能进行正确的模拟，最后得到的可能是一张效果很差的效果图。这样的效果图，即使所用的计算机硬件和软件都很先进，打印也非常精致，也不能算作好的作品。

第二，计算机效果图不应该随意模仿手绘效果图，应该追求自己的特色。很多学计算机效果图创作的人，以前通常有较长时间的手绘效果图的经验，在计算机效果图的学习中，往往喜欢去刻意模仿手绘的效果，希望以此替代烦琐的手绘效果图创作。事实上，计算机效果图与手绘效果图相比，无论创作工具、方法还是使用的介质以及创作过程，都存在许多本质的差别。因此，两者在效果上应该有明显的不同。创作者应该从创作的目的出发选择合适的表现手法，而不应该一味地为了效果而制造效果。

第三，计算机效果图与手绘效果图的本质都是追求“建筑感”的表达，配景处理应该适度。效果图作为一种画种（且不说它的实用性），对艺术性的追求，本质上也是对船舶造型艺术效果的追求，即表达“建筑感”。这一点，对于计算机效果图和手绘效果图都是一样的。表达的主体是否得到了充分的体现，这就要求船舶在画面的主体地位必须突出。

11.3 计算机辅助船舶美学设计软件

随着社会进步、科技的发展，计算机作为绘图工具给设计及表现带来了革命。计算机软件业的大发展，促进了绘图软件的进步，新的绘图软件层出不穷，版本升级换代也非常频繁。正是因为绘图软件的发展，利用计算机绘图显示出了不可估量的前景，同时也对传统技法效果图产生了很大的冲击。从事船舶美学的设计师们逐渐认识到，只要具备了基本的计算机操作知识和相应的三维制作软件就能较好地制作出三维设计效果图，为什么不利用这一现代工具呢？利用计算机绘图有诸多传统手绘效果图所无法比拟的优点，如效率高、修改方便、效果真实细腻等。但计算机毕竟是一种工具，并不是掌握了这一工具就一定能做出效果优秀的效果图，这还与设计者能力高低、艺术造诣有很大的关系，因此利用计算机绘图，需要建立在一定艺术设计能力的基础上。

目前，二维及三维效果图软件非常多，但对于从事船舶美学设计的设计师们来说，常用的二维及三维图像处理软件有 AutoCAD、3D Studio MAX、Rhinoceros、3D Studio VIZ、Lightscape、Photoshop 等。通过对这几个软件的有机组合，可以完成二维、三维效果图设计，三维动画，虚拟实现的整个过程。

11.3.1 二维效果图绘制软件

AutoCAD（Autodesk Computer Aided Design）是 Autodesk 公司首次于 1982 年开发的自动计算机辅助设计软件，具有良好的用户界面，通过交互菜单或命令行方式便可以进行各种操作。用于二维绘图、详细绘制、设计文档和基本三维设计，通过它无需懂得编程，即可自动制图，因此它在全球广泛使用，可以用于土木建筑、装饰装潢、工业制图、工程制图、电子工业、服装加工等多方面领域。AutoCAD 具有广泛的适应性，它可以在各种操作系统支持的微型计算机和工作站上运行，现已经成为国际上广为流行的绘图工具，也是最常用的船舶美学二维设计软件（图 11-2）。

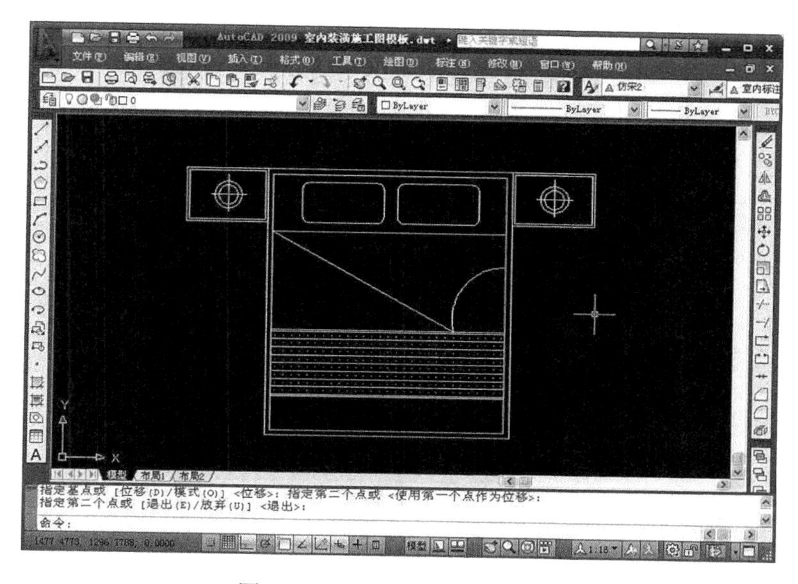

图 11-2　AutoCAD 平面图绘制

利用 AutoCAD 可绘制出符合国家制图标准的二维设计工程图纸，并且 AutoCAD 还具有一定的三维建模功能，但 AutoCAD 的渲染能力较差。因此，在三维设计效果图制作过程中可利用 AutoCAD 进行建模，然后把模型输入到渲染器比较好的软件中进行渲染，如可把 AutoCAD 的模型输入到 3D Studio MAX 或 3D Studio VIZ 中进行渲染。但是由于 AutoCAD 在美学设计方面的建模能力不如 3D Studio MAX，因此在船舶美学设计中，AutoCAD 只用于平面布置图、立面布置图和内装施工图的绘制。

11.3.2　三维效果图绘制软件

三维效果图能够通过造型与色彩，甚至是材料的机理，形象地表现船艇外观与舱室设计方案，以便体现综合效果，给人比较真实的感受和接近实际的体验。常用的船舶美学三维设计软件有：

1. Rhinoceros

中文称为犀牛，于 1998 年 8 月正式上市，是美国 Robert McNeel & Assoc 开发的 PC 上强大的专业 3D 造型软件。Rhinoceros 软件早期发展原型代号称为“Rhino”。它具有比传统网格建模更为优秀的 NURBS（non-uniform rational B-spline）建模方式，也有类似于 3DMax 的网格建模插件 T-Spline，其发展理念是以 Rhino 为系统，不断开发各种行业的专业插件、多种渲染插件、动画插件、模型参数及限制修改插件等，使之不断完善，发展成一个通用型的设计软件。除此之外，Rhino 的图形精度高，能输入和输出几十种文件格式，所绘制的模形能直接通过各种数控机器加工或成形制造出来，如今已被广泛应用于建筑设计、工业制造、机械设计、科学研究和三维动画制作等领域。软件界面见图 11-3。

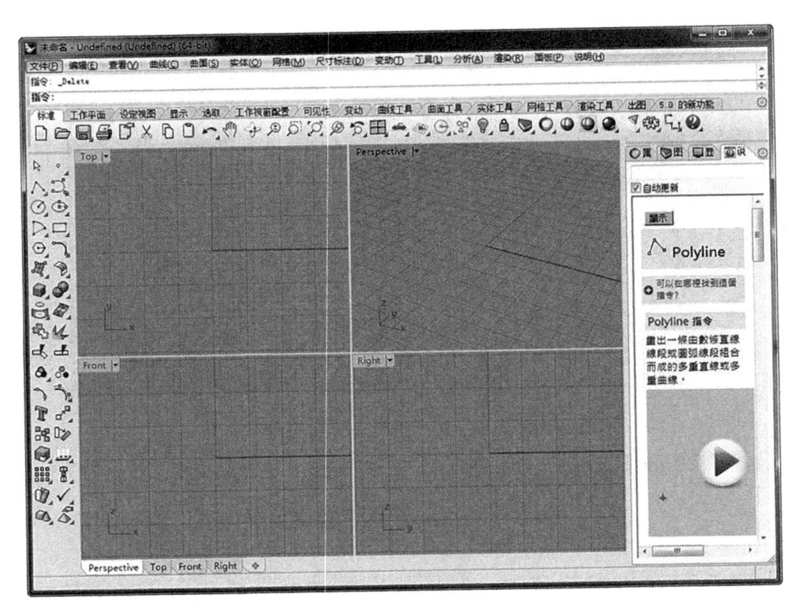

图 11-3 Rhinoceros 软件界面

犀牛作为一套专为工业、产品及场景设计所开发的概念设计与模型建构工具，是第一套将 AGLiB NURBS 模型建构技术引进 Windows 操作系统的软件，是建构船壳外形最佳的三维软件之一，Rhinoceros 稳固的技术所提供给使用者的是容易学习与使用、极具弹性及高精确度的模型工具。因此，Rhinoceros 软件在船舶美学设计中用于船体外观造型的设计，特别是游艇这类上层建筑结构形式较复杂，曲面曲线较多的船型。使用犀牛软件绘制游艇外形图的步骤如下：在犀牛软件中导入游艇总布置图 dwg（AutoCAD）文件；根据肋骨线型图提供的肋骨线型，在游艇肋位上建立肋骨剖面；连接肋骨剖面线，形成艇体曲面，完成主艇体造型；根据上层建筑线型，建立立体模型；将上层建筑模型组装在主艇体上；敷材质和灯光、渲染、贴海景。

2. 3D Studio MAX

3D Studio MAX 是享誉世界的三维建模软件，它广泛应用于广告、影视、建筑室内设计、工业设计、多媒体等领域，并且不断更新换代，它拥有强大的功能：比如复杂模型的建模、逼真的材质编辑、丰富的灯光效果。它非常优越的建模和三维动画功能，配合多种插件，可以实现与照片媲美的三维效果图。国内外有很多用户使用它进行室内外效果图的制作与渲染，具有非常高的普及率，同时可进行三维场景和动画的后续建设。图 11-4 是 3D Studio MAX 软件室内效果图制作界面。

3D Studio VIZ 与 3D Studio MAX 有异曲同工之妙，是 Autodesk 公司从 3D Studio MAX 中分离出来的专门针对建筑室内外设计和工业设计的软件。它与 3D Studio MAX 有相同的场景格式，可以自由转换，并且相对 3D Studio MAX 增加了一些专项功能，如建筑扩展物体、摄影机漫游以及环境自动生成器等，减少了一些动画功能，从而使它变得更加精简和专业。

另外 3D Studio 系列软件可以和多种软件包括 AutoCAD 进行衔接，如可基于 AutoCAD 的平面图进行立体建模，在 AutoCAD 中对图纸进行的修改可以立刻反映到最后的三维效果图上等。

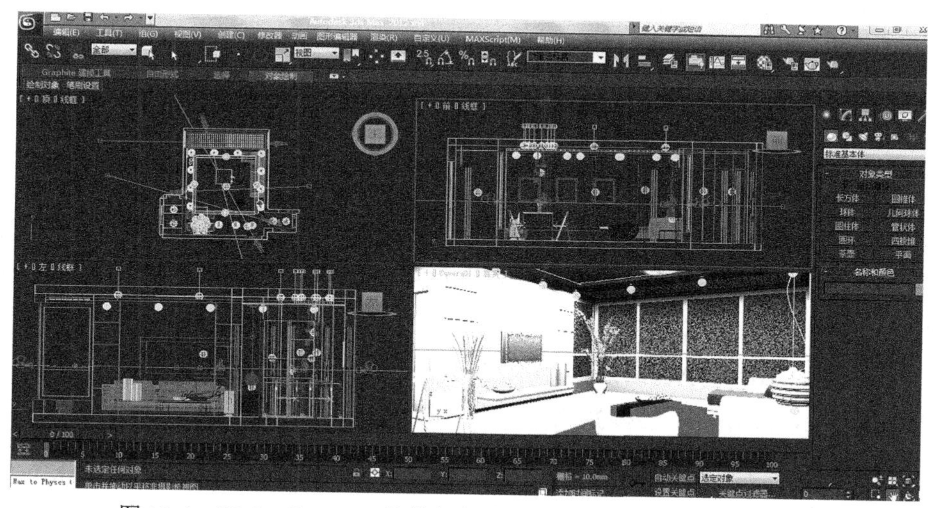

图 11-4 3D Studio MAX 软件室内效果图制作（模型制作：王璟）

3. 渲染软件

Lightscape 一度是最优秀的渲染软件之一，它拥有光能传递和光线跟踪功能，可以实现最接近自然的光效果和照片级的渲染效果。但 Lightscape 只包括材质、灯光、渲染、摄像机动画四部分功能，而不具备建模功能，因此只能调用来自外部的场景模型。

V-Ray 是由专业的渲染器开发公司 CHAOSGROUP 开发的渲染软件，受到设计业界的广泛好评。基于 V-Ray 内核开发的有 V-Ray for 3Dmax、Maya、Sketchup、Rhino 等诸多版本，为不同领域的 3D 建模软件提供了高质量的图片和动画渲染。除此之外，V-Ray 也可以提供单独的渲染程序，方便使用者渲染各种图片。

4. Photoshop

Photoshop 是一款功能非常强大的二维图像处理软件。经过其他渲染后的三维设计效果图可以输入Photoshop软件中进行后期处理，可以调整对比度、色调、明暗，使渲染效果图更加真实，同时还可以添加装饰和实景素材，使用户制作的场景与实景完美地结合起来。图11-5为Photoshop效果图处理界面。

图11-5 Photoshop 效果图处理（效果图制作：蒋咏秋）

以上这些软件系统最早是针对工业设计、建筑造型和建筑室内外设计开发的专业软件，经过长期的发展和在美学领域的应用，已经非常成熟，从使用效果看，完全能满足船舶美学设计的应用要求。同时，一些专用的计算机辅助船舶设计和辅助制造软件系统以及一些通用的CAD/CAM系统，如TRIBON、CATIA等也具有一定的造型设计和舱室布置设计的功能，并和以上的多数绘图软件有接口。

11.4 计算机辅助船舶美学设计流程

利用相关软件进行船舶美学设计，首先要有一个清晰的思路，即了解流程。下面以舱室设计为例，使用AutoCAD、3D Studio MAX和Adobe Photoshop等软件，典型的计算机辅助舱室美学设计的基本过程应遵循下述步骤：建模、赋予场景中的对象材质或贴图、创建相机和灯光、渲染出图、后期处理。

1. 建模

建模即建立三维模型。这个过程就像是做一件产品的毛坯，只有做完了毛坯之后才能对其进行修饰与美化。常见的三维模型有线框模型、曲面模型、实体模型和特征模型。

舱室设计中的所有部件均为三维模型，这些模型的尺寸和位置已在AutoCAD绘制的平面和立面布置图中确定，可在3D Studio MAX中根据尺寸和形态直接三维建模，也可以导入AutoCAD二维图形，在此基础上进行三维建模。在设计软件中建模有多种方法，最基本的建模方法一般是从简单的基本三维形体或二维图形开始，然后通过相关的命令逐步修改、变形或组合得到复杂的模型。基本形体的建立参数，设计者可以在创建之前精确设置，也可在创建之后编辑。例如，在 3D Studio MAX 中，设计者既可以在 Create 命令面板中设置创建参数，亦可在创建后再在 Modify 命令面板中对所创建的物体进行参数修改。这种功能为我们的工作提供了很大的方便。

体块复合建模是用既成的体块复合进行建模，现实生活中存在着大量的复合形态，如船舶、家具等。我们在对这些形体进行建模时，可以先将它们分解成一些基本的组成体块，如方块、圆柱、圆锥等，再对其略做修改变化，然后运用布尔运算命令进行体块间的相并（union）、相交（intersection）和相减（substaction）操作以生成复杂的形体。在舱室三维效果图建模的过程中运用布尔运算可进行诸如在墙面上挖门洞、窗洞等操作。

另外，设计者亦可利用更为复杂的方法进行建模，如放样（loft）建模、NURBS 建模等。利用这些方法进行建模，可以建立非常复杂的有机形体模型，更加适应船舶造型设计的建模需要，比如窗帘的建模，就可以通过放样（loft）建模实现。

三维设计软件通常提供了多种建模方法，设计者可以根据需要组合使用，只要运用得当，设计者就可以建立自己所需要的任意形体模型。

2. 赋予场景物体材质或贴图

材质即材料的质地，在现实世界中任何物体都具有自己的材质特性。材质特性主要体现于物体的颜色、纹理、透明度、反光度、自发光特性以及粗糙程度等方面。制作好模型“毛坯”后，如果不作材质或贴图处理，就无法真实反映该模型的材质属性，因此只有赋予物体材质或贴图，物体才有灵魂。贴图，顾名思义，就是使用一幅或多幅图像“贴”到模型表面上，以表现物体表面纹理（texture）或表面特征。很显然，要使具体的图像以特定的大小、方式贴到特定的位置上，就需要对贴图方式进行控制，在三维软件中使用了贴图坐标（Map Coordinate）对贴图方式进行控制，一般有平面（piannar）、柱体（cylindrical）和球体（spherefy）等贴图方式，分别对应于不同的需求。可以说，材质和贴图是一件作品的灵魂，好的材质和贴图可以弥补建模的不足，是模型是否逼真的关键。对于精细的模型，一般都需要多重贴图和材质，例如在 3D Studio MAX 中，制作一种优秀的玻璃材质，可能要用到多维的物体材质以及反射贴图、折射贴图等多种贴图方式，并且对于参数有非常具体的设置。

3. 创建相机

传统手绘的三维设计效果图是在一个特定的视点观察场景，用计算机绘制三维设计效果图也不例外，需要给所表达场景指定特定的一个或多个视点（如船舶造型和舱室内的动画漫游）取景，类似拍照片。多数的三维设计软件中都提供了模拟的相机以观察对象。为场景创建相机后，设计者可以随心所欲地选择相机的观察角度、观察点等，以得到理想的场景。

4. 创建灯光

在现实世界中，没有光就没有形，更无从观察物体。三维设计软件中，用户在场景中建立第一盏灯光前，也能观察到场景中的物体，这是因为软件有默认光源的缘故。默认光源能均匀地照亮整个场景，但它缺乏艺术性和真实感。当用户在场景中建立灯光后，软件的默认光源是关闭的，场景的光效果全部取决于用户建立的灯光性质及参数，3D Studio MAX 中提供的灯光有泛光灯、目标聚光灯，天光等。在用计算机绘制三维设计效果图时，灯光照射技术的优劣直接影响三维设计效果图的成败。

5. 渲染

渲染本是绘图用语，是指计算机根据设计者的场景设置以及赋予的物体的材质和贴图，由程序计算出场景中物体的明暗程度和阴影，从而绘出一幅完整的画面或一段动画。渲染速度的快慢由计算机的性能所决定，关键取决于计算机处理器的快慢和内存的大小。渲染是由一段称为渲染器的程序完成的，渲染器有线扫描方式（如 3D Studio MAX 内建的）、光线跟踪方式（ray-tracing）以及辐射度渲染方式（如 Lightscape 渲染软件）等，其渲染质量依次递增，但所需时间也相应增加。

设计者也可把三维设计效果图渲染为漫游动画的形式，以便于观察清楚场景中的各个细节。计算机动画一般使用关键帧（KeyFrame）的概念，即由设计者设定动画的主要画面（一是动画中动作或场景变化较大的那一瞬间）并设置关键帧，而关键帧之间的过渡由计算机来自动补间完成。

6. 后期处理

后期处理是三维设计效果图制作过程中的一个重要环节。由于种种原因，在三维设计软件中渲染后的场景图像或多或少地存在着一些不尽人意的地方。为了弥补这些缺憾，设计者可把渲染的二维图像进行后期处理，通过处理既可弥补缺陷，又可以把设计者制作的场景与实景结合起来使三维设计效果图更真实、更有场地感。

用作后期处理平面图像的软件非常多，常用的有 Adobe Photoshop、CorelDRAW、Eractral Painter 等。这些软件各具特色，但对于室内外效果图来说，一般认为以 Adobe Photoshop 最为合适。因为 Adobe Photoshop 不但具有绘图、色彩处理、图形格式转换功能，而且具有强大的图层管理功能，使图像处理变得更方便、更快捷。

上述是计算机辅助船舶美学设计的基本过程。还可利用计算机人工智能方法，将艺术设计的经验方法和思维过程编入程序，以便根据用户需求自行设计出令人满意的方案；通过与 AR 系统或其他工艺软件的接口，还可以制作动画效果，进行内装施工设计、工程预算等工作。

主要参考文献

国际海事组织(IMO). 2010. 国际耐火试验程序应用规则及修正案.

国际海事组织(IMO). 2012. 船上噪声等级规则.

国际海事组织(IMO). 2018. SOLAS 及修正案.

国际劳工组织(ILO). 2014. 2006 年海事劳工公约及修正案.

蒋志勇, 杨敏, 姚震球. 2002. 船舶造型与舱室设计. 哈尔滨: 哈尔滨工程大学出版社.

申黎明. 2010. 人体工程学·人-家具-室内. 北京: 中国林业出版社.

于建中. 2011. 船艇美学与内装设计. 上海: 上海交通大学出版社.

中国船级社. 2012. 船上振动控制指南. 北京.

中国船级社. 2013. 船舶及产品噪声控制与检测指南. 北京.

中国船级社. 2014. 船舶人体工程学应用指南. 北京.

中国船级社. 2015. 钢质海船入级规范. 北京.

中国船级社. 2016. 钢质内河船舶建造规范. 北京.

中国船级社. 2017. 邮轮规范. 北京.

CB 20170—2016. 舰船用铝蜂窝板式家具规范.

CB/T 3233—2014. 船用厨房不锈钢家具技术条件.

CB/T 3234—2011. 船用防火门.

CB/T 3723—2014. 船用卫生单元.

GB/T 5703-2010. 用于技术设计的人体测量基础项目.

彩　图

▲图 2-18　色彩

▲图 2-19　肌理

▼图 2-20　立体构成——船舶外观

▼图 2-21　立体构成——船舶内部空间

▼图 2-40　色彩对比

游艇

►图 2-41　质感对比

东方皇后号旅游客船

▼图 2-51　色彩的调和

海洋工程船

滚装船

▲图 2-56　色彩对比

迪士尼豪华邮轮

◄图 2-52　呼应

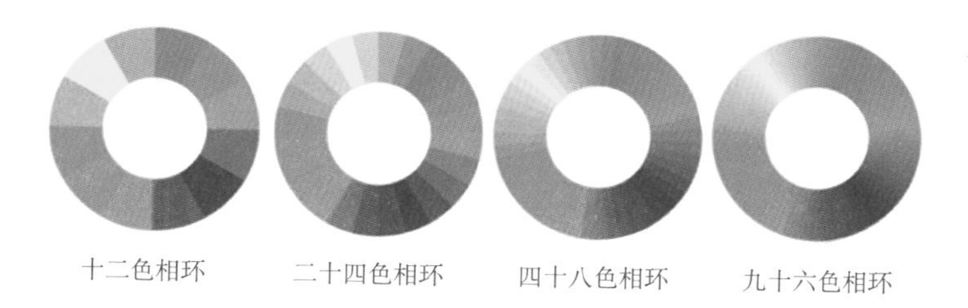

◀图 2-57　色相环

◀图 2-58　色彩的明度变化

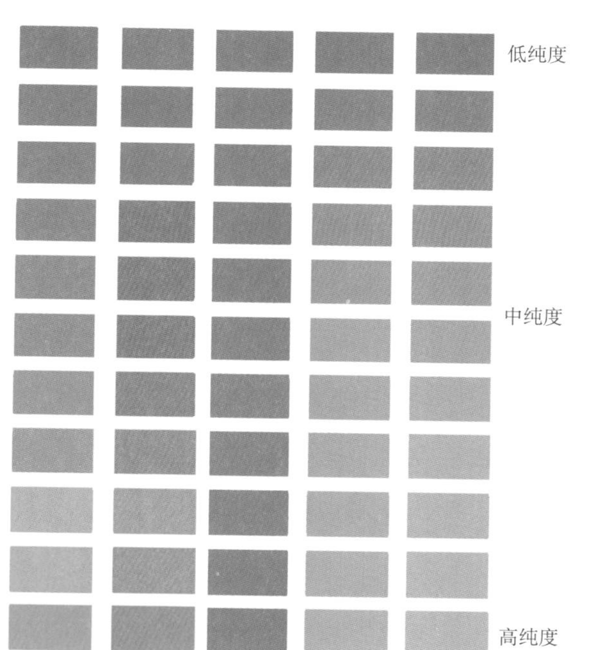

▲图 2-59　色彩的纯度变化

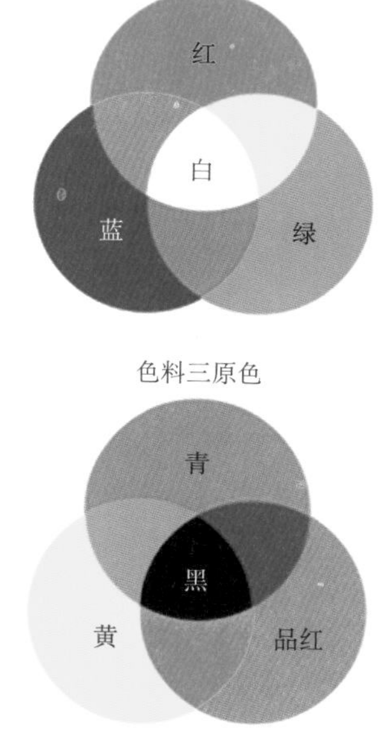

▲图 2-60　原色

◀图 2-61
船舶外装色彩

▲图 2-62　公共空间色彩

▲图 3-24　醒目的船身色彩

◀图 3-25
外装色彩

▲图 3-26　船舶标志

▲图 3-27　游艇外观造型

►图 6-1　狭长空间

▼图 6-8　平面式天花、地坪

▲图 6-20　自然采光

▲图 6-22　前倾四边形窗

▲图 6-25　空间照明

▲图 6-24　邮轮酒吧的艺术照明

►图 6-26
游船酒廊的色彩

▲图 6-27
舱室色彩——民族风情的中庭

►图 6-28
居住舱室色彩

▲图 6-29　娱乐空间色彩

▲图 6-30　古典剧院风格的陈设设计

(a) 餐厅(绘制：张婷)

(b) 卧室(绘制：蒋咏秋)

▲图 11-1　计算机绘制的船舶效果图